儒家的和谐理念与建构

魏义霞 ◎ 著

RUJIA DE HEXIE LINIAN YU JIANGOU

人民出版社

目 录

上 篇

和 谐 理 念

第一章　和谐理念的奠基

儒家的和谐理念与建构由来已久，早在先秦儒家那里就蔚为大观。孔子和孟子都以和谐为价值旨趣，荀子更是以"明于天人之分"的命题提出了在差等中求和谐的思想，由此奠定了儒家和谐的基本理路和致思方向。

荀子的本体哲学围绕着"明于天人之分"展开，这是对天人和谐的一种诠释；在天本论和天人相分的基础上，围绕着对人之本质的探寻，在人际关系的维度彰显以分、群为核心的和谐旨趣。这使天人和谐与人际和谐成为荀子和谐思想的两个维度和主体内容。进而言之，无论他所讲的天人和谐还是人际和谐均以分为前提，以礼为标准。这决定了荀子和谐理念的实质是不齐而齐、不同而和。他对和谐的理解与儒家的等级伦理一脉相承，也奠定了儒家在差等中求和谐的致思方向和价值追求。

一、"明于天人之分"

荀子禀持儒家的奉天传统，宣称"天地者，生之本也。"（《荀子·礼论》）进而言之，对于作为天地万物本原的天，他既没有像孔子那样把之视为冥冥之中的神秘主宰，也没有如墨子一般把之说成具有好恶、意志的人格之神，而是断言天就是整个自然界及其运动和变化。对此，荀子写道：

列星随旋，日月递炤，四时代御，阴阳大化，风雨博施，万物各得其和以生，各得其养以成，不见其事而见其功，夫是之谓神。皆知其所以成，莫知其无形，夫是之谓天。（《荀子·天论》）

按照荀子的说法，众星相随运转，日月交替照耀，季节由春到冬循环变更……构成了自然界及其运动和变化。所谓的天，其实就是上述各种现象所构成的整个自然界及其变化和作用。荀子对天之如此界定不仅拉开了与孔子、墨子等人的距离，而且开辟了天人和谐的本体思路。与此相关，人与天的和谐在他那里表现为相互联系的两个方面：一是明确天人之分，不以人代天；一是顺应自然，不放弃人为。

1. 天具有自身规律，与人类无涉

荀子强调，正是在自然界及其各种自然现象的运动中，阴阳二气相互作用化生出万物，风雨博施使宇宙万殊得到各种自然现象的相互调和而产生，得到各种滋养而完成。这就是说，天是生物之本，世界万物都是在大自然的化育中产生和成长的。与此同时，他强调，天对万物的生养没有任何意志和目的的支使，是自然而然的。对此，荀子表述为"不为而成，不求而得，夫是之谓天职。"（《荀子·天论》）有鉴于此，他一再声称人对天"知其无形"、"不见其事"，旨在说明天对万物的生养自然而然、没有意志。在此基础上，荀子强调，天有其自身规律，不以人的意志为转移，正如天生养万物是一个自然而然、与人无涉的过程一样；天的存在、运动和变化与人事无关，完全受其自身法则的支配："天行有常，不为尧存，不为桀亡。"（《荀子·天论》）这就是说，不论人有何意愿，无论人类社会有什么样的祸福兴衰，都不会对天造成影响，更不会改变天自身的法则。之所以如此，原因在于，天即自然界的存在是不以人的意志为转移的，不会因为人而有任何改变，这正如兰芷自生自长在深山之中，不会因为人看不见它，它就不散发芳芬一样。对此，荀子进一步举例说："天不为人之恶寒也，辍冬；地不为人之恶辽远也，辍广……天有常道矣，地有常数矣。"（《荀子·天论》）天不会因为人不喜欢寒冷就取缔了冬季，地也不会因为人不喜欢辽远就停止了宽广。天地的存在与人事没有直接联系，对天地起作用的始终是、且只是其自身固有的法则。

　　循着这个逻辑，既然自然界的存在和运动都是自然而然的，与人并无直接联系，那么，作为自然界阴阳变化的形式，各种怪异现象便与人的吉凶祸福无关。正因为如此，荀子指出，人如果看见罕见的现象感到奇怪是可以的，如果觉得恐惧就大可不必了。因为君主圣明、政治平和，即使是各种怪异现象同时出现也不要紧；如果君主昏庸、政治混乱，即使无一怪异现象出现也没有什么好处。正是在这个意义上，他写道：

　　　　星队、木鸣，国人皆恐。曰：是何也？曰：无何也。是天地之变，阴阳之化，物之罕至者也。怪之，可也；而畏之，非也。夫日月之有蚀，风雨之不时，怪星之党见，是无世而不常有之。上明而政平，则是虽并世起，无伤也；上暗而政险，则是虽无一至者，无益也。（《荀子·天论》）

　　按照荀子的看法，既然天的存在和运动受其自身规律的制约，是自然而然的，那么，天也就不能决定人类社会的治乱、盛衰或兴亡。于是，他又说：

　　　　治乱天邪？曰：日月、星辰、瑞历，是禹、桀之所同也。禹以治，桀以乱，治乱非天也。时邪？曰：繁启、蕃长于春夏，畜积收藏于秋冬，是又禹、桀之所同也。禹以治，桀以乱，治乱非时也。地邪？曰：得地则生，失地则死。是又禹、桀之所同也。禹以治，桀以乱，治乱非地也。（《荀子·天论》）

　　这就是说，天地亘古亘今无有不同，春生夏长秋敛冬藏的自然规律也未尝改变；有了禹这样的圣明贤君，天下便太平了；出现了桀这样的昏庸暴君，天下就混乱了。可见，天不能决定人类社会的治乱和兴衰，人类社会的变故是人自身作为的结果，与天无关。

　　循着天与人事无关的逻辑，荀子进而指出，人们在旱时求雨与为吉卜筮一样徒劳无益，求雨或卜筮等行为只不过是在上者蒙惑百姓的掩饰罢了，这些办法根本影响不了天的变化，也改变不了人的处境。于是，他说："雩而雨，何也？曰：无何也，犹不雩而雨也。日月食而救之，天

旱而雩，卜筮然后决大事，非以为得求也，以文之也。"(《荀子·天论》)

总之，荀子呼吁"明于天人之分"，主要意图是让人明晓上天具有自身的规律和法则，不会因为人的作为或人类社会的兴衰而有所改变。这与他对天的理解密不可分，也是其处理天人关系、建构天人和谐的前提之一。

2. 人在遵循自然法则的基础上，积极作为

荀子强调"明于天人之分"，是为了杜绝将人事与各种自然现象混淆起来，进而坐以待天或乞求上天的恩赐，最终放弃自身的努力和人为。正因为如此，在明确天人之分的前提下，循着天本论的思路，他劝导人们在遵循自然法则时积极作为，而不是坐享其成。这用荀子本人的话说便是："敬其在己者，而不慕其在天者。"(《荀子·天论》)

荀子认为，天地是生物之本，人作为自然的产物也要遵循自然规律。对此，他指出，人在大自然的化育中"形具而神生"(《荀子·天论》)，有了耳、目、鼻、舌、身等天然的感官和心这个天然的君主，于是才有了好恶、喜怒、哀乐之情。由此看来，人的生理、心理现象是大自然造就的，人赖以生存的物质供给也是在自然界中索取的。正是在这个意义上，荀子说：

> 好恶、喜怒、哀乐臧焉，夫是之谓天情；耳、目、鼻、口、形，能各有接而不相能也，夫是之谓天官；心居中虚，以治五官，夫是之谓天君；财非其类，以养其类，夫是之谓天养；顺其类者谓之福，逆其类者谓之祸，夫是之谓天政。(《荀子·天论》)

为了凸显人与自然界的血缘关系，让人时刻遵循自然法则，荀子把人的生理器官、认识器官以及人类社会的行政措施等等都说成是与自然密不可分的：耳目为天然的感官——"天官"，好恶为天然的情感——"天情"，心为天然的思维器官——"天君"；分辨万物、获取供养是"天养"，顺应自然规律是"天政"等等。这一切昭示人们，人是自然的产物，正如人的一切规定性都是自然赋予的一样，人的行为和人类社会的行政措施永远也逃遁不了自然的制约。反过来，作为自然的一部分，人要以遵循自然规律作为行动的前提和依据——无论个人行为还是国家的行政措施只有顺应自然，遵循自然法则，才能收到良好的效果；否则，违背了自然规律，必然招致灾难和祸端。这就是说，人应该将遵循自然法则视为行为的底线——个人的行为如此，国家的行政举措也不例外。例如，就国家的行政举措来说，"应之（指天或自然规律——引者注）以治则吉，应之以乱则凶。"（《荀子·天论》）同样的道理，只有那些顺应自然规律的合理措施才能给人带来吉祥，那些违背自然规律的不合理措施只能给人带来厄运：

> 暗其天君，乱其天官，弃其天养，逆其天政，背其天情，以丧天功，夫是之谓大凶；圣人清其天君，正其天官，备其天养，顺其天政，养其天情，以全其天功。如是，则知其所为，知其所不为矣，则天地官而万物役矣。（《荀子·天论》）

荀子所讲的天人相分是在天与人各有其职的意义上立论的，在天人各有其能与不能的维度上，天不能干涉人事，人也不能影响天的作为。另一方面，所谓的天人相分以天人合一即天是生人之本为前提，或者说，正因为天人合一，所以才有明确天人之分的必要。正因为如此，他一面强调天人之分，一面彰显人与天的血缘亲情，并且基于人与自然的血缘纽带让人遵循自然规律而行。作为人与天既相分离又相和合的结果，遵循自然法则成为人一切行为的大前提，也成为天人和谐的形上保障。

进而言之，在天人关系的维度上，顺应自然法则只是一个方面，另一个重要方面是积极作为。在这方面，荀子不同意庄子等人排斥人为的做法，批判庄子"蔽于天而不知人"。在他看来，对待自然与人为的关系，正确的态度应该是：既要遵循自然规律，又要积极作为——在遵循自然规律的基础上利用规律、改造自然为人类服务。出于这一理念，荀子大声疾呼人对自然的改造和作为，提出了"制天命而用之"（《荀子·天论》）的思想，渴望通过人自身的积极努力使"天地官而万物役"（《荀子·天论》），达到"财非其类，以养其类"——改造和利用自然万物供养人类的目的。

必须说明的是，在荀子的思想中，遵循自然规律和积极作为不仅与天人相分不矛盾，而且是天人相分的一部分。换言之，在遵循自然法则的基础上积极作为，本身就是天人之分的题中应有之义。这是因为，他所讲的天人之分，基本含义是天有天的功能，人有人的功能，天的功能是生养万物，人的功能是治理分疏；两者各有其职，不可相互替代。这要求人在处理天人关系时，不应坐享其成甚至坐以待命，而应在因循自然规律的基础上积极作为，通过自身的不懈努力以求富贵。为了突出这一点，荀子提出了人的贫富、祸福、吉凶不在天而在人，都取决于人自身作为的观点。对此，他从正反两方面做了解释和论证：从正的方面看，只要人因循自然法则又积极作为，便会收到好的结果；在这种情况下，即使上天也不能把贫病、祸凶强加于人。荀子断言：

> 强本而节用，则天不能贫；养备而动时，则天不能病；循道而不忒，则天不能祸。故水旱不能使之饥，寒暑不能使之疾，祆怪不能使之凶。（《荀子·天论》）

从反的方面看，人违反自然法则或行动怠惰，便会遭到不幸；在这种情况下，上天也无力对人加以补救。荀子宣称：

> 本荒而用侈，则天不能使之富；养略而动罕，则天不能使之全；倍道而妄行，则天不能使之吉。故水旱未至而饥，寒暑未薄而疾，祆怪未至而凶。（《荀子·天论》）

通过正反两方面的例子，荀子得出结论：人的祸福、寿夭和吉凶归根结底都是其自身行动造成的，是人为的结果，与自然灾害没有直接关系，当然也不会是上天的安排。正是在这个意义上，他断言：

> 楛耕伤稼，枯耘伤岁，政险失民，田薉稼恶，籴贵民饥，道路有死人，夫是之谓人祆；政令不明，举错不时，本事不理，夫是之谓人祆：礼义不修，内外无别，男女淫乱，父子相疑，上下乖离，寇难并至，夫是之谓人祆。祆是生于乱，三者错，无安国。（《荀子·天论》）

从上可见，在天人关系的维度上，荀子既强调人是自然的产物、应遵循自然法则，又肯定人为的作用、鼓励人积极作为。这使他讲的天人和谐通过"天人之分"的话语结构表现出来。具体地说，为了与天和谐，人的行为包括两个方面：第一，顺应自然法则，不破坏或违背规律，不代天之职；第二，完成自己的本职，不消极待天。

荀子所讲的天人和谐有两个基本要点：第一，把自然界的一切现象——包括罕见的怪异现象都视为天的自然作用，致使宇宙中的一切包括人在内都成为天之阴阳化育的产物，进而排除了天的神秘性和神圣性。第二，在此基础上，突出天人之分，强调天自然无为，不决策人事，人之贤否、人事兴衰与天无涉。这就是说，天按照自己的规律运行而与人事无涉，既不因人事而改变，也不会直接注定人间的兴衰治乱。沿着这个思路，天人和谐以承认天与人是相对独立的系统为前提，为了确保天人和谐，人必须敬畏天人之分，保证天人各不相代其职。在这个意义上，天与人是两种互不干涉的独立存在。另一方面，天人之分并不是天人二分或天人对立，而是天人相合——特别是天人和谐的一种方式。在天人之分中，分的前提是合，分的目的也是合——为了更好地合。具体地说，荀子之所以强调"明于天人之分"，是因为人在自然的化育中"形具而神生"，是自然的一部分而非完全脱离自然的存在。正因为如此，人可以"制天命而用之"，前提是必须顺应自然规律。因此，无论如何，人永远也不能够违天背道而行。遵循天的规律而积极作为必吉，违背天的规律而怠惰乖戾必凶。这是必然的，没有商量的余地和可能。

二、"人道莫不有辨"

在"明于天人之分"的基础上，通过厘定天人关系，荀子建构了人与天之间的和谐。其实，就理论重心而言，他更关注人与人之间的关系和人际和谐。在这方面，通过对人的本质、职责和生存的考察，荀子建构了以义为人性根基、以辨与群为经纬线的和谐模式。

荀子对人际和谐的建构始于对"人有气、有生、有知亦且有义"的界定。他把宇宙间的存在分为四类，在由低到高的等级中突出义是人的本质规定：第一类是只有气的非生物，如水、火等；第二类是有气有生命的植物界，如草、木等；第三类是有气有生命有智慧的动物界，如禽、兽等；第四类是不仅有气有生命有智慧而且有义的人类。显而易见，这四类存在标志着不同的等级，后一类总是较之前一类构成繁杂、地位高贵；人居最后，故而"最为天下贵"，是宇宙中最高贵、最复杂的存在。对此，荀子写道："水火有气而无生，草木有生而无知，禽兽有知而无义；人有气、有生、有知亦且有义，故最为天下贵也。"（《荀子·王制》）

荀子进而指出，在人的四种构成要素——气、生、知和义中，前二种是人与他物共有的（尽管程度不同，如人类智慧高、动物智慧低等），只有义才是人类独具的。换言之，正是义使人从有气有生且有知的动物界中脱颖而出，一举成为天下之贵。由此观之，义是人的本质属性。因此，他宣称："义则不可须臾舍也。为之，人也；舍之，禽兽也。"（《荀子·劝学》）这个说法不禁使人想起了孟子的"人之异于禽兽者几希"（《孟子·离娄下》）和"无羞恶之心（即义或义之端——引者注），非人也。"（《孟子·公孙丑上》）

对人之本质的阐释奠定了人际和谐的人性根基。在此前提下，通过"人能群"和"以其有辨"，荀子以群与辨为经纬线建构了人与人之间的和谐。

首先，荀子认为，合群是人之本质力量的体现，也是人的情感需要。第一，群是人之生存需要，人只有在群体中才能显示其本质力量。对于这一点，他解释说，就躯体和生理机能而言，人在某些方面不及动物，如力不如牛大、跑不如马快等等。然而，人可以用牛耕地、用马拉车，使它们为人类服务。之所以如此，根本原因在于："人能群，彼（指牛、马等非人之类——引者注）不能群也。"（《荀子·王制》）按照这种说法，人有群体性而动物没有，群体性是人之所以胜物的关键。人战胜他物的秘诀在于人能合群，从而增大了人类的力量。这就是说，单个的人组成了群体能量就会增加，力气也会强大，群体性使人在与动物的竞争中无往而不胜。故而，荀子说："和则一，一则多力，多力则强，强则胜物。"（《荀子·王制》）第二，能群是爱亲的具体表现，是人的情感寄托。荀子认为，宇宙之间凡是有血气的存在都有智慧，而凡是有智慧的存在都有爱类的本能。例如，大的鸟兽与群体离散了，虽然时过数日数月必沿途知返；小的燕雀离开群体也会悲鸣着向后张望。动物尚且如此，作为有血气家族中最为上乘的人类，其爱亲爱类的情愫更是深于、浓于他物。他断言："故有血气之属莫知于人，故人之于其亲也，至死无穷。"（《荀子·礼论》）正是人类的这种亲亲、爱类的本能使其组建了家庭，进而形成了国家和群体。第三，群出于满足人的物质供给的需要，人为了生活而不得不群。荀子认为，人的生活离不开各种物质供给，由于需要他人提供各种器物和技术服务，人时时处处都与他人发生交涉，由此形成了一定的经济交往和伦理关系，组成群体。对此，他指出："故百技所成，所以养一人也。而能不能兼技，人不能兼官，离居不相待则穷。"（《荀子·富国》）人的生存需要各方面的供给，如果不与他人交换技艺或劳动产品，构成一定的关系，既不利己又不利人，甚至无法生存。在这个意义上，荀子呼吁："人之生，不能无群。"（《荀子·富国》）通过上述三个方面的论证，荀子旨在告诉人们，人必须合群、与他人组成社会群体，否则，将无法生存。同时，只有加强群体的凝聚力，才能增大人类的力量和智慧，提高人类在宇宙中的价值和地位。从这个意义上说，是"能群"使人成为役使万物的主宰，"能群"是人与动物的根本区别。有鉴于此，他强调，人是群体性的动物，离群索居、逍遥独处是不可能的。这决定了群是必然的，只要有群体，就要保障人际和谐。正因为人都生活在群体中，时刻与他人交往，才使和谐成为处理人际关系的现实问题。

其次，如果说群体性突出了人际和谐的必要性、紧迫性的话，那么，辨则使人际和谐具有了可能性，甚至成为和谐的关键。按照荀子的说法，人与动物的区别并不在形体上——"二足而无毛"，而是"以其有辨。"（《荀子·非相》）在他看来，有分别是人类最本质的特征，父子、男女之亲疏、尊卑是人道的根本。对此，荀子解释说："夫禽兽有父子而无父子之亲，有牝牡而无男女之别。故人道莫不有辨。"（《荀子·非相》）这就是说，动物虽然有父子、雌雄之分，但无亲疏、尊卑之别，所以成为动物；人类既有父子之亲，又有尊卑、长幼之等和男女之别，所以才成为人。以此观之，辨、分是人类的本质属性，长幼、尊卑之别也成为人道的实质。

荀子认为，对于人的生存而言，"人生不能无群"。对于一个群体而言，分是必然的，更是必要的，因为"群而无分则争，争则乱，乱则离，离则弱，弱则不能胜物。"（《荀子·王制》）

总之，义、群和辨是荀子对人之本质的规定，也是他解释、处理人际关系的三个方面，进而成为建构人际和谐的三个关键。义、群、辨之间具有内在联系，在人际和谐的建构中是三位一体的：第一，人能分与人的群体性是一致的：一方面，能分所以能群，分是群的要求，更是保持、促进群之和谐的前提。对于这一点，荀子明确指出："人何以能群？曰：分。"（《荀子·王制》）正因为有父子、长幼、男女之分和贫富、贵贱、尊卑之别，才可以使每个人都处于不同的社会地位之上，达到整个社会的和谐。否则，"群而无分则争，争则乱，乱则穷矣。故无分者，人之大害也。"（《荀子·富国》）另一方面，群必须分，群是分的前提。正因为人类共同生活在同一群体之中，彼此进行交涉和往来，所以才规定了各个人的名分和地位。否则，彼此不相往来，分也就失去了必要。第二，分、群与义具有内在联系。按照荀子的说法，人既不能无群，又不能不分，人的群与分是群而有分、分而有群。那么，人究竟应该如何群？又如何分？是义为群、分提供了标准和依据。只有依义而分才能分得恰当，也只有依义而群才能合得和谐。正是在这个意义上，他断言："义以分则和，和则一，一则多力，多力则强，强则胜物。"（《荀子·王制》）同时，人"亦且有义"的本质规定也使分、群成为义的题中应有之义。与此相关，在人际和谐的建构中，义是核心，群与分则不啻经纬线。

至此，荀子把人界定为生活在一定社会群体之中的（"群"）、处于一定社会地位之上的（"辨"）、遵循一定道德规范的（"义"）存在。这一规定把人安置在社会既定的和谐秩序之中，同时用义保障着人之行为是对和谐的践履。这一点在他对待人性的做法中体现得尤为明显。众所周知，荀子不仅认为人具有不同于动物的类本质，而且注意到了人与生俱来的生物本能。在讲人有义、能群、有辨的同时，他承认人生来就有各种欲望，如"饥而欲食，寒而欲暖，劳而欲息，好利而恶劳"（《荀子·非相》）等，并把之视为与生俱来、不事而成的先天本能，进而得出了性恶的结论。其实，荀子论性，将性的很大一部分内容归结为人欲。按照他的说法，"情者，性之质也；欲者，情之应也。"（《荀子·正名》）欲是人性的主要内容之一，从尊重人、保护人性出发，荀子对欲给予了一定程度的肯定。他说："虽为守门，欲不可去，性之具也。"（《荀子·正名》）在这个意义上，荀子指出，欲虽然不可能完全满足，但要尽量予以满足和保障。另一方面，基于对人之本质的界定和对人禽之辨的坚守，他没有把人与生俱来的生理欲望视为人的本质，而是强调欲中潜在着恶，进而提醒人们，如果对之不加引导或节制势必引起争端、造成混乱。这便是荀子断言"人之性恶"的缘由。有鉴于此，在给予欲一定程度保障的同时，他竭力呼吁改变人性，"化性而起伪"。为此，荀子一再告诫人"学不可以已"，在学义以远离禽兽、臻于圣人的同时，推崇良师益友、君长礼法的作用。在他看来，对于先天本性与后天人为，只有两者配合得当才是完满的人。这便是："性伪合，然后成圣人之名。"（《荀子·礼论》）显然，不论是遏制人性之恶的"化性而起伪"还是"学不可以已"的学于义，荀子都试图让人坚守自己的名分，在保障家庭、社会和谐的前提下满足个人之欲。

从上面的介绍可以看出，荀子对人际和谐的关注集中在两个方面。如果说人之群体性突出了和谐的必要性和紧迫性的话，那么，其分、辨则加速了和谐的进程。群与辨为人与人之间的和谐奠定了两个前提，也使群与分成为人际和谐的经纬线。这决定了离开群与分则无所谓人与人之间的和谐；同样，人与人之间的和谐便是群与辨交错的合而分、分而合。

三、"礼者，人道之极也"

如上所述，荀子的和谐思想从天人关系和人际关系两个维度展开，主体内容包括天人和谐与人际和谐两个方面。对于这两个方面，他提出了不同的原则和方式：顺应自然规律，既不代替天职，又不放弃自己的作为，是天人和谐的原则；在群体之中注重分别，恪守自己的既定名分，是人际和谐的原则。可见，天人和谐与人际和谐具有不同的侧重和原则。另一方面，在具体操作中，处理人与天或者人与人之间的关系还要遵循统一的规定，这一规定就是礼。换言之，无论是天人和谐还是人际和谐都以礼为依据，礼是它们共同的原则。之所以如此，原因在于，无论是天人和谐还是人际和谐本质上都是合而分，这使其以分为前提和原则，正是分决定了礼的至关重要性。有鉴于此，荀子对礼极其重视，专门著《礼论》探讨礼的起源、作用和功能，以期在各个环节通过礼之分来等贵贱、别尊卑、序长幼。在他看来，尊卑之序既是天人之间的，也是人际的。荀子宣称："礼者，人道之极也。"（《荀子·礼论》）礼是人之所以为人之道。当然，这个人道既包括事君、事父之道，又包括事天之道。

就天人和谐而言，礼的制定是以天地为本的结果，充分体现了天人合一的原则，故而成为天人和谐的标准和具体操作：第一，对于礼的来源和制礼原则，荀子提出了"礼有三本"说；三本之中，作为生之本的天地排在首位，成为制礼的首要依据。对此，他解释说："礼有三本。天地者，生之本也；先祖者，类之本也；君师者，治之本也。无天地，恶生？无先祖，恶出？无君师，恶治？三者偏亡焉，无安人。故礼，上事天，下事地，尊先祖而隆君师，是礼之三本也。"（《荀子·礼论》）据此说法，天地是生养人类的本原，人的自然属性和行为方式与上天是合一的。这决定了人的行为应该遵循自然法则。作为象天的结果，礼是人事的标准，也最能体现天人和谐。礼仪的制定固然符合人情世道，更应因顺天地自然的运行变化。例如，至亲之丧以周年断，是因为"天地则已易矣，四时则已遍矣，其在宇中者莫不更始矣，故先王案以此象之也。"（《荀子·礼论》）天地运行，春去秋来，一年为一个周期。所以，先王制礼至亲之丧以周年断是模拟天地自然的变化象征逝者已去、生者新的开始。由此可见，制礼作乐的主要方法和过程时刻体现着天人合一。第二，与制礼的原则、初衷相呼应，礼的作用在于保障天人和谐。人类之生赖天地提供生活所需，人对天地自然仰慕、敬畏、事奉之，礼就是人事奉天的标准和方式，也极好地表达了人与天的和谐。在天人合一的理念下，天道与人道是相通的，礼的依据是天人同理。天道有天上地下之分，人间有父子、君臣、夫妇和长幼之别。这就是所谓的"与天地同理，与万世同久"。循着这个逻辑，人间之礼仪制度、秩序规范与天地运行之自然法则、顺序结构相同，因而同功同用。反过来，由于最好地体现了人与天的天然秩序，在礼的规范下，整个宇宙一片和谐："天地以合，日月以明，四时以序，星辰以行，江河以流，万物以昌，好恶以当，以为下则顺，以为上则明，万变不乱。"（《荀子·礼论》）

就人际和谐而言，荀子认为，人生活在社会群体之中，必须遵守社会规范。他对人的本质——义、群、辨的重视注定了以礼为核心的社会规范的必然性。在规范人之行为、促进人际和谐上，义与礼缺一不可。同时，荀子对人性为恶的判断加剧了礼这一外在强制规范的必然性和迫切性。按照他的说法，人生来就有各种欲望，如果欲望得不到满足就要外求，外求没有节制、限度就会引起纷争；这样下去，势必产生混乱，一发而不可收，进而破坏群体的和谐。为了避免这种局面的发生，人必须遵守礼之规定，约束自己的行为。对于这个问题，荀子的一贯说法是，人的欲望虽不可尽，却可以尽量满足；虽不可去，却可以引导和节制。这就是说，荀子对人之欲的态度和做法包括两个方面：一是满足，一是节制。进而言之，无论欲之满足还是节制都是由礼完成的：第一，满足人之欲是制定礼的初衷，礼具有"养人之欲"的作用。在这个意义上，他宣称："制礼义以分之，以养人之欲，给人之求。"（《荀子·礼论》）第二，礼的功能是等分，是节制人之欲最适当的方式和办法，可以使人"进则近尽，退则节求。"（《荀子·正名》）基于这种认识，荀子主张，对于人之欲，解决的办法是制定礼义制度，规定礼貌仪节，以此导欲节求。

出于以上原因，荀子特别注重礼在人际和谐中的作用。在他看来，礼的和谐功能在人与人之间的关系中表现得最为突出，这也证明礼对于人际和谐尤为重要。对此，荀子解释说，既然人生不能不群，既然人必须与他人共同生活在社会、群体中，那么，人就要与他人、群体相互依赖，进行交往，分工协作。进而言之，无论是人与人的交往还是社会分工，都要用礼加以规范。反过来，只有以礼为标准进行交往和社会分工，才能确保整个社会的有序、和谐。

基于上述认识，荀子进而指出，生活在社会、群体中的人不是绝对逍遥的，而必须依礼而行，人的行为时时刻刻都受到礼的约束。从这个意义上说，礼是人生的根本，是每个人的社会生活的实质内容。"夫礼也者，行礼之谓也。"（《荀子·大略》）在他看来，礼浸透在人生活的方方面面，人的一言一行、每时每刻都离不开礼："血气、志意、知虑，由礼则治通……食饮、衣服、居处、动静，由礼则和节……容貌、态度、进退、趋行，由礼则雅。"（《荀子·修身》）这就是说，只有时时事事处处以礼节制，人的行为才能恰到好处。不仅如此，礼还是个人修养人格、成善为圣的关键。关于礼对个人修身养性的作用，荀子断言："礼者，所以正身也。"（《荀子·修身》）个人的修身养性侧重人与内心的和谐，在某种程度上又牵涉到人与天以及人与人的和谐——为后者提供了心理基础和素质保障。

对于人际和谐，礼的价值集中体现为通过确定名分使整个社会处于和谐。荀子强调指出，礼的制定以差分为原则，在确定差等方面，礼的权威性无可比拟。按照他的一贯说法，人之所以为人，不在于直立行走、赤体无毛，而在于有"辨"。"人道莫不有辨"，而"辨莫大于分，分莫大于礼。"（《荀子·非相》）人道之辨是荀子隆礼的主要原因，隆礼是为了以礼来进行分别。具体地说，所谓人道之辨即父子有亲，男女有别，长幼有序，上下有差。礼根据人与人之间的血缘亲疏和上下尊卑确定名分，将人与人之间的分别恰如其分地表现出来。进而言之，用以确定人之名分的差异主要有四个方面：智力、技能和其他能力方面的差异，血亲、年龄、性别和婚姻的差异，社会职业和分工的差异，政治权利和地位的差异。这些差异是制礼的基础和依据。依据人与人之间的诸多差异，礼通过分、别凸显等级观念，致使君臣有等、父子有顺、长幼有序、男女有别。可见，是礼以等级名分为依据，通过社会制度和行政措施把差异确定下来。

对于人际和谐的建构，荀子认识到了"维齐非齐"、"不同而一"的道理，指出为了使人更好地合群，必须确立人与人的分异；为了达到社会群体的和睦协调，必须建立人际的等差。这些观点在突出差等的同时，彰显了礼的作用。正是在这个意义上，他宣称："礼也者，贵者敬焉，老者孝焉，长者弟焉，幼者慈焉，贱者惠焉。"（《荀子·大略》）按照这种说法，礼的目的是使贵者受敬、老者受孝、长者受悌、幼者受慈、贱者受惠。与此目的相呼应，通过制定礼仪规范，以制度的形式彰显每个人的特定等级，使人们在群体中各居其位、各施其能、各得其所。这便是和谐。

总之，荀子之所以认定礼能够促进群体和谐，是因为他所讲的礼具有两个特征：第一，礼的目的和价值是保障人之养生。对于这一点，荀子断言："礼者，养也。"（《荀子·礼论》）与礼的制定是出于人类养生的需要息息相关，礼的目的和价值不外乎使人更好地养生。第二，礼的方法和原则是突出人之分别。对于这一点，他指出，礼的原则是差等，礼使人在养生时按照一定的社会等级享受其应得的利益和待遇。基于礼的这两个特征，荀子宣称："君子既得其养，又好其别。曷为别？曰：贵贱有等，长幼有差，贫富轻重皆有称者也。"（《荀子·礼论》）这表明，礼的两个特点在本质上可以归结为一个，合而为一就是让人有差等地养生。从这个角度看，礼在本质上与等级制度相一致，或者说，礼是对宗法等级制度的美化。与此相关，他认为，礼起于"养人之欲"，出于合理分配生活必需品的需要。于是，荀子断言：

> 礼起于何也？曰：人生而有欲，欲而不得，则不能无求，求而无度量分界，则不能不争。争则乱，乱则穷。先王恶其乱也，故制礼义以分之，以养人之欲，给人之求。使欲必不穷乎物，物必不屈于欲，两者相持而长，是礼之所起也。（《荀子·礼论》）

从礼是宗法等级制度的体现的逻辑看，作为社会政治制度和经济制度的总和，礼包括社会分配制度。正是在对合理分配生活物品的关注中，荀子强调，当时社会的实际情况是"欲多而物寡"，如果不"制礼义以分之"，则"老弱有失养之忧，而壮者有分争之祸矣。"（《荀子·富国》）如果统一于礼，礼义与性情就会两全："故一于礼义，则两得之矣。"（《荀子·礼论》）正反两方面的情况指向同一个结论：为了避免纠纷和争夺，必须合理地分配生活必需品。为此，就要有一个恰当的"度量分界"，这个"度量分界"就是礼。并且，为了确保礼之实施既能止息分争、避免纠纷又能达成一致、促进和谐，他在肯定礼之分、别，强化等级的同时，注重等级的调和。这使礼之分与礼之和成为相辅相成的两个方面。不仅如此，礼之分是为了和，礼之和是在分的基础上达到的。从这个意义上说，礼之分是手段和方法，礼之和是目的和结果。作为价值，礼之和比分更重要。进而言之，为了实现礼之和，荀子将协调、和谐视为礼的原则，从不同方面伸张礼的和谐意蕴：第一，在礼的制定上，他要求，礼以中正、和谐为旨归，不偏袒任何一方，不过亦无不及。于是，荀子不遗余力地申明：

> 审节而不和，不成礼。（《荀子·大略》）
>
> 制礼，反本成末然后礼也。（《荀子·大略》）
>
> 礼者，本末相顺，终始相应。（《荀子·大略》）
>
> 文貌情用相为内外表里，礼之中焉。（《荀子·大略》）

在这里，荀子用制礼时调和本末、终始、文貌、情用、内外和表里的方法确保礼之中正不倚。这使和谐成为礼之特质，为其和谐功能和作用的发挥奠定了基础。第二，在礼之分与礼之和的互动中，他用礼为不同等级的人制定不同的规范。这使礼在实施中确保各个等级的人都有礼可依、以礼而行——"行礼"。正是在这个意义上，荀子声称：

> 请问为人君？曰：以礼分施，均遍而不偏。请问为人臣？曰：以礼待君，忠顺而不懈。请问为人父？曰：宽惠而有礼。请问为人子？曰：敬爱而致文。请问为人兄？曰：慈爱而见友。请问为人弟？曰：敬诎而不苟。请问为人夫？曰：致功而不流，致临而有辨。请问为人妻？曰：夫有礼则柔从听侍，夫无礼则恐惧而自竦也。此道也，偏立而乱，俱立则治，其足以稽矣。请问兼能之奈何？曰：审

之以礼也。(《荀子·君道》)

可见，在荀子那里，礼之和谐秩序的实现以及人们按照等级待遇养生靠全社会成员的认可和维护，处于各种等级地位的人为满足各自的等级待遇、维护群体和谐而自觉尽义务的行为规范就是礼。这就是说，礼之行为主体是整个社会成员，包括各个不同阶层的人。与礼之行为主体的广泛性相一致，为了使所有的人都有礼可依，他所讲的礼外延十分宽泛，包括孝、悌、慈、惠等一系列具体的德目；也正是在这个意义上，荀子将礼称为"道德之极"。反过来，因为礼是包括全部道德条目的全德之称，为不同等级身份的人规定了不同的行为规范，因此，只要他们依礼而行——"行礼"，则"君臣不得不尊，父子不得不亲，兄弟不得不顺，夫妇不得不欢。少者以长，老者以养。"(《荀子·大略》)这样一来，在礼的规范和协调下，既保障了每个人都能得其所养，又使整个社会处于各就其位的和谐状态。

总之，按照荀子的说法，除了在人与天的关系维度，人要遵循自然法则之外，在人与人的关系维度，人也要遵守社会规范。在这些社会规范中，最主要的就是义和礼。一方面，他强调义对人的重要性，将义说成是人的本质规定。在这个意义上，作为人之为人的本质，义是最基本的道德观念和行为准则，也因此成为最基本的伦理范畴。同时，荀子强调人道之辨，在肯定以义为分的同时，指出"分莫大于礼"。正因为如此，他对礼极其重视，致使礼成为其思想体系的核心。义与礼在荀子的思想中非常重要，都是"化性而起伪"的手段和学习的基本内容。他曾经说："学恶乎始？恶乎终？曰：其数则始乎诵经，终乎读《礼》；其义则始乎为士，终乎为圣人。"(《荀子·劝学》)这体现了义与礼的一致性。另一方面，义与礼具有明显区别，其间的差异恰恰从不同角度突出了礼之和谐功能和价值。这使义与礼的关系成为理解荀子和谐思想时首先必须明确的问题。

其一，就内涵侧重来说，义是伦理范畴，礼兼政治范畴。荀子对义的阐释主要是在道德领域立论的，这使义主要是道德观念，侧重个人的道德修养。这一点正如他所言："故学数有终，若其义则不可须臾舍也。

为之，人也；舍之，禽兽也。"（《荀子·劝学》）除了与义相似的伦理内涵之外，礼还包括国家的行政举措和统治方案，这便是所谓的"礼节行乎朝……忠、信、爱、利形乎下。"（《荀子·儒效》）在国家举措的意义上，礼属于政治范畴。同时，礼具有义所没有的强制性和外在性，经常与法并称为礼法。荀子宣称："礼者，人主之所以为群臣寸尺寻丈检式也。"（《荀子·儒效》）在他看来，就国家治理而言，有了礼，君主也就有了考核群臣的尺度。在这个意义上，礼也可以被视为法律范畴。

其二，就道德领域来说，义侧重道德观念，礼不仅是观念而且是规范。就对人之为人的本质规定而言，义与礼的区别在某种程度上可以概括为义是对人之本质的"实然"判断，礼是"应然"规范。

其三，就作用范围来说，义侧重人与自身以及人与人的关系，其适用范围主要在社会领域；礼则适用于处理人与天、人与人以及人与自身的各种关系。正因为如此，荀子将礼说成是天人和谐、人际和谐的标准，用礼处理各种关系——包括天人关系和人际关系。

上述各种差异显示，就外延和范围而言，义是从属于礼的。就作用方式而言，正是规范使礼在促进、保持和谐方面比义更为有效。就确保人与人之间的和谐而言，礼比义更为重要。进而言之，荀子所讲的和谐有天人和谐、人际和谐，还有身心和谐，其建构、操作和实践既要有个人的素质保障，又需要国家的行政措施。这就是说，不仅义，法也是从属于礼的。礼也是法规、律令的根据。或者说，礼法相比，礼更为根本。于是，荀子断言："礼者，法之大分，类之纲纪也。"（《荀子·劝学》）至此，礼成为至高无上的概念。作为个人和社会所有规范的根本，礼既以其特有的形式化、外显性和操作性在众德之中居于首要位置，又是法规条令的根据和纲领。正因为如此，他把礼称为"道德之极"、"治辨之极"和"人道之极"，并且声称"故学至乎礼而止矣。"（《荀子·劝学》）

与对礼的上述理解和定位息息相关，荀子对礼的推崇无以复加。除了礼在人与天、人与人以及人与内心等各方面的作用之外，他认定礼对于治国安民至关重要。在这方面，荀子一再断言：

礼者，治辨之极也，强固之术也，威行之道也，功名之总也。王公由之所以得天下也，不由所以陨社稷也。(《荀子·议兵》)

天下从之者治，不从者乱；从之者安，不从者危；从之者存，不从者亡。(《荀子·礼论》)

总之，鉴于礼在各个方面的重要作用，荀子不仅将礼视为天人和谐的标准，而且奉为小到个人修养、人伦日用，大至国家治理、行政运作的首要依据。这就是说，即使撇开天人关系不谈，人也要时时处处受到礼的限制和约束：只有以礼节制、进退，才能安身立命、保富保贵；如果违背礼之规定，个人身败名裂、一事无成，国家受害颇深、永无宁日。至此，他得出了"人无礼则不生，事无礼则不成，国家无礼则不宁"(《荀子·修身》)的结论。

荀子对礼的阐释全面系统，对礼的推崇不遗余力。在儒家学者中，荀子以推崇礼而著称；由于主张隆礼重法，有人将之归于法家。其实，荀子所讲的礼富有儒家神韵，与法家、墨家具有本质不同：第一，荀子之礼在"行乎朝"和"治辨之极"的维度上注重外在强制性，与法具有某种相似性；然而，与法家完全信凭权术赏罚不同，荀子之礼并非完全依靠外在强制，尤其是"道德之极"的内涵不仅表明这一概念本身就是伦理范畴，而且注定了其在操作上对主体自觉的偏袒。第二，与墨家相比，荀子之礼不拘泥于物质实用而侧重其分、别功能，特别是在突出道德性的同时，张扬礼的人文性。作为其具体表现，荀子之礼不仅关注实用性、功利性，同时关怀人的情感诉求和内心平衡，这使礼成为抒发情感的方式，而礼之方式表达出来的情感哀而不伤、乐而不淫，一切均恰到好处。这就是说，礼以其不同的仪式表达着人的喜怒哀乐等各种感情，致使人内心的喜怒哀乐以及各种情感有所节制、中和而趋于和谐。正是在这个意义上，他指出："凡礼，事生，饰欢也；送死，饰哀也；祭祀，饰敬也；师旅，饰威也。"(《荀子·礼论》)在这里，礼成为表达丰富情感的最佳方式，以其丰富的情感性和人文意蕴与墨家在节葬、节用的原则下衣之保暖、宫之避寒等注重实用的做法迥异其趣。其实，不仅限于情感，荀子之礼正是要在损有余而益不足的和谐机制中满足人的各种需要。在满足需要的过程中，正是礼的人文化、道德性的特征使礼在促进和谐中行之有效。

四、圣贤情结和哲学王构想

与儒家注重宗法等级的价值旨趣息息相关，荀子的和谐理念以宗法等级为价值依托，其和谐思想是为宗法等级制度辩护的。与此相关，他所讲的天人和谐包含着天人之间的等级，作为天人和谐的前提和内容之一的"天人之分"即蕴涵着天是人之本的意思；人际和谐以承认人与人之间的尊卑、贵贱、贫富、智愚和长幼之分为前提，以确定、强化这种差等为目的，致使宗法等级成为和谐的具体内容。这些构成了荀子和谐思想的主体内容，也是和谐的前提和保障。不同的和谐理念注定了不同的和谐建构。与等级、尊卑的套路一脉相承，他的和谐建构以突出差等为方针，具体做法便是在现实操作中从各个方面树立和谐的典型，引领人们通往和谐。

荀子说："圣也者，尽伦者也。"（《荀子·解蔽》）在他看来，圣人就是人伦的光辉典范，人在现实生活中所依据的各种道德原则和行为规范都是圣人制定的。圣人通晓万物之理——当然包括一切伦理纲常和道德规范，理所当然地成为引领人们通往和谐的精神导师。更为重要的是，圣人是和谐标准——礼义的创立者。如上所述，荀子认为，礼是和谐的标准和依据，而圣人恰恰是礼的创立者。这使圣人对于和谐至关重要。正因为如此，他宣称："圣人化性而起伪，伪起而生礼义，礼义生而制法度。"（《荀子·性恶》）由此，荀子把圣人视为人的行为典范，一再教促人效仿圣人"化性而起伪"，以圣人为榜样，改变人性之恶，跟随圣人通往和谐之途。

圣人虽然是和谐的典范，然而，并非人人都能有幸与圣人并时而生。对于大多数人而言，通过师傅来领悟圣人之言、模仿圣人之行成为最现实的途径。正是在这个意义上，荀子断言："学莫便乎近其人……方其人之习君子之说，则尊以遍矣，周于世矣。"（《荀子·劝学》）这就是说，和谐理念是由圣人创立的，却是由师傅传授的。只有向师傅学习，使自己的行为符合礼的要求，才能自安。其实，师傅的作用不仅在于言传，而且在于身教。基于这种认识，他强调：

> 礼者，所以正身也；师者，所以正礼也。无礼，何以正身？无师，吾安知礼之为是也？礼然而然，则是情安礼也；师云而云，则是知若师也。情安礼，知若师，则是圣人也。故非礼，是无法也；非师，是无师也。不是师法而好自用，譬之，是犹以盲辨色、以聋辨声也，舍乱妄无为也。故学也者，礼法也；夫师，以身为正仪而贵自安者也。（《荀子·修身》）

鉴于师傅的重要作用，荀子提出了"近其人"、"好其人"的主张，指出人应该在良师的谆谆教导下按照礼的规范与他人和谐相处，进而克服本性之恶日臻于善。不仅如此，他还得出了如下结论："人无师法，则隆性矣；有师法，则隆积矣。"（《荀子·儒效》）所谓"隆积"，与"隆性"相对，与"化性而起伪"、积善而为圣人相关，具体指在后天的作为中克服人性中恶的萌芽，遵照礼义的规定而为。

鉴于师傅在传播和谐理念、推进社会和谐中的重要作用，荀子提出了贵师重傅的思想。他说："国将兴，必贵师而重傅；贵师而重傅，则法度存。"（《荀子·大略》）按照荀子的说法，是否尊重师傅、老师是国家兴衰的关键。尊之则兴，贱之则亡。究而言之，因为师傅、老师为人之成才开启了正确方向，并且使一切都变得事半功倍起来。只有在良师的正确引导和教化下，人才能知识速通、勇敢速威、才能速成、周察速尽、辩论速决。正是老师的教导使人免于盗、贼、乱、怪、诞之祸，从整体上为社会和谐设立保障。由是，他感叹："师法者，人之大宝也。"（《荀子·儒效》）

对于现实社会的和谐而言，理念之创立和传播固然重要，最重要的则是现实推行和具体操作。如果说和谐理念的创立和传播在于圣和师之引导的话，那么，和谐的建构和具体操作则主要依靠君主来实施。这是因为，"君者，国之隆也。"（《荀子·致士》）君主是国家地位最尊最显之人，君主的威严和表率作用是无穷的。正是在这个意义上，荀子宣称："君者，民之原也。原清则流清，原浊则流浊。"（《荀子·君道》）循着这个逻辑，他指出，君主是和谐建构的根本，君主隆礼重法是和谐建构的具体步骤和实施方案。

至此，荀子把和谐的希望托付给了圣、师、君。进而言之，选择他们作为和谐的代言人，表明了荀子的圣贤情结和哲学王构想。透视他的思想可以看出，要保证和谐的建构，圣王和师傅固然必不可少，同时首要的一条是，国君是推崇和谐理念的"哲学王"。其实，在荀子那里，圣人或大儒应是王者，应有王者之才。圣人有大智，"修百王之法，若辨白黑；应当时之变，若数一二。"（《荀子·儒效》）

可见，荀子是本着儒家的等差原则以尊者、贵者为推崇对象的，他对和谐的理解和操作都是在宗法等级的框架中进行的。

综上所述，荀子的和谐思想在天人关系与人际关系两个维度展开，其主体内容包括天人和谐与人际和谐两个方面。在天人关系的维度上，他突出两个要点：一是天地是生物之本，人要因循自然法则，这是天人和谐的本体依据和前提；一是天人各有其职，人不应坐享天成而应积极作为，因为天不能代人之职，正如人不能代天之职一样。在人际关系的维度上，荀子以义为人性根基，以群、辨为经纬线，建构了以宗法等级秩序为依托的和谐系统。

荀子和谐思想的两个方面或维度——天人和谐与人际和谐之间没有内在联系，更准确地说，人际和谐并不是从天人和谐或者宇宙本体——天那里引申出来的。这使天人和谐与人际和谐在他的思想中是彼此独立的——可以视为"天人之分"的一个注脚。荀子对天人和谐与人际和谐相对独立的看法独具特色，与后来的思想家从宇宙本体中引申出和谐，进而使社会秩序成为宇宙秩序的贯彻截然不同。这一点在与董仲舒和理学家的比较中可以看得更为清楚。在董仲舒那里，人际和谐——人类社会的上下尊卑源于上天的阴阳之性以及"贵阳贱阴"、"尊阳卑阴"的宇宙模式，三纲固定的上下、男女之别也源自上天，是"人副天数"的必然结果。正是基于这一思路，他断言，天人和谐与人际和谐相互影响、相互作用：一方面，人际和谐源于天人和谐，并且是天人和谐的一部分。另一方面，人际和谐反作用于天人和谐——人际不和谐导致天人不和谐，上天甚至会用各种灾异对人君加以谴告；人际和谐促进天人和谐，风调雨顺，出现种种祥瑞。在理学家那里，宇宙秩序与社会秩序乃至家庭秩序同构同功、相互通约：一方面，宇宙秩序中蕴涵着社会秩序，人际和谐是宇宙和谐的预定内容；另一方面，社会秩序体现了宇宙秩序，人际和谐——社会秩序是对宇宙秩序的贯彻落实，宇宙和谐、天人和谐通过人际和谐——道德践履、社会和谐最终得以实现。

荀子对和谐的阐释显示，和谐包含着差异和分殊，不论天人和谐还是人际和谐都以分、辨为前提。这表明，他所讲的和谐以差等为前提，只有承认或者通过不和谐才能达到和谐，甚至可以说，不同、不齐本身就是和谐。荀子不和而和、分而合的观点奠定了和谐的基调，是对和谐本质或原则的诠释。正因为如此，这个观点至关重要，在各个方面都产生了重要影响。

其一，不和而和对荀子本人的思想影响重大，集中体现在如下两点：第一，影响了天人和谐与人际和谐的建构。荀子对天人和谐的理解基于天人合一的思维模式和价值旨趣，这一点与儒家乃至古代哲学一脉相承；所不同的是，受制于不和而和的价值理念，他的天人合一从天人相分讲起，在分而合、合而分中使天人和谐呈现出合中有分、分中有合的态势。受其影响，在荀子的论述中，天人和谐成为天与人之间分而一、不同而和的和合。同样是对不和而和观念的具体运用，如果说天人和谐是对天人合一的独特表达——强调"天人之分"的话，那么，人际和谐则是基于群而分、分而群的对宗法等级制度的哲学表达。第二，凸显、强化礼的作用，呈现出法家特色。基于分而合、不和而和的和谐理念，荀子的和谐建构是在不和、差异中寻求并实现的，这使分辨、差等至关重要；而为了分殊，必须突出礼的价值。于是，荀子强调，礼是天人和谐的准则，也是人与人交往以及人际和谐的准则。而礼所分别的尊卑、贵贱则是宗法等级制度的体现，和谐的实施以遵循宗法等级秩序规定的名分为前提。不仅如此，在突出礼之作用的过程中，他不仅设置了沟通天人和谐与人际和谐的桥梁，也使自己的思想由于推崇注重外在强制性的礼而呈现出法家的某些特征。

其二，奠定了儒家和谐理念的基调。荀子对人际和谐的建构以维护宗法等级秩序为最高价值，正如和谐的标准是宗法等级一样。维护宗法等级制度是儒家的一贯宗旨，不和而和的和谐理念与此一脉相承。受荀子思想的影响，此后的儒家都以宗法等级为和谐建构的价值取向和理想模式：一面将差等注入和谐理念和建构中，一面将宗法等级说成是宇宙和谐在人间的贯彻。具体地说，荀子对不和而和的认定以及在不和谐——差异中寻求和谐的思想端倪在董仲舒那里通过阴阳尊卑被固定下来。在人效仿天、建构天人差等的同时，董仲舒用三纲固定人间的等级。这样一来，一方面宗法等级观念具有了本体依据，一方面宗法等级下的名分、差别被制度化和强制化。宋明理学家更是在"理一分殊"和仁"以天地万物为一体"中一面将和谐说成是宇宙本体的预定和谐，一面强调"理一"、"一体"中蕴涵分殊、厚薄，使和谐演绎为等级秩序。

其三，强化了与其他各家的学术分野。第一，与道家崇尚的天然和谐渐行渐远。道家尤其是庄子泯灭是非、彼此、物我，在与天和、与人和中将和谐视为浑然未分的"道通为一"。如果说道家认定未分、浑然一体是和谐的话，那么，荀子对不和而和的推崇则强调和谐是分、别和差等。第二，与墨子只讲同一、不讲差别的"尚同"路线不可同日而语。在墨子的意识中，由于同、兼即和谐，和谐的建构是下级同于上级，最终是人"法天"、"上同于天"而为天之所欲、不为天所不欲。这套主张与荀子追求的差异中的和合有明显区别。与此相关，同、兼、平等的价值旨趣与突出分别、等差的礼相抵牾，墨子指责儒家之礼注重外在的装饰，难免奢华之嫌，故而对礼予以驳斥。不仅如此，出于功利主义动机和实用主义考虑，他呼吁"节用"、"节葬"，并且提出了"非乐"的口号。荀子对不和而和的认识不仅突出了礼的价值，而且使乐成为必不可少的。按照他的逻辑，和谐是不和而和，为了和谐必须确定差等；为了强化差等，必须推崇礼；同时，对于和谐而言，只有礼还不够，必须礼与乐并用。有鉴于此，荀子礼乐并提。礼的原则是和，和表现于外是乐。这说明，礼与乐是统一的；对于和谐而言，礼和乐一个都不能少："审节而不和，不成礼，和而不发，不成乐。"(《荀子·大略》) 按照这种说法，乐能表现礼之和，乐的感染力可以使礼之和得到充分发扬和流传。因此，与礼一样，乐可以促进人际和谐。对此，荀子宣称："故乐在宗庙之中，君臣上下同听之，则莫不和敬；闺门之内，父子兄弟同听之，则莫不和亲；乡里族长之中，长少同听之，则莫不和顺。"(《荀子·乐论》) 在这里，他意识到了礼与乐的差异。然而，礼乐之间的差异不仅不意味着两者的对立，反而证明两者的相互渗透、缺一不可。正因为如此，荀子断言："乐也者，和之不可变者也；礼也者，理之不可易者也。乐合同，礼别异，礼乐之统管乎人心矣。"(《荀子·乐论》) 乐侧重不可变易的适度和谐，礼侧重不可更改的差等之理，二者相互配合、相得益彰，在合同、别异中臻于和谐。第三，与法家的严刑峻法平等迥然不同。应该承认，与孔子、孟子等人相比，荀子的思想以及和谐理念带有法家印记，流露出德法合一的端倪，他的隆礼重法主张与法家有相似之处。另一方面，荀子所讲的礼不仅具有外在性、强制性，而且具有道德内涵；道德内涵和人文情怀使他的隆礼重法关注人的道德自觉，与法家以吏为师、以法为治的价值取向差若云泥。更为重要的是，无论荀子所讲的礼还是法都强调不齐而齐、不和而和，这使他的和谐理念及建构与法家一视同仁、整齐划一的赏罚天差地别。

第二章　和谐思想的新开展

先秦儒家的和谐理念和建构之方在汉代得到长足发展，董仲舒的思想是其典型形态。他用"人副天数"和阳尊阴卑构架了天人之间的预设和谐，并使这种预设和谐通过天与人之间的相互感应进行着。按照董仲舒的说法，意志之天不仅塑造了人的形体，而且赋予人以精神、情感和道德。因此，人是天的副本和摹仿者，人的一切行为都应与天相符。同时，天有意志，施德刑，直接影响甚至决定人类社会的兴衰。人类社会的政治原则和统治方案都是化天数而来的，王者的治国路线和行政措施必须"循天之道"。

对于儒家的和谐思想而言，董仲舒的贡献是，在人道源于天道的前提下，通过上天的阴阳之性论证人类社会领域的上下尊卑的合法性。在此过程中，他既发扬了孟子以践履仁义道德与天合一的思想，又继承了荀子彰显和谐等级意蕴的做法。这样一来，董仲舒既通过阳尊阴卑致使人间的等级秩序因为源于天之秩序具有了神圣性和权威性，又使践履三纲五常成为天人合一的具体方式。

一、天本论与宇宙的预设和谐

董仲舒认为，天至高无上、广大无极、亘古亘今，是宇宙的本原和依托。正是在这个意义上，他断言："天地者，万物之本，先祖之所出也。广大无极，其德昭明，历年众多，永永无疆。天出至明，众知类

028

也，其伏无不焰也。地出至晦，星日为明，不敢闇。"（《春秋繁露·观德》）这就是说，天地是生物之本，世界万殊和人都是天地之气杂合、化生的结果。显然，这种说法在推崇天的权威上，与孔、孟等人的观点并无根本区别。所不同的是，董仲舒吸收了阴阳家和自然科学的思想要素，用以论证四季和四方的形成，把上天生养万物的过程描述得具体详尽、绘声绘色。例如，他认为，天有阴阳，化生出四季、四方和五行。这便是："天地之气，合而为一。分为阴阳，判为四时，列为五行。"（《春秋繁露·五行相生》）四季、四方为万物的生长提供了时间和空间，五行更是通过参与四季和四方的形成推动了万物的化生。在此过程中，董仲舒特别解释了四季的形成。对此，他多次指出：

> 天有五行，木火土金水是也。木生火，火生土，土生金，金生水。水为冬，金为秋，土为季夏，火为夏，木为春。春主生，夏主长，季夏主养，秋主收，冬主藏。藏，冬之所成也。（《春秋繁露·五行对》）

> 如金木水火，各奉其所主以从阴阳，相与一力而并功。其实非独阴阳也，然而阴阳因之以起，助其所主。故少阳因木而起，助春之生也；太阳因火而起，助夏之养也；少阴因金而起，助秋之成也；太阴因水而起，助冬之藏也。（《春秋繁露·天辨在人》）

这就是说，木在东方，主春位；火在南方，主夏位；金在西方，主秋位；水在北方，主冬位。当阴阳之气运行到某一方位时，就与当地某一方位所主持的某一行相结合，合力并功，形成此一季。在董仲舒看来，有了天地、阴阳、四时、四方和五行，也就有了自然万物的繁衍生息。正是在这个意义上，他说：

> 故天地之化，春气生而百物皆出，夏气养而百物皆长，秋气杀而百物皆死，冬气收而百物皆藏。是故惟天地之气而精，出入无形，而物莫不应，实之至也。（《春秋繁露·循天之道》）

总之，"天者其道长万物。"（《春秋繁露·天地阴阳》）天不仅生养了宇宙万物，而且创造了人类；万物和人都沐浴了天的恩德才得以产生和存在，天是宇宙万殊的本体依托和终极本原。离开了天，便没有了万物，没有了人类，没有了宇宙。正是在这个意义上，董仲舒断言："无天而生，未之有也。天者万物之祖，万物非天不生。"（《春秋繁露·顺命》）董仲舒进而强调，上天生养万物和人类的过程既不是无为而为的，也不是自然而然的。这是上天有意作为的过程，体现了上天的意志和好恶。

其一，上天对万物的生养有序有时、有条不紊，蕴涵着和谐韵律，因循着和谐法则。董仲舒宣称："天之道，有序而时，有度而节，变而有常，反而有相奉。微而至远，踔而致精，一而少积蓄，广而实，虚而盈。"（《春秋繁露·天容》）可见，上天之道体现着变与常、微与远、实与虚的和谐。正是这种和谐法则使上天在创造万物时四时交替、五行和合，从而使万物共生共长而处于和谐之中。例如，对于季节，上天在一年中的不同时期赋予其不同的功能和作用，使其区分出春、夏、秋、冬之四季，并且使春、夏、秋、冬相辅相成，共同组成一年。这便是："天之道，春暖以生，夏暑以养，秋清以杀，冬寒以藏。暖暑清寒，异气而同功，皆天之所以成岁也。"（《春秋繁露·四时之副》）

其二，上天在创造宇宙万物时，奉行差分原则，协调各方面的利益关系。董仲舒宣称："天不重与，有角不得有上齿。故已有大者，不得有小者，天数也。"（《春秋繁露·度制》）这就是说，上天创造万物时合理地实行予与夺，从而使万物之间呈现出差异和分殊。例如，上天已经赋予羊、鹿以利角，便不再给它们以爪牙；赋予飞鸟、家禽以翅膀，便不再给它们四足（只给它们两只脚）。上天对人也是如此——如果让某人靠爵禄生活，就不再让他靠劳动吃饭。这样，通过上天的予与夺，万物都有所长，都有所短，从而共同生活在宇宙中而不至被它物灭绝或灭绝它物。这表明，上天的意志就是保证宇宙万物的和谐，使它们和谐相处。当然，董仲舒所讲的公正、公平是儒家特有的宗法观念下的等级秩序，而不是墨家、法家一视同仁的无差别的公平。下面所讲的上天对人的关照也是如此。

其三，上天对人类格外偏爱和关照，具体表现为让人身心和谐、利义统一。董仲舒断言："天之生人也，使人生义与利。利以养其体，义以养其心。心不得义不能乐，体不得利不能安。"（《春秋繁露·身之养重于义》）由于上天在造人之初不仅给人以身，而且给人以心，这使人生来就具有利与义的双重需要。不仅如此，为了满足人的双重需要，上天尽显其仁慈之德：第一，上天创造了五谷、丝麻和禽兽来满足人类衣、食方面的需求。正是在这个意义上，他不厌其烦地告诉人们：

> 五谷，食物之性也，天之所以为人赐也。（《春秋繁露·祭义》）
>
> 天地之生万物也以养人，故其可适者以养身体。（《春秋繁露·服制像》）
>
> 天覆育万物，既化而生之，有养而成之，事功无已，终而复始，凡举归之以奉人。察于天之意，无穷极之仁也。（《春秋繁露·王道通三》）

第二，为了满足人的精神欲求和道德需要，上天为人制定了礼义，即"其可威者以为容服，礼之所为兴也。"（《春秋繁露·服制像》）按照董仲舒的说法，人与万物同禀天地之气而生，由于人禀得的是天地之精气，最为高贵，天对人也总是格外关照和偏爱。上天的格外关照和偏袒使人无所不备、无憾无缺，也远远地拉开了人与宇宙万殊之间的距离。

总之，在董仲舒看来，上天具有意志，因循和谐法则创造了人和天地万物，使人与万物生来就处于和谐之中。上天的意志和好恶是协调各种事物之间的关系，使它们和谐相处。从这个意义上说，上天生养万物也就是对宇宙的预定和谐的设计。这使他的天本论成为上天创造万物的预定和谐论。

同时，董仲舒强调，尽管创造万物的过程体现了上天的意志和好恶，然而，上天无形而难察，其化生万物的过程"出入无形"，没有形迹可寻。这个说法使天成了深藏不露的神秘存在，也拉开了天与人之间的距离。同时，天与人之间的这种距离感反过来又增强了天的神秘性和神圣性。有鉴于此，他声称：

> 天高其位而下其施，藏其形而见其光。高其位，所以为尊也；下其施，所以为仁也；藏其形，所以为神；见其光，所以为明。故位尊而施仁，藏神而见光者，天之行也。（《春秋繁露·离合根》）

在此基础上，董仲舒进而指出，天不仅"出入无形"，不泄露其行踪，而且从不通过言语阐明其意，这给人知天、察天之意带来了极大的难度。同时，他断言："天不言，使人发其意；弗为，使人行其中。"（《春秋繁露·深察名号》）在这里，董仲舒表达了这样的意思：尽管上天不言、行踪难察，然而，有意志的上天却希望人类能够发其意、行其中。现在的问题是，既然天"出入无形"、不露形迹，却对人提出了"发其意"、"行其中"的要求，那么，人能够完成这个任务吗？他用"人副天数"回答了这个问题。通过阐释"人副天数"，董仲舒不仅将人与天归为同类，进一步彰显了人与上天之间的预定和谐，而且通过让人调整自身行为而副天数，制定了一套人与上天合一的原则方向和行为路线。

二、"人副天数"与天人之间的预设和谐

对于天人关系，董仲舒指出："为人者天也。人之人本于天，天亦人之曾祖父也。"（《春秋繁露·为人者天》）在这里，他一面强调上天的本原身份和至尊地位，一面将天归为人的同类。这便是："以类合之，天人一也。"（《春秋繁露·阴阳义》）这个说法引申出天人关系的两个观点：第一，由于与天是同类，人便具有了特殊性。具体地说，人与天是同类，两者的结构、特征是一样的——天有什么，人就有什么；天怎么样，人就应该怎么样。第二，由于天是万物本原、生人之本，人与天虽然是同类，却是不平等的；在天人同类中，天是人的原型，人是天的副本。这就是所谓的"人副天数"。

1. 人的形体和生理现象副天数

董仲舒认为，人的形体和生理现象副天数而来，故而与天数偶合。这具体表现在三个方面：

其一，人的生长周期与天相副。董仲舒认为，天的大数是十旬（旬指旬月，十旬即十月），天生养万物使之由无至成的周期恰好十旬。人从受胎到出生也是十旬，说明人与天具有同样的生长周期。对此，他宣称：

> 天之大数，毕于十旬。旬天地之间，十而毕举。旬生长之功，十而毕成。十者，天数之所止也……人亦十月而生，合于天数也。是故天道十月而成，人亦十月而成，合于天道也。（《春秋繁露·阳尊阴卑》）

其二，人的身体结构与天相副。董仲舒指出，人的身体结构处处显示了与天的奇妙和谐，"求天数之微，莫若于人。人之身有四肢，每肢有三节。三四十二，十二节相持而形体立矣。天有四时，每一时有三月。三四十二，十二月相受而岁数终矣。"（《春秋繁露·官制象天》）在他的视界中，人的四肢与月数相合。其实，人的身体结构处处如此，无不副天数而来。例如，人的骨胳有三百六十节，偶一年之天数；人的形体有骨有肉，偶地之厚；人有耳目聪明，偶日月之象；人体有空穴理脉，偶川谷之象……总之，人的一切都是仿摹天数而来的，人的身体结构、生理特征与天类似之处比比皆是。循着这个思路，董仲舒写道：

> 是故人之身，首妢而员，象天容也；发，象星辰也；耳目戾戾，象日月也；鼻口呼吸，象风气也；胸中达知，象神明也；腹胞实虚，象百物也……身犹天也，数与之相参，故命与之相连也。天以终岁之数，成人之身，故小节三百六十六，副日数也；大节十二分，副月数也；内有五藏，副五行数也；外有四肢，副四时数也；乍视乍瞑，副昼夜也；乍刚乍柔，副冬夏也；乍哀乍乐，副阴阳也。（《春秋繁露·人副天数》）

其三，人的生理现象和规律与天相副。董仲舒指出，人的生理现象和运作规律与天相符。人们夜寝昼作，与天相类，日出而作、日落而息的作息习惯源于一昼一夜的自然节拍。同时，人的各种生理现象和生理规律源于上天。例如，阴天下雨，阴气滋盛，人的各种风湿偏疾等阴性病便会发作；与此类似，久旱不雨，阳气强盛，人就会生各种毒疮火疖等阳性病。

2.人的情感和心理现象与天相副

董仲舒断言，人的形体与上天相副，人的精神包括情感、道德和意志等等也都化天数而来。其中，最典型的表现是，天有春夏秋冬四时，人有喜怒哀乐四情。不仅如此，既然人的情感是化天数而来的，那么，情感的发泄就应该与天时相副。基于这种理解，他一再强调：

> 人之形体，化天数而成；人之血气，化天志而仁；人之德行，化天理而义。人之好恶，化天之暖清；人之喜怒，化天之寒暑；人之受命，化天之四时。人生有喜怒哀乐之答，春秋冬夏之类也。喜，春之答也；怒，秋之答也；乐，夏之答也；哀，冬之答也。天之副在乎人。人之情性有由天者矣。（《春秋繁露·为人者天》）

> 人生于天，而取化于天。喜气取诸春，乐气取诸夏，怒气取诸秋，哀气取诸冬。四气之心也。四肢之答各有处，如四时；寒暑不可移，若肢体。（《春秋繁露·王道通三》）

在董仲舒看来，正因为人的喜怒哀乐等情感都是化四时而来的，与春夏秋冬一一对应，所以，情感的发泄必须应时而行。正如天道春应暖、夏应热、秋应凉、冬应寒一样，人的各种情感应按其阴阳与四时相符，不同情绪、情感的发泄必须选择与其相符的季节进行。具体地说，喜取于春之暖，应该在春天进行；乐取于夏之热，应该在夏天表达；怒取于秋之清，应该在秋天发出；哀取于冬之寒，应该在冬天宣泄。正是在这个意义上，他又说：

> 夫喜怒哀乐之发，与清暖寒暑，其实一贯也。喜气为暖而当春，怒气为清而当秋，乐气为太阳而当夏，哀气为太阴而当冬。四气者，天与人所同有也，非人所能蓄也。故可节而不可止也。节之而顺，止之而乱。（《春秋繁露·王道通三》）

董仲舒进而指出，喜怒哀乐四情源于天道之四时，其产生、发泄取决于天。因此，对于四情，人们既不能蓄而不发，又不能随时乱发，只可节制而不能止息。不仅如此，只有使喜怒哀乐随春夏秋冬四时应时而发，才能和谐而顺；否则，将导致失调而引发混乱。这不仅是个人情感发泄的指导纲领，而且是王者颁布、实施庆赏罚刑等行政措施的最终依据。

3. 人性与天数相符

董仲舒宣称，天在造人之初，就让人的一切属性都与天相副。这不仅表现为人之形体、生理特征、心理现象和情感与天相合，而且包括人性副天数而来。具体地说，天有阴阳，表现在人性上就是人有性情，人性之贪仁是天之阴阳的具体表现。于是，他反复声称：

> 人之诚，有贪有仁。仁贪之气，两在于身。身之名，取诸天。天两有阴阳之施，身亦两有贪仁之性。天有阴阳禁，身有情欲栜，与天道一也。（《春秋繁露·深察名号》）

> 情亦性也。谓性已善，奈其情何？故圣人莫谓性善，累其名也。身之有性情也，若天之有阴阳也。（《春秋繁露·深察名号》）

在这里，循着人性化天数而成的思路，董仲舒不仅断言人有性情，而且将人性之善恶与天道之阴阳联系起来。更有甚者，鉴于人性之善恶化天数而来，他断言人性不可更改，善恶之性犹如天赋之命一般。正是在这个意义上，董仲舒一再申明：

> 人受命于天，有善善恶恶之性，可养而不可改，可豫而不可去，若形体之可肥臒，而不可得革也。是故虽有至贤，能为君亲含容其恶，不能为君亲令无恶。（《春秋繁露·玉杯》）

> 天地之符，阴阳之副，常设于身，身犹天也，数与之相参，故命之相连也。（《春秋繁露·人副天数》）

4. 人的道德观念源于上天

与人性之善恶源于上天的观点类似，董仲舒认为，人的道德观念和行为规范是副天数而来的，三纲五常和忠孝等等都来源于天。例如，对于王道之五常可求于天，他解释说，人类社会的仁、义、礼、智、信来源于天道的五行，因此，五常与五行一一对应。不仅如此，董仲舒还以五行之间的关系伸张孝和忠的合法性。为了论证孝的天经地义，他把木、火、土、金、水说成是五行相生的父子关系，并把这种父子关系解释为一种授受关系。对此，董仲舒写道：

> 木生火，火生土，土生金，金生水，水生木，此其父子也……是故木受水，而火受木，土受火，金受土，水受金也。诸授之者，皆其父也；受之者，皆其子也。常因其父以使其子，天之道也。（《春秋繁露·五行之义》）

在董仲舒看来，"木生火"表明木火是父子关系，木为父、火为子。

那么，"木已生，而火养之"，就是父生子养。这要求子对父尽"厚养之"的孝道。"金生水"表明金已死而水藏之，即父死子葬。这要求子对父尽"谨送终"之孝道。可见，"夫孝者，天之经也。"（《春秋繁露·五行对》）因为孝源于天道，于是，他断言："《孝经》之语曰：'事父孝，故事天明。'事天与父，同礼也。"（《春秋繁露·尧舜不擅移、汤武不专杀》）对于忠，董仲舒同样以五行关系予以辩护。在五行之中，他特别赞美土德。土虽然不像木、火、金、水那样主管四时的一方，却兼管四时。因此，"土者，五行之主也。"土居中央，是"天之股肱"，"其德茂美"。在此基础上，他进而指出，土德是忠。土事奉天竭尽其忠，臣民事奉君主也应像土之敬天那样尽忠，做有德行之人。有鉴于此，董仲舒得出了这样的结论："是故圣人之行，莫贵于忠，土德之谓也。"（《春秋繁露·五行之义》）

5. 人的言语概念发于天意

董仲舒断言，人的言语和概念不是随意的，而是圣人发天意的结果。对此，他反复宣称：

> 名者，大理之首章也。录其首章之意，以窥其中之事，则是非可知，逆顺自著，其几通于天地矣。是非之正，取之逆顺；逆顺之正，取之名号；名号之正，取之天地，天地为名号之大义也。古之圣人，謞而效天地谓之号，鸣而施命谓之名……名号异声而同本，皆鸣号而达天意者也。（《春秋繁露·深察名号》）

> 是故事各顺于名，名各顺于天。天人之际，合而为一。（《春秋繁露·深察名号》）

在董仲舒那里，名号、语言由于发天意而来具有了权威性，因此，人们都应该按照自己的名分行事。只有这样，才能各正其事、各尽其职，从而更好地与上天相符。

如上所示，为了阐发"人副天数"，证明天与人之间的预定和谐，在汲取阴阳家、医学和天文学思想资料的基础上，董仲舒对人的生理现象、心理现象以及社会行为与自然界之间的联系做了尽致淋漓的阐释和比附。在此，他看到了人作为整个宇宙大系统中的一个要素对自然的依附，从而为天与人的和谐做了种种设想和猜测。自古及今，人们总是习惯于日出而作、日落而息。这表明，人的行为与自然界保持着和谐的节拍。人的生理现象和周期与自然界具有某种必然联系，这已被现代医学和科学研究所证实。各种季节病、地方病的发生也证明人的生理现象与大自然之间存在着某种微妙关系。此外，谁也无法否认，自然的变迁、天气的变化会影响人的情绪。从这个意义上说，董仲舒的观点包含一定的合理因素。

进而言之，在董仲舒那里，如果说上天派生万物注定了宇宙的预定和谐的话，那么，"人副天数"则侧重人与天的预定和谐。在他的哲学中，"人副天数"不仅加固了天人之间的预定和谐，而且使人与天合一有了可能和前提保障。在此基础上，通过天人相互感应，董仲舒进一步使天人合一具有了强制性。

三、天人感应与天人和谐的互动机制

在董仲舒那里，上天的至上权威决定了人同于天的必然性，"人副天数"不仅重申了天人的预定和谐，而且指出了人上同于天的可行性。在此基础上，通过天人相与、天人感应，他进一步加大了对人与上天合一的强制性，同时使人与天合一的方法具体化。

1. 同类相动——天人感应的哲学依据

董仲舒指出，调奏琴瑟时，击打宫声，其他宫声与之相应；击打商声，其他商声与之相应。这说明，事物与事物之间，异类相互排斥，同类相互感应。之所以如此，是因为同气相合，同声相应。这使同类事物之间相附相从、相互沟通和相互感应。对此，他解释说：

> 今平地注水，去燥就湿，均薪施火，去湿就燥。百物去其所与异，而从其所与同。故气同则会，声比则应，其验皦然也。试调琴瑟而错之，鼓其官则他官应之，鼓其商而他商应之，五音比而自鸣，非有神，其数然也。美事召美类，恶事召恶类，类之相应而起也。如马鸣则马应之，牛鸣则牛应之。帝王之将兴也，其美祥亦先

见；其将亡也，妖孽亦先见。物故以类相召也。故以龙致雨，以扇
逐暑。（《春秋繁露·同类相动》）

按照董仲舒的说法，不仅五音与五音之间、牛马与牛马之间同类相
动，天与人之间也因为是同类而彼此同类相动。更为重要的是，由于
"人副天数"，天与人是同类，两者之间同样存在着相互感应。对此，董
仲舒解释说，天有阴阳，人也有阴阳，阴阳之气便是天与人之间同类
相动的中介和媒体。例如，天地之阴气起，人之阴气会应之而起；而人
之阴气起，天地之阴气亦应之而起，"其道一也"。这便是："天有阴阳，
人亦有阴阳。天地之阴气起，而人之阴气应之而起；人之阴气起，而天
地之阴气亦宜应之而起，其道一也。"（《春秋繁露·同类相动》）

人与天地之阳气之间的感应大抵也是如此。在此基础上，董仲舒指
出，天与人之间的相互感应是通过宇宙的混沌之气来实现的。对此，他
写道：

> 天地之间，有阴阳之气，常渐人者，若水常渐鱼也。所以异于
> 水者，可见与不可见耳，其澹澹也。然则人之居天地之间，其犹鱼
> 之离水，一也。其无间若气而淖于水。水之比于气也，若泥之比
> 于水也。是天地之间，若虚而实。人常渐是澹澹之中，而以治乱
> 之气，与之流通相殽也。故人气调和，而天地之化美。殽于恶而味
> 败，此易之物也。推物之类，以易见难者，其情可得。治乱之气，
> 邪正之风，是殽天地之化者也。生于化而反殽化，与运连也。（《春
> 秋繁露·天地阴阳》）

这就是说，天地之间弥漫着阴阳之气，此气渐浸人如同水渐浸鱼一
般；人离不开天地之气，正像鱼离不开水一样。在宇宙的大系统中，以
天地之气为介质，天与人共存互动：人感染天，天也感染人。更为重要
的是，有了这种天地之气，也就保证了天与人之间的和谐：一方面，通
过阴阳之气的渐浸，上天将其预定和谐传递给人，甚至对人君的行为予
以奖赏或者谴告。另一方面，有了这种天地之气，人的行为会反馈给
上天；当然，上天有了人的行为记录，也就有了对人的行为的调整和赏
罚。在董仲舒那里，天与人之间的相互感应注定了天人和谐的强制性。

作为天与人相互感应的两个方面，他既宣称天地之气影响人类，又断言人类社会的治乱之气反过来会影响天地之气。于是，董仲舒指出：

> 以此见人之超然万物之上，而最为天下贵也。人，下长万物，上参天地。故其治乱之故，动静顺逆之气，乃损益阴阳之化，而摇荡四海之内……而人主以众动之无已时，是故常以治乱之气，与天地之化相殽而不治也。世治而民和，志平而气正，则天地之化精，而万物之美起。世乱而民乖，志僻而气逆，则天地之化伤，气生灾害起。（《春秋繁露·天地阴阳》）

在此，董仲舒强调，宇宙间一切现象的发生都看似自然，实则使然，实际上都是同类相动的结果。正是在这个意义上，他断言：

> 非独阴阳之气可以类进退也。虽不祥祸福所从生，亦由是也。无非己先起之，而物以类应之而动者也……此物之以类动者也。其动以声而无形，人不见其动之形，则谓之自鸣也。又相动无形，则谓之自然。其实非自然也，有使之然者矣。物固有实使之，其使之无形。（《春秋繁露·同类相动》）

同类相动是天人感应的哲学依据。正是通过同类相动的证明，董仲舒不仅肯定了天人之间的相互感应，而且为"人副天数"指明了方向。

2. 符命祥瑞和灾异谴告——天人感应的表征

循着天人感应的逻辑，人通过阴阳之气与上天相互感应。以此看来，各种自然现象便不再是纯粹的自然现象，而与人类行为密切相关，是人与天相互感应的结果。由此，董仲舒得出了这样的结论：各种祥瑞或自然灾害都出于上天的故意有为，是对人之行为的或赏或罚。

首先，董仲舒认为，人世间的一切都是上天的有意安排。例如，上天如果想使某人称王，一定会有一种不以人力所获而自然到来的征兆，这就是受天符命。他说："有非力之所能致而自至者，西狩获麟，受命之符是也。"（《春秋繁露·符瑞》）之所以如此，是因为天下人都诚心归服于他，精诚所至，感动了上天，上天才降祥瑞而使之受命称王。同样的道理，如果明君推行王道治理天下，便会元气和顺，风调雨顺，并常有种种祥瑞出现。于是，董仲舒又说：

王者，人之始也。王正则元气和顺、风雨时、景星见、黄龙下。王不正则上变天，贼气并见。五帝三王之治天下……故天为之下甘露，朱草生，醴泉出，风雨时，嘉禾兴，凤凰麒麟游于郊。（《春秋繁露·王道》）

按照董仲舒的说法，圣王总是与神兽、祥瑞和珍物如影随形、同时出现，这便是："帝王之将兴也，其类祥亦先见。"这种现象的出现没什么神秘之处，归根结底是"物故以类相召"的缘故。（见《春秋繁露·以类相召》）此外，他强调，王和君主都是天之子，要期待祥瑞的出现，他们必须事天如父，每逢岁首、月首或征伐等大事之时都要祭以告天。基于这种认识，董仲舒一再宣称：

为人子而不事父者，天下莫能以为可。今为天之子而不事天，何以异是？是故天子每至岁首，必先郊祭以享天，乃敢为地，行子礼也；每将兴师，必先郊祭以告天，乃敢征伐，行子道也。（《春秋繁露·郊祭》）

不祭天者，乃不可祭小神也。郊因先卜，不吉不敢郊。百神之祭不卜，而郊独卜，郊祭最大也。（《春秋繁露·郊祀》）

其次，董仲舒指出，如果统治者奢侈荒淫、道德堕落，滥用刑罚残害百姓，就会产生邪气。民怨积多，上下不和，便会阴阳失调而发生灾异。对此，他举例子论证说：

桀纣皆圣王之后，骄溢妄行……日为之食，星陨如雨，雨虫，沙鹿崩。夏大雨水，冬大雨雪。陨石于宋五，六鹢退飞。陨霜不杀草，李梅实。正月不雨，至于秋七月。地震，梁山崩，壅河，三日不流。昼晦。彗星见于东方，孛于大辰。鹳鹆来巢。（《春秋繁露·王道》）

那么，什么是灾异？灾异与上天之间又有什么关系呢？对此，董仲舒解释说：

天地之物有不常之变者，谓之异，小者谓之灾。灾常先至而异乃随之。灾者，天之谴也；异者，天之威也。谴之而不知，乃畏之以威……凡灾异之本，尽生于国家之失。国家之失乃始萌芽，而天出灾害以谴告之。谴告之而不知变，乃见怪异以警骇之。警骇之尚不知畏恐，其殃咎乃至。以此见天意之仁而不欲陷人也。谨案灾异以见天意。天意有欲也，有不欲也。所欲所不欲者，人内以自省，宜有惩于心；外以观其事，宜有验于国。故见天意者之于灾异也，畏之而不恶也，以为天欲振吾过，救吾失，故以此报我也。(《春秋繁露·必仁且智》)

这就是说，天地万物突然发生的变化叫怪异，怪异之中较小的叫灾害；两者的关系往往是灾害先到，怪异随之而来。之所以如此，原因在于，灾害是天对人君的谴告，怪异是天对人君的威震。换言之，如果国君失道，天便会拿灾害来谴告之；如果谴告之还不知悔改，天便会以怪异来恐吓之；如果恐吓之还不知畏惧，天就会降下种种祸殃。由此可见，灾异的出现既是上天对人君的警告和惩罚，又是挽救人君过失的仁慈之举。

进而言之，按照董仲舒的逻辑，既然一切灾异都是天人相与的结果，便都可以在天与人的相互感应中找到原因和解释。正是根据这套理论，他从人（以王、君为代表）的行为中为自然界的一切变异找到了依据。董仲舒写道：

王者与臣无礼，貌不肃敬，则木不曲直，而夏多暴风。风者，木之气也，其音角也，故应之以暴风。王者言不从，则金不从革，而秋多霹雳。霹雳者，金气也，其音商也，故应之以霹雳。王者视不明，则火不炎上，而秋多电。电者，火气也，其阴征也，故应之以电。王者听不聪，则水不润下，而春夏多暴雨。雨者，水气也，其音羽也，故应之以暴雨。王者心不能容，则稼穑不成，而秋多雷。雷者，土气也，其音宫也，故应之以雷。(《春秋繁露·五行五事》)

按照董仲舒的说法，种种灾变都是人（具体地说，是王、君）的行为引起的，归根结底是天人不和谐所致。因此，要补救和避免之，人必须调整自身的行为，以期与上天和谐相符。于是，董仲舒便开了下面这剂补世救道的药方，并且附带上了原理说明：

五行变至，当救之以德，施之天下，则咎除。不救以德，不出三年，天当雨石。木有变，春凋秋荣。秋木冰，春多雨。此徭役众，赋敛重，百姓贫穷叛去，道多饥人。救之者，省徭役，薄赋敛，出仓谷，振困穷矣。火有变，冬温夏寒。此王者不明，善者不赏，恶者不绌，不肖在位，贤者伏匿，则寒暑失序，而民疾疫。救之者，举贤良，赏有功，封有德。土有变，大风至，五谷伤。此不信仁贤，不敬父兄，淫泆无度，宫室荣。救之者，省宫室，去雕文，举孝悌，恤黎元。金有变，毕昴为回，三覆有武，多兵，多盗寇。此弃义贪财，轻民命，重货略，百姓趣利，多奸轨。救之者，举廉洁，立正直，隐武行文，束甲械。水有变，冬湿多雾，春夏雨雹。此法令缓，刑罚不行。救之者，忧图圄，案奸宄，诛有罪，葸五日。（《春秋繁露·五行变救》）

再次，根据这套天人感应理论，董仲舒对求雨和止雨提出了一套系统的方法。作为阴阳失调的结果，鉴于人与天地之气的相互感应，他认为，人可以通过自身的行为影响天气，进而达到久旱求雨或大涝止雨的目的。具体地说，"大旱者，阳灭阴也。阳灭阴者，尊厌卑也……大水者，阴灭阳也。阴灭阳者，卑胜尊也。"（《春秋繁露·精华》）既然旱、雨皆是阴阳失调、同类相动的结果，那么，止雨、求雨之道不外乎阴阳协调：既然旱为阳灭阴，那么，若求雨必须以阴动阴；既然雨为阴灭阳，那么，若止雨则必须动阳以起阳。依据这个原理，董仲舒制定了一套系统而详细的求雨和止雨方法。对此，他解释说："明于此者（天地之阴阳与人道之阴阳同类相动——引者注），欲致雨则动阴以起阴，欲止雨则动阳以起阳，故致雨非神也。"（《春秋繁露·同类相动》）

四、"以君随天"与天人和谐的具体操作

在董仲舒那里，不论是"人副天数"还是同类相动都决定了人必须与上天相符，与上天合一、发天意是人的行动原则。受制于这一原则，他对《春秋》的诠释独辟蹊径，得出了如下认定："《春秋》之法，以人随君，以君随天……故屈民而伸君，屈君而伸天，《春秋》之大义也。"

（《春秋繁露·玉杯》）

这是董仲舒发挥的《春秋》的微言大义，也是他和谐建构的基本原则。这条基本原则和行为路线的实质——"以人随君，以君随天"是"人副天数"、天人感应在政治领域的落实和贯彻。正因为如此，通过对《春秋》的阐发，董仲舒在尊天的同时推出了王者随天的主张，试图经过王者将天人合一具体落实到国家的政治生活中。

作为经学大师，董仲舒对孔子的《春秋》情有独钟；作为今文经大师，他关注《春秋》的微言大义。在阐释《春秋》时，董仲舒把《春秋》的微言大义说成是"屈民而伸君，屈君而伸天"。根据这一原则，对于天人合一以及天人感应而言，君显得至关重要。与天合一不仅是百姓的个人行为，更主要的是君主代表的国家行为和行政举措。为了适应这一需要，他专门对王予以界定，在"深察名号"的名义下，强化王者与天合一的责任和使命，致使王成为人与上天合一的代言人乃至第一责任人。受制于这一初衷，董仲舒对之进行了如此界定："三画而连其中，谓之王。三画者，天地与人也，而连其中者，通其道也。取天地与人之中以为贯而参通之，非王者孰能当是？"（《春秋繁露·王道通三》）

这就是说，王者之名即贯通天道与人道，王者对于天人合一具有不容推诿的义务和责任。在此基础上，董仲舒指出，为了与天合一，王者必须按照自己的名分行事，在以孝事天的同时，根据天道、天数确立治国的基本方针和行政措施，安排各种政治活动，力求从政治原则到官员选拔统统与上天相合。

1. 治国之道源于天道

董仲舒指出："道之大原出于天。"（《举贤良对策三》）这就是说，人类社会的统治秩序出自上天，统治措施源于天意。这要求王者的治国方针必须与天意相符。进而言之，天意究竟如何呢？他宣称："仁之美者在于天。天，仁也。"（《春秋繁露·王道通三》）在董仲舒看来，上天具有至仁至善的美德，天的仁德集中表现在"覆育万物"上——上天既化生万物，又养成万物，生生不息，终而复始。同时，天"泛爱群生，不以喜怒赏罚。"（《春秋繁露·离合根》）这一切表明，上天好德而不好刑，生养万物时"任德不任刑"。由此，他推断，"任德不任刑"是天的意愿。既然"任德不任刑"是天意，按照"王者承天意以从事"的原则，君主应该凭借道德教化万民、治国安邦。于是，他不遗余力地强调：

> 王者欲有所为，宜求其端于天。天道之大者在阴阳。阳为德，阴为刑，刑主杀而德主生。是故阳常剧大夏，而以生育养长为事，阴常剧大冬，而积于空虚不用之处。以此见天之任德不任刑也。（《举贤良对策一》）

> 国之所以为国者德也。（《春秋繁露·保位权》）

> 故以德为国者，甘于饴蜜，固于胶漆。（《春秋繁露·立元神》）

按照董仲舒的说法，由于"察于天之意，无穷极之仁也"，王者必须以德为国；同时，上天在任德时辅以刑罚，王者在以德治国的同时，应该辅以刑法。显然，这是一条德主刑辅的治国路线。正是在这个意义上，他断言："教，政之本也。狱，政之末也。"（《春秋繁露·精华》）在此，通过上天之贵阳贱阴，董仲舒揣摩出上天具有"任德不任刑"之意，由是推出了德本刑末，进而为儒家的德主刑辅找到了上天的庇护。

2. 国家的行政措施与上天相符

董仲舒宣称："王者配天，谓其道。"（《春秋繁露·四时之副》）作为国家行政措施的制定者和实施者，王者的一切行为都出于天意，与天道相符。具体地说，人类社会的行政措施从天道而来，天有春夏秋冬四时，王有庆赏罚刑四政。在他看来，天以春夏秋冬四季成就万物，贤明的君主循天道治理国家就应该以庆赏罚刑四政对应春夏秋冬四时；四季的功能是春生夏长秋杀冬藏，王者应该以庆功与春暖相副，以赏赐与夏暑相副，以惩罚与秋杀相副，以刑杀与冬寒相副。对此，董仲舒解释并强调说，王道的庆赏罚刑与上天的春夏秋冬之间"以类相应"，如符节相合。因此，四政缺一不可，犹如四季不可或缺；四政之间不可以相互干扰，正如四时不可易处一般。这个原则决定了王者在施政的过程中，既要使庆赏罚刑四政相辅相成、缺一不可，又要适时而发、避免四政相互干扰。正是在这个意义上，他一而再、再而三地指出：

> 庆赏罚刑与春夏秋冬，以类相应也，如合符……天有四时，王

有四政，四政若四时，通类也，天人所同有也。庆为春，赏为夏，罚为秋，刑为冬。庆赏罚刑之不可不具也，如春夏秋冬不可不备也。庆赏罚刑，当其处不可不发，若暖暑清寒，当其时不可不出也。庆赏罚刑各有正处，如春夏秋冬各有时也。四政者，不可以相干也，犹四时不可相干也。四政者，不可以易处也，犹四时不可易处也。（《春秋繁露·四时之副》）

天之道，春暖以生，夏暑以养，秋清以杀，冬寒以藏。暖暑清寒，异气而同功，皆天之所以成岁也。圣人副天之所以为政，故以庆副暖而当春，以赏副暑而当夏，以罚副清而当秋，以刑副寒而当冬。（《春秋繁露·四时之副》）

行天德者谓之圣人。为人主者，居至德之位，操生杀之势，以变化民。民之从主也，如草木之应四时也。喜怒当寒暑，威德当冬夏。冬夏者，威德之合也；寒暑者，喜怒之偶也。喜怒之有时而当发，寒暑亦有时而当出，其理一也。当喜而不喜，犹当暑而不暑；当怒而不怒，犹当寒而不寒也；当德而不德，犹当夏而不夏也；当威而不威，犹当冬而不冬也。喜怒威德之不可以不直处而发也，如寒暑冬夏之不可不当其时而出也。（《春秋繁露·威德所生》）

3. 官员的选拔和设置依天数而来

董仲舒认为，作为王者配天的具体表现和基本原则，国家的行政措施与天相副，官员的选拔和设置也从天数而来。具体地说，为了与天相副，王者选拔官员的时间和数量要符合天数。因为天有四时，故而王有四选；因为每季三月，故而每选三人。这便是："天有四时，时三月；王有四选，选三臣。是故有孟、有仲、有季，一时之情也；有上、有下、有中，一选之情也。三臣而为一选，四选而止，人情尽矣。人之材固有四选，如天之时固有四变也。"（《春秋繁露·官制象天》）按照董仲舒的说法，官员的选拔与天数相符。根据天有四季、每季三月的法则，王者每年选拔官员四次，每次的名额为三名。

在此基础上，董仲舒进一步指出，王者选拔官员的时节、名额与天数相副，官员的设置及其相互关系也是由天道而来的。拿五官来说，天道有五行，人道有五官；正如天道在五行的辅佐下成就万物一样，王者只有在五官的辅助下才能成就王者事业。可见，人类社会的五官源于天道之五行，是依据天数而来的。基于这一理念，他以人类社会的五官比附天道的五行：其一，五官皆依五行而来，各有自己所对应的一行：木是司农，火是司马，土是司营，金是司徒，水是司寇。其二，五官的职责、行为规范以及其间的关系遵循五行之间的运行规律。对此，董仲舒解释说："行者行也，其行不同，故谓之五行。五行者，五官也，比相生而间相胜也。故为治，逆之则乱，顺之则治。"（《春秋繁露·五行相生》）这就是说，五行之间的关系包括相生与相胜两个方面：第一，比邻的两行相生，如木生火、火生土、土生金、金生水、水生木等。第二，间隔的两行相胜，如木胜土、火胜金、土胜水、金胜木、水胜火等。既然人类社会的五官依据天道的五行而来，便应遵循五行之间的关系。只有五官都恪守自己的职责，五行相生，社会才能治理。基于这种认识，他把五官之间的关系说成是或相生或相胜的关系，由此推导出人类社会的治乱机制：第一，将五官相生说成是社会和谐、天下大治的保证。按照董仲舒的观点，司农（木）尚仁，劝农事，司农利于本朝（火），称为"木生火"；司马（火）尚智，举贤诛暴，安定天下，司马安定君官（土），称为"火生土"；司营（土）尚信，忠信事君，威镇四方，司营完成大理，称为"土生金"；司徒（金）尚义，尊卑有等，各尽其事，司徒履行亲安执法（水），称为"金生水"；司寇（水）尚礼，君臣有位，长幼有序，百工成器，司寇供给田官（木），称为"水生木"。第二，断言五官相胜必然导致天下大乱。董仲舒认为，五官为奸、为谗、为神、为贼、为乱必将导致社会混乱，这是五行相胜。具体地说，司农为奸，不劝农事，农民为叛，司徒（金）诛民（木），称为"金胜木"；司马为谗，专权擅势，执法（水）者诛杀司马（火），称为"水胜火"；司营为神，导主以邪，陷主不义，民（木）叛其君（土），称为"木胜土"；司徒为贼，诛杀无罪，侵伐暴虐，司马杀司徒，称为"火胜金"；司寇为乱，破坏法令，诛杀无罪，司营杀司寇，称为"土胜水"。（以上均见《春秋繁露·五行相生》）

经过这样一番比附，人真的成了天的副本——不仅人的外在形体而且人的内在情感，不仅人的道德律令而且人的行动作为都遵从上天的安排和主宰。这样一来，上天在派生万物时所设置的预定和谐便通过人——特别是王者在各个方面表现出来并得以落实，也使人完全达到了与上天的合一。正因为如此，董仲舒总结说："循天之道，以养其身，谓之道也。"(《春秋繁露·循天之道》)

在突出天人之间的内在联系和预定和谐的同时，董仲舒忽视、抹煞了天人之间的差别和对立。受此影响，在寻求和谐时，他由于过分强调天人同类而忽视了人与天的不同，否认人类社会遵循不同于自然界的特殊法则，进而将社会秩序、行政措施(人道)与自然现象和自然规律(天道)混为一谈。同时，在天人同类中，"屈民而伸君，屈君而伸天"的原则使董仲舒理解的天人和谐成为人完全与天相符，致使人成为天的被动效仿者和事奉者，最终抹煞了人的主观能动性和积极创造性。

更为致命的是，在天人同类、天人合一中，董仲舒夸大了天与人的联系，并且把天与人的一切联系都说成是固然而必然的。这增加了天的神秘性，并使天人和谐在人与上天的相副中变得繁琐和僵化。他的这套理论后来与谶纬迷信同流合污，蜕变为世俗迷信的一部分，对中国的传统文化和民众心理产生了广泛而深远的影响。

五、阳尊阴卑与儒家和谐的新开展

通过"人副天数"和天人感应，董仲舒表达了自己的和谐理念。他的和谐思想具有重要意义，是儒家和谐思想在汉代的新开展。在对儒家和谐的新开展中，董仲舒的主要做法是：通过阴阳贯通天道与人道，进而将孟子开辟的以践履仁义道德与上天合一的思想与荀子奠定的"不齐而齐"的等级和谐有机结合、合二为一。

1. 和谐的法则是阴阳的协调

董仲舒断言："天地之常，一阴一阳。阳者天之德也，阴者天之刑也。"(《春秋繁露·阴阳义》)在他看来，天具有阴阳二性，天道的精髓、和谐的法则都凝结为阴阳之间的和谐。进而言之，董仲舒理解的阴阳之间的和谐包括两方面的内容：第一，阴阳双方相合相依、缺一不可，彼此之间你中有我，我中有你。这用他本人的话说便是："阴之中亦相为阴，阳之中亦相为阳。诸在上者皆为其下阳，诸在下者皆为其上阴。"（《春秋繁露·阳尊阴卑》）从这个角度看，和谐的前提是阴阳双方的相互作用，缺少任何一方，和谐都无从谈起。第二，阴阳双方的性质、功能各不相同，上天的和谐体现为由阴阳关系的不平等而形成的平衡。这一点是阴阳关系的主导方面，也是和谐的本质所在。按照董仲舒的说法，阴阳具有不同的性质和功能，如阳为德，阴为刑；阳是爱，阴是恶；阳气生，阴气杀等等。这就是说，阳气主管生养，表现了天之德；阴气主管萧杀，体现了天之刑。并且，"恶之属尽为阴，善之属尽为阳。阳为德，阴为刑……阳气暖而阴气寒，阳气予而阴气夺，阳气仁而阴气戾，阳气宽而阴气急，阳气爱而阴气恶，阳气生而阴气杀。"（《春秋繁露·阳尊阴卑》）他进而强调，阴阳的不同属性和功能决定了二者的地位和生养万物的作用并不相同。由于上天具有仁慈的美德，对待阴阳总是"贵阳而贱阴"。"贵阳而贱阴"表现了上天主用仁德而辅用刑罚的意志，也证明上天尊阳卑阴，具有以阳为主、阴为辅的意志和好恶。正因为如此，董仲舒多次宣称：

> 是故阳常居实位而行于盛，阴常居空位而行于末。天之好仁而近，恶戾之变而远，大德而小刑之意也……贵阳而贱阴也。（《春秋繁露·阳尊阴卑》）

> 是故天数右阳而不右阴，务德而不务刑。（《春秋繁露·阳尊阴卑》）

由此看来，阴阳之间并不平等，总是阳实阴虚、阳尊阴卑、阳主阴从等等。不仅如此，董仲舒进而强调，阴阳之间的这种关系是"天之制"，因而是不可更改的。对此，他反复指出：

> 天使阳出布施于上而主岁功，使阴入伏于下而时出佐阳。（《举贤良对策一》）

> 阳贵而阴贱，天之制也。（《春秋繁露·天辨在人》）

按照董仲舒的说法，阳贵阴贱、阳尊阴卑、阳主阴辅出于天意，是固定不变的，也是阴阳之间不可更改的关系。这种关系是"天之制"，更是天道。然而，事情到此并没有结束。根据人道源于天道的原则，阳尊阴卑的"天之制"一定在人类社会表现出来，进而转化为人道。

2．天道之阴阳转化为人道之三纲

在董仲舒那里，无论是"人副天数"还是天人感应都加大了人与上天合一的必要性和强制性，并且突出了与天合一的可能性。在此基础上，他将天说成是人道的出处和根源。正是在这个意义上，董仲舒一再申明：

> 人之受命于天也，取仁于天而仁也。（《春秋繁露·王道通三》）

> 此见天之亲阳而疏阴，任德而不任刑也。是故仁义制度之数，尽取之天。（《春秋繁露·基义》）

在这里，董仲舒不仅认定人受命于天，而且进一步确证了人与天合一的践履仁义道德之旅。这是因为，"王道之三纲，可求于天。"（《春秋繁露·基义》）正是在人类社会的道德源于天道的论证中，他由天地之阴阳推导出人间之三纲，通过对三纲的论证将宗法等级固定化，奉为道德原则。

必须说明的是，对人伦的关注并不始于董仲舒。在先秦，儒家已经将人与人之间的关系归纳为五种，即君臣、父子、夫妇、兄弟和朋友，即所谓的五伦。不仅如此，孟子还对这五种关系提出了不同的道德要求，即"父子有亲，君臣有义，夫妇有别，长幼有序，朋友有信。"（《孟子·滕文公上》）法家代表韩非突出其中的君臣、父子和夫妇关系，强调臣、子、妻对君、父、夫的绝对服从。于是，他指出："臣事君，子事父，妻事夫，三者顺则天下治，三者逆则天下乱，此天下之常道也。"（《韩非子·忠孝》）尽管如此，董仲舒对三纲的论证对于儒家的和谐理念与建构还是具有不容低估的作用：第一，明确提出了三纲的说法，并在三纲之前冠以"王道"二字，极大地增强了三纲的神圣性。从此，三纲成为中国古代宗法社会的道德原则。第二，强调三纲源于天道，内含尊卑等级。

三纲即君为臣纲、父为子纲和夫为妻纲。诚然，这套具体提法出现在后来的《礼纬·含文嘉》中，然而，这一思想在董仲舒的著作中有明显反映，并且得到了深入、具体的论证。他认为，天道分为阴阳，人道也分为阴阳；人道之阴阳表现为君臣、父子和夫妇——君、父、夫属于阳，臣、子、妻属于阴。对此，董仲舒一再指出：

> 君臣、父子、夫妇之义，皆取诸阴阳之道。君为阳，臣为阴；父为阳，子为阴；夫为阳，妻为阴。（《春秋繁露·基义》）

> 天为君而复露之，地为臣而持载之；阳为夫而生之，阴为妇而助之；春为父而生之，夏为子而养之。（《春秋繁露·基义》）

在此基础上，董仲舒进而指出，由于属于阳，君、父、夫永远处于尊位；由于属于阴，臣、子、妻则永远处于从属地位。因为阳尊阴卑、阳主阴从出于天意，是"天之制"，根据"贵阳而贱阴"的天道，属于阴的臣、子、妻只能处于服从的卑贱地位，绝对服从属于阳的君、父、夫，成为他们的依附者和从属者。正因为如此，他不止一次地强调：

> 天子受命于天，诸侯受命于天子，子受命于父，臣妾受命于君，妻受命于夫。诸所受命者，其尊皆天也，虽谓受命于天亦可。（《春秋繁露·顺命》）

> 父者，子之天也。（《春秋繁露·顺命》）

按照董仲舒的说法，君与臣、父与子以及夫与妻之间的这种尊与卑、主与从、制与受的关系是天经地义的，因而不可改变。之所以如此，是因为这三种关系都是天之阴阳的体现，而阴与阳的地位并不相同，其尊卑关系不可更改。这就是说，君臣、父子、夫妇之间的关系只能是——也永远是君为臣纲、父为子纲和夫为妻纲。

众所周知，儒家追求宗法等级和谐。受制于这一价值旨趣，通过天道与人道的相互贯通和阴阳的一以贯之，董仲舒论证了上下尊卑的天然合理性，使三纲五常成为宗法社会伦理道德的核心。与此相关，在用三纲突出宗法等级的同时，他对五常的界定也彰显等级内涵。例如，对于仁，董仲舒的定义是：

仁者恻怛爱人，谨翕不争。好恶敦伦，无伤恶之心，无隐忌之志，无嫉妒之气，无感愁之欲，无险诐之事，无辟违之行。故其心舒，其志平，其气和，其欲节，其事易，其行道，故能平易和理而无争也。如此者谓之仁。(《春秋繁露·必仁且智》)

在这里，董仲舒继承了先秦儒家释仁为爱人的传统，同时将仁之爱人诠释为不争、无争，侧重对宗法等级的服从，因为不争、无争的前提是对等级名分的认同。不仅如此，与仁相比，义中包含的等级因素更为明显。对于义，他一再界定说：

义者，谓宜在我者。宜在我者，而后可以称义。(《春秋繁露·仁义法》)

是故大小不逾等，贵贱如其伦，义之正也。(《春秋繁露·精华》)

在此，董仲舒将义与宜相联系，与《大戴礼记》提出的"义者，宜也"相似。然而，他所讲的宜显然以宗法等级为价值旨归，故而以"大小"、"贵贱"为前提。正因为如此，董仲舒强调，义以贵贱大小"不逾等"为标准。由于儒家之礼历来有分、别之意，他的这个说法等于使义向礼靠笼，流露出崇礼的思想倾向，这一思想动向又与注重等级密切相关。对于礼，董仲舒解释说："礼者，继天地，体阴阳，而慎主客，序尊卑、贵贱、大小之位，而差外内、远近、新故之级者也。"(《春秋繁露·奉本》)此外，由于将宗法等级注入三纲五常之中，他所向往的德主刑辅成为对宗法等级的贯彻。于是，董仲舒写道："谓之度制，谓之礼节。故贵贱有等，衣服有制，朝廷有位，乡党有序，则民有所让而不敢争，所以一之也……上下之伦不别，其势不能相治，故苦乱也。"(《春秋繁露·度制》)

综上所述，董仲舒对儒家和谐的新开展表现在两个方面：一是加固天人合一的道德主义模式，一是对宗法等级的强化。在先秦，孟子将和谐寄托于"亲亲而仁民，仁民而爱物"(《孟子·尽心上》)的程序，在强调仁义道德是"天爵"的前提下，开辟了与天合一的道德之路；荀子的和谐理念集中体现在对礼的推崇上，试图通过礼的分、辨作用将宗法等级说成是和谐的题中应有之义。由此不难看出，尽管孟子的"亲亲而仁民，仁民而爱物"强化了仁爱之差等，然而，在本质上并没有超越孔子提出的仁之外在形式是礼的思路，对差等的强调限于主观自觉和道德引导。荀子推崇的礼强化了等级，却侧重外在性和强制性，作为"人道之极"、"治辨之极"的礼在隆礼重法中难免因为依凭法律而偏离儒家的道德航线。董仲舒整合了孟子和荀子的思想，从而使道德践履与宗法等级在和谐理念和建构中珠联璧合、相得益彰：第一，宣称三纲五常可求于天，是天道，以此强调在践履出于天的三纲五常中与上天合一。第二，在肯定上下尊卑观念源于上天的同时，通过三纲强化人类社会的上下尊卑，将宗法等级注入和谐之中。

在儒家追求和谐的历史进程中，董仲舒的思想具有承上启下的特殊作用：第一，在承上方面，如果说孟子突出了和谐建构的方式是与上天合一的道德完善之旅的话，那么，荀子则强调了和谐的实质是"不齐而齐"的尊卑等级。在此基础上，董仲舒接续了践履道德与上天合一的行为方式，通过将尊卑等级说成是天地之阴阳，论证了宗法等级的正当性，致使天人合一的道德之路与恪守三纲代表的宗法等级合而为一。正因为如此，董仲舒的和谐理念对宗法等级的论证较之荀子更充分，和谐建构的方式较之孟子更具体。更为重要的是，由于将和谐说成是上天的预定和谐，董仲舒使宇宙秩序与人间秩序合而为一，进而在对上天意志的凸显和贯彻中论证了人类社会的等级秩序是上天的预定和谐。第二，在启下方面，引领了理学家的和谐建构，成为孟子通往宋明理学的思想中转站。孟子企图通过践履道德与上天合一的和谐理念和建构之方被理学家所继承，在理学中转化为本体哲学—人性哲学—道德哲学的三位一体。在和谐理念从孟子到宋明理学的历史递嬗中，董仲舒从天道中引申出人道、将人道之三纲说成是"天之制"的做法起了重要作用。正是受董仲舒的启发，宋明理学家一面将宗法等级秩序说成是宇宙本体的题中应有之义，一面通过宇宙本体赋予人性命将等级名分说成是人与生俱来的先天规定性，然后要求人们在"去人欲，存天理"中超凡入圣，自觉地维护宗法等级秩序。

第三章　和谐理念的一脉相承

中国古代哲学具有浓郁的和谐情结，作为和谐本体根基的则是天人合一。换言之，对于中国古代哲学来说，和谐理念的总根源和大前提是天人合一。尽管和谐是为人寻找安身立命之所的中国古代哲学的共同追求，然而，各家的天人合一以及和谐理念与建构却大相径庭。儒家的和谐理念和建构以道德完善为手段，以天人合一为思维框架和行为模式。在与上天合一中寻求和谐根基、建构人间和谐是儒家与其他各家的一致之处，其不同在于以道德手段实现与天的合一，将礼乐教化视为建构和谐的最佳出路。具体地说，儒家坚守治国平天下的理想，而所谓的治国平天下无非是将凝聚着和谐理念的和谐建构推广于天下。这决定了与对仁义道德的追求乐此不疲一样，儒家的和谐理念基于天人合一的思维方式和价值旨趣，与中国古代哲学的人文情怀一脉相承；与各家不同的是，儒家将通过礼乐教化维护宗法等级秩序视为和谐建构的手段和目标。

孟子通过尽心、知性、知天的方式与天合一的做法在突出道德主义理想的同时，奠定了儒家天人和谐与社会和谐的道德模式。他奠定的这一和谐理念以及和谐建构在宋明理学家那里臻于完备。孟子对理学的影响再现了儒家和谐理念和建构的心路历程。

一、天与德的内在联系

对于儒家的和谐理念和建构来说，孟子的贡献在于，通过将仁、义、礼、智说成是上天赋予人的天爵，设置了以道德践履为具体方式的天人合一的和谐模式。对于孟子来说，以道德手段与上天合一的前提则是仁义道德与上天密切相关。具体地说，儒家以追求仁义道德为价值目标，孔子、孟子都是如此。然而，对于仁义道德的合法性以及人为什么践履仁义道德，孔子与孟子的理解并不完全相同：孔子的仁义道德与宇宙本体——上天之间并无内在联系，孟子将仁义道德说成是天爵，致使践履它们成为人与生俱来的本性和行为本能，也使践履仁义道德成为与天合一的方式以及和谐建构的基本模式。

孟子认为，人生来就有四心，犹如生来就有四肢一样。对此，他强调："人之有是四端也，犹其有四体也。"（《孟子·公孙丑上》）对于人而言，四心与生俱来，是人人如此的。那么，四心究竟是什么呢？孟子做了如是回答：

> 恻隐之心，仁之端也。羞恶之心，义之端也。辞让之心，礼之端也。是非之心，智之端也。（《孟子·公孙丑上》）

> 恻隐之心，仁也；羞恶之心，义也；恭敬之心，礼也；是非之心，智也。（《孟子·告子上》）

孟子的回答突出了两个要点：第一，四心指恻隐之心（又称"不忍人之心"）、羞恶之心、恭敬之心（又称"辞让之心"）和是非之心。第二，心具有道德属性，内蕴善的萌芽，扩展为仁、义、礼、智。这便是"仁义礼智根于心。"（《孟子·尽心上》）在此基础上，他强调，四心与生俱来，每个人都具有，没有四心就不成其为人。正是在这个意义上，孟子一再宣称：

> 恻隐之心，人皆有之；羞恶之心，人皆有之；恭敬之心，人皆有之；是非之心，人皆有之。（《孟子·告子上》）

> 无恻隐之心，非人也。无羞恶之心，非人也。无辞让之心，非人也。无是非之心，非人也。（《孟子·公孙丑上》）

按照孟子的说法，四心的与生俱来证明了道德观念是先天的，不仅生而具有，而且人人相同。这就是说，"四端"与四体一样与生俱来，从本原处看是上天赋予的。不仅如此，心与生俱来，因而是天然的，也是内在的。于是，他断言："仁义礼智，非由外铄我也，我固有之也。"（《孟子·告子上》）在这里，孟子一面强调四心的先天性，让天为心存在的合理性做辩护；一面将心的具体内容定义为仁、义、礼、智，在使仁义道德成为人性基本内容的同时，强化了宇宙本体——上天与仁义道德之间的内在联系。事实上，为了树立心的权威，阐明心的正当性、合理性，孟子始终强调心与上天之间的关联性，把心所标志的仁、义、礼、智之善端说成是上天赋予人的先天本性，把仁义忠信等道德说成是上天赋予人的最尊贵的爵位。正是在这个意义上，他一再说：

> 有天爵者，有人爵者。仁义忠信，乐善不倦，此天爵也；公卿大夫，此人爵也。（《孟子·告子上》）
>
> 夫仁，天之尊爵也，人之安宅也。（《孟子·公孙丑上》）

可见，在孟子那里，对于道德的张扬是通过将仁、义、礼、智说成是四心，进而又将四心说成是上天赋予人的本性完成的。从这个意义上说，他对人性、四心的阐释就是对仁、义、礼、智之道德与宇宙本体上天之间的内在联系的说明和论证。在此过程中，孟子对心之存在状态的说明使心同时拥有了形上和形下的双重属性：第一，心是先天的，并为上天所庇护。从这个意义上说，心具有形上属性。第二，心作为人的而非其他主体的属性、本质而存在，具有某种形下属性。这便是："仁，人之安宅也；义，人之正路也。"（《孟子·离娄上》）进而言之，心在孟子那里兼具形上形下的双重属性决定了心的双重身份和存在的双重维度——既存在于天堂又存在于人间；就存在于人间而言，心是人先天而非后天、内在而非外在的东西。这样一来，他一面在上天那里为心寻找来源出处和身份证明，借助上天至高无上的权威宣布心的天然合理性；一面把心下放，心的形下性使之成为人生而固有的某种本性和本能，引领人的思想和行为，为其贯彻、实现奠定了基础和前提。

孟子对仁义道德与上天内在联系的突出通过与孔子的对比将看得更加清楚。同样具有弘扬仁义道德的价值旨趣，孔子对仁义道德的渴望、推崇与孟子相比有过之而无不及。然而，在他对仁、义、礼、智的推崇中，仁义道德充其量只是道德完善之君子的品格和高尚追求，与宇宙本体——上天之间并没有必然联系。例如，孔子曾经说："君子而不仁者有矣夫，未有小人而仁者也。"（《论语·宪问》）按照这个说法，仁义道德是君子具有的品德，并不具有普遍性。因此，小人没有。孔子的这个说法从一个侧面反映了道德并非人的本性，与上天也无必然联系。这无疑给仁义道德的合法性、权威性留下了缺口。诚然，孔子说过"天生德于予"（《论语·述而》）之类的话，表明他本人的德行是天生的，然而，这并不代表孔子认为道德——即使是他本人的道德是天生的。下此判断的根据是，"天生德于予"之德并不专指品德或道德，还有文采、才华之意。事实上，孔子将人分为"生而知之"、"学而知之"、"困而学之"和"困而不学"四种类型，并对自己的才华十分自负。在孔子的心目中，自己即使是不属于"生而知之"，最起码属于"学而知之"。可以作为佐证的是，他对自己的评价是"敏而好学，乐而忘忧，不知老之将至"。这可以与"天生德于予"相互对照。

对于人生而固有的心究竟具有什么作用和功能，孟子认为，心是思维器官，具有思维的作用和功能。对此，他断言："耳目之官不思，而蔽于物……心之官则思，思则得之，不思则不得也。"（《孟子·告子上》）这就是说，耳目之官不会思考，往往被外物蒙蔽。与此不同，心是思维器官，自然会思考——只要用心思考就可获得认识，正如不用心思考就不会有所认识一样。有鉴于此，孟子坚信，只要充分发挥心的作用尽心思考，就会"诐辞知其所蔽，淫辞知其所陷，邪辞知其所离，遁辞知其所穷。"（《孟子·公孙丑上》）循着这个逻辑，充分发挥心的思维作用即可通晓宇宙万物之理，进入"万物皆备于我"（《孟子·尽心上》）的境界。

孟子提出的"心之官则思"的命题把心说成是认识和思维器官，心随之成为意识的发源地和知识的储备处。这一说法奠定了心在古代哲学中的重要地位。荀子把心称为天然的统辖器官——"天君"，朱熹断言心"藏往而知来"，说的都是这个意思。

对于心的作用机制，孟子解释说："人之所不学而能者，其良能也；所不虑而知者，其良知也……无他，达之天下也。"（《孟子·尽心上》）这就是说，孟子所讲的良知、良能不仅是一种行为本能，而且是一种认知本能。所谓的良知、良能都是针对心而言的，是心的作用机制；离开了心，良知、良能便无从谈起。在他看来，心之所以具有良知良能，是因为心中之知不用思考，无须后天学习或训练，心的所知所能是作为先天的、潜在的本性和本能存在的。进而言之，由于心的这种知和能与生俱来、完全出自本能，因此，一旦有所感触，自然会流露出来。对此，孟子举例说："所以谓人皆有不忍人之心者，今人乍见孺子将入于井，皆有怵惕恻隐之心。非所以内交于孺子之父母也，非所以要誉于乡党朋友也，非恶其声而然也。"（《孟子·公孙丑上》）见孺子入井必然伸出援助之手，这一举动是在瞬间发出的，自然而然，不带有任何功利目的，甚至不经过理性的权衡或选择。同样的例子还有："舜之居深山之中，与木石居，与鹿豕游，其所以异于深山之野人者几希。及其闻一善言，见一善行，若决江河，沛然莫之能御也。"（《孟子·尽心上》）这表明，由于良知、良能是一种根于本性的本能，只要良心未泯，便会乘机自然流出，无往而不胜。在这个意义上，心又被孟子称为"良知"、"良能"。

值得注意的是，孟子对心的界定和阐释是从不同角度展开的，这使心拥有了多层内涵和意蕴。由于使用和出现的频繁，更由于对心的某一特征的侧重和突显，孟子赋予心多个别名和称谓。一方面，心的诸多别名各有侧重，意义不同。例如，与四体相对应的"四心"、"四端"侧重于人的精神和意识方面，是就心的内部结构和主要内容而言的："四心"强调心有四个方面，作为人之为人的必要条件缺一而不可；"四端"强调心内涵仁义礼智之萌芽，必须存尽养求才能推而广之、大而化之成为圣人；"天爵"侧重心的来源处，强调心的形上属性以及心对于人的重要意义和价值；"恻隐之心"和"不忍人之心"侧重心以仁心为首，心的主导精神是同情和爱人；"良知"、"良能"就心的作用而言，指心具有认知和实践本能——在孟子的具体论述和举例说明中，侧重伦理层面。与"耳目之官"相对应的"心之官"一面表明耳目之官不会思考而"心之官"会思考，一面点明耳目之官所具有的欲望往往使人陷入对物质欲望的追逐之中不能自拔而堕落为小人，"心之官"思考的结果是使人完善成为大人、圣人。另一方面，心的诸多别名也有共性，共同体现了孟子对心的伦理侧重。不难看出，正如"四心"指仁义礼智四心或"四端"指仁义礼智之善一样，"天爵"准确的提法是"仁义忠信"即伦理道德，"恻隐之心"和"不忍人之心"套用了仁爱是五常之首的惯式，"良知"和"良能"直至今日仍然坚守伦理道德阵地，"心之官"作为思之主体、并与不思的"耳目之官"相对离伦理道德最远，然而，思与不思结果的强烈反差最终还是把它牢牢固定在了或大人或小人的道德禁囿之中。可见，心之别名的众多反映了心之内涵的丰富性和多样性，其一致性反映了孟子以心为中介、加固仁义礼智与上天之间的内在联系的用心良苦。

当然，不管心的具体界定和侧重如何，孟子对心的详细界定、多维阐释本身即流露出对这一范畴的重视和偏祖。这与心对上天与性、仁义道德的沟通作用有关，更与践履仁义道德、与上天合一的和谐方式有关。

孟子对心的内部层次和逻辑结构的剖析是对心的深入研究，在范畴的扩展和思路的开阔上都对中国哲学的发展具有重大的理论贡献。从此，心不再是新面孔，而是频繁地出入于儒、释、道各家之间，成为最具中国哲学神韵的概念之一。如果说这是孟子对儒家也是对中国哲学的贡献的话，那么，他对心的道德内涵的凸显体现了儒家一贯的道德本位。在这方面，孟子的做法是将性、心合一，致使人性成了上天赋予人的先天的道德观念，而心则是性、德之表现。这在为仁义道德赢得合法性的同时，也使通过知性而知天成为可能。当然，这一切的前提则是尽心。

总之，孟子对仁义道德与上天联系的突出是通过上天赋人以性完成的。为此，他将内涵仁义礼智的四心说成是人性的基本内容，天—心—性的逻辑结构注定了心的至关重要。不仅如此，通过对心的诠释和阐扬，孟子逐一解答了心的意蕴内容、身份来源、存在状态、功能作用和本能属性等根本问题。经过如此这番阐释，心横跨本体、认识、人性、伦理和政治等诸多领域，奠定了通过心、以践履仁义礼智与上天合一的理论前提。

二、天人合一的思维方式和价值诉求

作为儒家学者，孟子的思想带有厚重的儒学烙印，尤其是与孔子的思想呈现出惊人的相似性：在本体哲学领域，视天为最高的宇宙本体而恪守天命论；在价值哲学领域，追求仁义道德而漠视物质利益；在人生哲学和交往哲学领域，用仁爱来处理人际关系而不赞成离群索居或人以利聚；在政治哲学领域，推崇德治仁政，向往礼乐教化、道德引导而反对暴力威慑和武力镇压。这些相同之处在证明孟子思想的孔学渊源和儒家归属的同时，展示了儒家一以贯之的学术风采和理论基调。

然而，继承孔学的孟学具有自身的特点，呈现出不同于孔学的新态势。孟子思想的独特之处和不同于以往——尤其是不同于孔子的新动向始于以心为桥梁，突出仁义道德与宇宙本体——上天之间的内在联系，聚焦于心、性、德的合一，最终表现为通过尽心而践履仁义道德，达到天人合一。在这里，心不仅是作为联结仁义道德与上天的中介出现的，而且是人发扬本性（四心，即仁、义、礼、智之善端）、与上天合一的途径，故而显得至关重要。可以看到，在孟子对心的进一步阐释和界定中，心的出现不仅限于概念、范畴的侧重和使用，而且关涉思想内涵、价值取向和理论走势。于是，他的本体哲学、认识哲学、道德哲学乃至人性哲学由于有了仁义道德与上天的密切相关和心的沟通作用而处处呈现出与孔子及以往哲学的差异。这些差异不仅体现了两人在概念运用、理论侧重等方面的学术分野，而且彰显了孟子通过心践履仁义道德，与上天合一的思维方式、理论走向和价值旨趣。

1. 心的双重身份与天人合一的思维模式和价值诉求

在孟子的哲学中，心是作为上天赋予人的本性和本能存在的，从来源处看具有属天的形上性，从存在处看具有属人的形下性。心的形上与形下属性即属天性与属人性使心架起了宇宙本体——天与人之间的桥梁。正如仁、义、礼、智之天爵为上天赋予人的本性一样，心与生俱来拥有形上属性；另一方面，上天赋予人的四心具体展现为仁、义、礼、智四端。仁、义、礼、智作为上天对人的天赋之命，是人的价值和意义所在，人显露本性的过程和结果即是与天合一。换言之，正如心的天赋性决定了心对于人是先天的而非后天的、内在的而非外在的一样，对于人的先天固有和内在性使心作为人的本性和本能始终左右着人的行为。人把先天固有的、作为本性的四心显示出来即证明了心并非外在强制的天爵身份和形上品格。显然，这是一个互动的过程：一方面，心的形上性、天爵身份决定了心对于人的先天性和内在性，强化了心的天然合理性，这是天本论和天命论的一部分；另一方面，心对于人的内在性和与生俱来的先天性反过来强化了尽心、存心的自觉性和必然性，并通过后天行为把先天善性显露无遗，使心的天爵身份得以最终贯彻落实。前者是基础，属于本体哲学；后者是升华，覆盖认识、道德和人性哲学等诸多领域。这两条路线和逻辑层次构成了孟子天人合一的主要内容。按着他的逻辑，人的心中固有仁、义、礼、智善端，充满宇宙万物之理；只要把上天赋予人的先天的、心中固有的仁义礼智之端完全、彻底、充分地展露出来，就可以与天合一。可见，通过心的形上化和天爵身份，孟子奠定了儒家以道德完善、践履上天赋予人的善端来参天地之化育的天人合一模式。孟子开创的这套散发着道德情调的天人合一模式有别于道家、墨家和法家，尤其在与道家保持天然本性的天人合一模式的对比中更显独树一帜、别具一格。同样，孟子的这一模式又因遵循尽心、养心、存心和"求放心"的内求路线而演绎为不同于孔学的思维走向和理论归宿。在通过践履仁义道德与上天合一的过程中，孟子对心非常推崇，提出了尽心、存心、养心、"求放心"等口号和思想。对此，他不厌其烦地强调：

> 尽其心者，知其性也。知其性，则知天矣。存其心，养其性，所以事天也。殀寿不贰，修身以俟之，所以立命也。（《孟子·尽心上》）

> 君子所以异于人者，以其存心也。君子以仁存心，以礼存心。（《孟子·离娄下》）

> 大人者，不失其赤子之心者也。（《孟子·离娄下》）

学问之道无他，求其放心而已矣。（《孟子·告子上》）

在此，孟子把与上天合一的希望寄托于心之作用的发挥。从中可见，他始终是在积极的意义上使用心的，致使重视、夸大而不是限制、贬低心的作用、功能成为孟子思想的一个特点，也注定了孟子哲学的心学归宿。

2．心学的理论走势和最终归宿

天人合一的思维方式和价值取向决定了与天合一是人的使命和价值。这不仅是孟子一个人的看法，而且是中国古代哲学有别于西方哲学的基本特征之一。天人合一是中国古代哲学的理论共识，各家的分歧主要聚集在天人合一的内涵诠释和具体方式上。与其他学派不同、且开理论先河的是，在坚持道德主义的同时，孟子极力强调心的作用和功能，致使存心、尽心、养心和"求放心"成为天人合一的基本内容和行动方案。由于非常重视心的作用，由于天人合一的步骤、方法都围绕心展开而归根结底离不开心，孟子试图通过尽心、存心、养心和"求放心"等方法来充分发挥先天良知、良能的作用而知性知天、安身立命，这是一条心学的认识和行为路线：一方面，人与天合一具体化为尽心、存心、"求放心"和养心寡欲的过程，心被提升到至关重要的位置，致使人与天合一成为发挥人内心的善端，使先天固有的良知充分显露出来的过程。另一方面，天人合一的结果——"万物皆备于我"的理想境界更是把宇宙万物纳入人的心中，在内心道德的发扬光大中，参天地之化育。

需要提及的是，孟子关于心之为善（人性善）的价值判断奠定了夸大心之作用的理论前提，使尽心、存心、养心和"求放心"拥有了正当性和合理性。不仅如此，基于对心的特定理解和规定，鉴于心是基本范畴和心的重要作用，他的许多主张和观点都围绕心而展开，上面提到的存心、尽心、养心和"求放心"即是明显的例子。此外，还有"仁，人心也；义，人路也"（《孟子·告子上》）等等。在孟子那里，心的使用有显有隐，或概念，或口号，或命题，或主张，如此层层叠叠、环环相扣，编织成一个纵横交错的关节网，贯穿其思想的方方面面。其实，孟子之心以及以心为核心的命题、口号和主张不仅辐射本体、认识、人生乃至政治哲学等诸多领域，而且作为深层的价值系统和思维模式左右着孟子思想的立言宗旨。正因为如此，他把人生价值和理想的实现系于一心，开创了儒家道德至上的心学之路。

3．心的双重规定与认识哲学和道德修养的盘根错节

被孟子寄予厚望、津津乐道的心具有与生俱来的双重性：一方面，心是思维器官，会思考，具有认识功能。这便是所谓的"心之官则思，思则得之，不思则不得也。"（《孟子·告子上》）另一方面，心有道德属性，是价值和实践理性。因此，他断言心内涵仁、义、礼、智之四端。不仅如此，对于人与生俱来的本性和本能，孟子如是说：

> 人之所不学而能者，其良能也；所不虑而知者，其良知也。孩提之童，无不知爱其亲者；及其长也，无不知敬其兄也。亲亲，仁也；敬长，义也。（《孟子·尽心上》）

在这里，良知、良能与其说是与生俱来的认识本能和行为本能，不如说是先天的道德本能和本性。所以，孟子对此的具体诠释是仁义之善而非纯粹的认知智力。心在孟子思想中集认知和道德为一身的双重规定和内涵直接决定了尽心、大心、养心、"求放心"的双重内涵和意义——既可理解为认识过程和手段，也可理解为道德修养的方法和途径。即使是他对"心之官则思"的思之内容和后果的界定也含有道德、伦理因素。孟子对耳目之官与心官的说明是这样的：

> 耳目之官不思，而蔽于物。物交物，则引之而已矣。心之官则思，思则得之，不思则不得也。此天之所与我者。先立乎其大者，则其小者弗能夺也。此为大人而已矣。（《孟子·告子上》）

显然，"心之官则思"的立论角度不是知识、技巧而是伦理道德，尤其是先立其大的宗旨是成为大人，"心之官则思"的作用和结果是为人而非为学在此一目了然。与此相关，尽心—知性—知命—知天既是认识过程和手段，也不失为道德修养的方法和途径。这使孟子的认识哲学始终与道德修养混沌未分、合二为一；最后，认识方法沦为道德修养术或被道德修养扼杀殆尽。孟子曾经多次指出：

> 人皆有所不忍，达之于其所忍，仁也；人皆有所不为，达之于

其所为，义也。人能充无欲害人之心，而仁不可胜用也；人能充无穿窬之心，而义不可胜用也。(《孟子·尽心下》)

养心莫善于寡欲。其为人也寡欲，虽有不存焉者，寡矣；其为人也多欲，虽有存焉者寡矣。(《孟子·尽心下》)

在此，尽心的结果是仁义达于天下而不可胜用。同样，养心的方法不是益智而是积德，这与"心之官则思"的结果不是知识的扩大而是为人——成为大人如出一辙。其实，心的道德属性在表明心的实质内容为仁、义、礼、智的同时，也注定了孟子对待心的态度是存尽养求，总是在积极和鼓动的意义上对待心。与此类似的还有恒心和不动心之说。他不仅认为有恒心是士的操守，而且宣称自己从 40 岁开始不动心，《公孙丑上》篇详细讲述了不动心的做法和内容，要点是以立志为先，"养浩然之气"。其实，士以"尚志"为事是孟子的一贯看法。据说：

王子垫问曰："士何事？"孟子曰："尚志。"曰："何谓尚志？"曰："仁义而已矣。杀一无罪，非仁也；非其有而取之，非义也。居恶在？仁是也；路恶在？义是也。居仁由义，大人之事备矣。"(《孟子·尽心上》)

这表明，孟子所讲的"尚志"、"养吾浩然之气"与"不动心"说的都是以仁义为志，面对外物的利诱、生活的窘迫以及各种压力而矢志不渝。正因为如此，他坚信，通过立志，保养浩然之气而使之常守不失，便可以达到人生的理想境界，成为大丈夫："居天下之广居，立天下之正位，行天下之大道。得志与民由之，不得志独行其道。富贵不能淫，贫贱不能移，威武不能屈。此之谓大丈夫。"(《孟子·滕文公下》)

可见，在孟子的思想中，无论是尽心、存心、养心还是求放心，都与认识过程或知识的增加无关，是全然的道德修养过程。这从一个侧面表明，他对心的解释和以心为核心的口号沿袭了儒家的道德主义传统。在这方面，孟子用仁、义、礼、智来充实心的具体内容，在突出仁、义、礼、智的合理性的同时，用道德充塞进而统辖人心。

诚然，伦理本位不是孟子的首创，更不是他一个人的观点。儒家都有伦理本位的思想倾向，孔子庞大的思想体系以伦理思想为核心即是伦理本位在其思想体系建构上的反映。所不同的是，孟子的伦理本位更鲜明、更彻底，并且与天人合一统一起来。为了伸张仁义道德的权威性，他到宇宙本体——上天那里寻找依据，在使心成为天爵而获得上天庇护的同时，为人通过道德践履与天合一埋下了伏笔。

三、天人合一模式的固定化

如上所述，以心为中介，孟子将人性（四心）说成是上天赋予人的先天本性和本能，在致使仁义道德具有形上性的同时，使践履仁、义、礼、智之善成为人的行为追求和神圣使命。孟子将仁义道德与宇宙本体——上天直接联系起来，通过道德践履与上天合一的做法被宋明理学家发挥得淋漓尽致，由此，天人合一的模式被固定化和程式化：在强调宇宙本体与道德密切相关方面，宋明理学家认定仁义道德就是宇宙本体（天理、吾心等）；在以道德手段与天合一方面，他们通过宇宙本体命人以命，使本体哲学、人性哲学与道德哲学三位一体而层层推进。孟子对宋明理学家的影响以及宋明理学家对孟子思想的发挥再现了儒家和谐之旅的心路历程。

1. 仁义礼智被奉为宇宙本体——道德与宇宙本体联系的强化

沿着孟子请出上天为仁义道德的合法性、权威性辩护的思路，宋明理学家直接将仁、义、礼、智称为天理，奉为宇宙本体。众所周知，宋代以前，对宇宙本体的认定聚讼纷纭，莫衷一是，从天、道、气、无、玄道到识等等。这些本体各具特色，却有一个共同点，那就是与仁义道德无涉。从宋明理学开始，仁、义、礼、智被含纳于宇宙本体之中，或者说，宇宙本体的具体内容就是以三纲五常为核心的伦理道德。朱熹干脆把以仁为核心的伦理道德奉为天理，作为其哲学的宇宙本体和第一范畴。对于作为宇宙本体的理究竟是什么，他明确声称："理则为仁义礼智。"（《朱子语类》卷1）由于心中包万理、万理具一心，视心为世界本原的陆王心学只是在换个说法的同时，巧妙地把朱熹所推崇的理从虚无缥缈的天国拉回到了人间，使其常驻心中而已。在这个意义上，宣布心是本原的陆王心学实际上是把仁、义、礼、智安插进心中，等于宣布了心即仁、义、礼、智，这便是王守仁断言"心外无仁"、"心外无义"、"心外无善"的真正意图。不仅如此，即使是以气为本原的张载和王夫之等人也千方百计地突显气的道德属性。例如，张载认为，宇宙本体——气的本然状态和基本形式是太虚，太虚纯粹湛一、至静无感，不仅本身即是善之源，而且作为气之全部体现在人身上显现为至善的天地之性。王夫之同样使气带有善恶的道德属性，其著名的"一圣人死，其气分与众贤人"之说便是最明显的例子。这表明，如果说孟子对心的阐释突出了儒家的道德诉求，为了伸张仁义道德的永恒性和神圣性不得不借用上天的权威，使之与宇宙本体相搭界的话，那么，宋明理学家则直接而明确地把仁、义、礼、智说成是宇宙本体——天理或吾心。这种做法极大地提升了仁义道德的地位，也是对孟子思想的发展和转化。当初，为了增强心的正当性、合理性，孟子搬来了宇宙本体——天来为心正名，使心具有了某种形上意蕴。由于心为仁、义、礼、智四心，心的形上性表明了仁义道德与宇宙本体具有某种内在关联。然而，就仁义礼智与宇宙本体的关系而言，如果说孟子在承认上天为宇宙本体的前提下，借用上天的权威为心辩护——此时的天仍然是本体、仁、义、礼、智只是沐浴其光环而受其庇护的话，那么，程朱理学和陆王心学则直接把仁义道德抬高为宇宙本体。在此，宋明理学所做的是由间接向直接的转换。这种转换意义重大：一方面体现了宋明理学与孟子心学血脉相连的继承关系，一方面把儒家的道德主义追求推向极至。

在将仁、义、礼、智奉为宇宙本体的基础上，通过本体哲学—人性哲学—认识哲学的三位一体，宋明理学家将孟子开创的以道德主义为旨归的天人合一模式固定化。在宋明理学中，一方面，无论宇宙本体为何物，宋明理学家都用本体去说明、阐释人性，使人性奠基于本体哲学之上，这使其本体哲学与人性哲学呈现出合二为一的趋势；张载、朱熹等人对宇宙本体显现为人之性命的阐释既是人性哲学的内容，又不失为宇宙本体派生万物的过程。另一方面，本体哲学决定了认识哲学的价值目标，尽管宋明理学家对于宇宙本体的界定相差悬殊，却都在认识领域以穷尽宇宙本体为己任，把穷尽宇宙本体视为全部认识的最终目标。这使宋明理学的本体哲学与认识哲学呈现出合二为一的趋势。例如，认为天理是本原的朱熹把认识的目标锁定为"穷天理"，推崇心（良知）为本原的陆九渊、王守仁把认识的路线归结为"反省内求"、"自存本心"和"求理于吾心"、"致良知"。可见，宋明理学家的共同做法是，在本体领域奉什么为本体，认识领域便以穷尽此本体为目标。进而言之，由于人性是宇宙本体在人身上的具体显示和呈现，认识以宇宙本体为对象和目标，其中就包括对人性的认识。在这里，人性哲学与认识哲学，一个是宇宙本体的显现，一个是对宇宙本体的认识，在宇宙本体的沟通下呈现出合二为一之势。因为人性至善，认识要尽心、存心、致良知，认识的过程和结果本身就是人性的完善过程。宋明理学所具有的这种本体哲学与人性哲学合二为一、本体哲学与认识哲学合二为一以及人性哲学与认识哲学合二为一的态势构成了本体哲学—人性哲学—认识哲学的三位一体，三位一体最终汇聚为天人合一。于是，天人合一成为推崇不同宇宙本体的气本论、理本论和心本论各派殊途同归的最终汇合点和思想大同处。在这一点上，不仅朱熹、王守仁如此，其他哲学家也是一样。例如，二程关于"命在义中"、"以义安命"的论述深化了孟子以道德完善的方式与天合一的模式，也成为天人合一的一种方式。此外，二程关于天、理、道、性、命、心为一的说明本身就是本体哲学—人性哲学—认识哲学的三位一体。正因为如此，宋明理学成为中国哲学天人合一思想最典型的形态，天人合一的模式也从此被固定化和程式化。

2. 心学的殊途同归——认识哲学与道德修养的合二为一

尽管宋明理学分为气学、理学和心学三个派别，尽管并非所有的流派都把心奉为宇宙本体和第一范畴，然而，禀承孟子的心学衣钵，心被大多数宋明理学家所推崇。张载除了尽心之外，还独树一帜地提出了"大心"之说，"大"与孟子所讲的尽、存、养和求一样是心的动词，并且是在肯定意义上使用的。"大心"提法的出现是对心这一范畴的青睐，更表现了他对心的推崇。不仅如此，对心的重视和推崇使张载以气为本的气学路线在认识和人性领域急剧向心学倾斜。朱熹强调"穷天理"必须格尽天下之物，遵循向外穷理的认识路线。尽管如此，他还是念念不忘格物必须先存心。同时，朱熹认为，存心不是可有可无的，存心直接关系到格物的方向和成败。此外，他对心的分析和阐释更显入木三分。与在张载那里的情形类似，心使朱熹最终偏离了以理为本原的理学，认识哲学和人性哲学呈现出厚重的心学痕迹。陆九渊虽然承认理是本原，却利用"心即理"的命题把理由虚无缥缈的天堂拉回到人间、植入人的心中，致使心具有了无与伦比的地位和意义，以至于其哲学被归为心学一派。同时，"心即理"的命题把心与理的关系密切化，心中只有理——毫无人欲之杂，理只能存在于心中——不能离开心而存在。这种说法实际上在纯化、净化心之内容的同时，用心消融了理，树立了心高于理的权威地位。当然，"同心"的出现不仅使心又多了一个说法，而且使心具有了与理分庭抗礼的机缘。陆九渊对存心的强调使心闪现在认识领域之中，书房"存斋"的命名与"若某一字不识，亦需还我堂堂做个人"之间的强烈反差更突出了对心的重视。王守仁哲学只剩下了心，心成为统辖一切的绝对，天理也概莫能外——"心外无理"、"心外无仁"和"心外无义"——总之，心外什么都没有，离开心，整个世界荡然无存。"求理于吾心"和"致良知"则使心集认识主体与客体为一身，认识被还原为从心出发、达到内心的过程。

总之，如果你熟悉先秦哲学，阅读宋明理学会有一种回家的感觉；如果你深谙孟子思想，你会发现孟子的尽心、养心、存心和"求放心"等观点和命题被宋明理学家一再提起，以至于孟子开启的心学路线在宋明理学中成为"显学"，从张载、二程到朱熹都有心学倾向，这一倾向在认识领域更为明显。

此外，孟子把仁、义、礼、智的实施寄托于反省。他断言："仁者爱人，有礼者敬人。爱人者，人恒爱之；敬人者，人恒敬之。有人于此，其待我以横逆，则君子必自反也：我必不仁也，必无礼也。"（《孟子·离娄下》）宋明理学家加固了这一思路，致使反省、内求、"求理于吾心"、"致良知"等成为这一时期哲学的主流和中心话语。

张载主张认识有"见闻之知"（"闻见之知"）与"天德良知"（"德

性所知")两种类型和途径，并强调"见闻之知"是"物交物乃知"。这是一条反映论路线。然而，他指出"见闻之知""但得其表"，具有无法克服的致命缺陷。为此，张载呼唤"天德良知"。按着他的逻辑，"德性所知，不萌于见闻"，是与生俱来的"天德良知"。因为"天德良知"与生俱来，为人心所固有，于是，尽心、大心便成了超越"见闻之知"顺理成章的结论和出路。在他那里，尽心、大心不仅是反省、内求的认识路线，而且侧重道德修养。这使推崇"天德良知"的认识路线转化为道德修养方法。朱熹认为"穷天理"必须格尽一草一木一昆虫之理，这无疑是一种外求路线，有接触自然物的意思。同时，他把格物的前提定为存心，把格物的目的说成致知。对于致知，朱熹的解释是"推极吾之知识，欲其所知无不尽也。"(《四书章句·大学章句卷1》)在他那里，无论格物还是致知，其出发点和落脚点都是"穷天理，明人伦"。这使其认识哲学中的道德修养成分越来越大，认识方法急剧蜕变为道德修养术。陆九渊把认识路线分为"从里面出来"与"从外面入去"两种方式，进而强调"道不外索"，以确保"自存本心"，而不致"自伐其根"、误入歧途。为此，他省略了向外求理的步骤，堵塞了向外求理的路径，在向内求理中，强调"先立乎其大者"，把认识方法和过程净化为减担、养心和"求放心"等反省内求和"自存本心"。沿着陆九渊的套路，王守仁把认识途径和方法定格为"求理于吾心"，然后在"致良知"中用主观吞噬客观，让纯乎天理而无一丝人欲之杂的良知成为绝对的、唯一的真知。可见，在宋明理学那里，如果说张载、朱熹是由认识哲学开始，最终转变为道德修养的话，那么，陆王心学则始终把认识禁锢在道德修养术中，致使认识哲学与道德修养的合一变成了对道德修养的归一。

同时，宋明理学本体哲学与认识哲学合二为一的天人合一模式在认识哲学与道德修养的合二为一中得以贯彻，并且扩大、转换为本体哲学—认识哲学—道德修养的三位一体。

总之，孟子开创的认识哲学与道德修养混沌未分的思想态势和理论走向在宋明理学那里表现得更为明显。如果说孟子只是在认识哲学与道德修养的合二为一中偏袒道德修养的话，那么，宋明理学家则用道德修养遮蔽、乃至吞噬了认识哲学。在这个问题上，朱熹等人把客观精神——天理视为宇宙本体，在认识领域主张向外求知求理，最终也让格物、致知的认识过程沦为道德修养便显得意味深长。

3. 四心、四体对举与双重人性论——对人性的关注和人性哲学的重要地位

孟子对人性内容的阐释和探讨人性的思路影响了宋明理学家，尤其是他的四心与四体对举的做法被宋明理学家演绎为善恶兼具的双重人性论。综观古代的人性学说，如果说先秦人性论固守善恶之两端——或性善或性恶而不可调和，汉唐哲学忙于对人性划分品级的话，那么，宋明理学的人性论则侧重对人性内部成分和结构的分析，于是，双重人性论似乎成了唯一的出路和必然。值得注意的是，孟子对人性内容的分析和判断开了将人性一分为二、分别对待的先河。事实上，他对四心与四体关系的认识分为两个方面：

其一，孟子把人的四心与四体对举，承认它们具有相同之处：第一，都是人与生俱来的，这即是上文提到的"人之有是四端也，犹其有四体也"；就人与生俱来的本能而言，"四心"与"四体"具有同样的来源和正当性。第二，都有欲望——四体、耳目口鼻有嗜好，心也有嗜好。这便是：

> 口之于味也，有同耆焉；耳之于声也，有同听焉；目之于色也，有同美焉。至于心，独无所同然乎？心之所同然者，何也？谓理也，义也。圣人先得我心之所同然耳。故理义之悦我心，犹刍豢之悦我口。（《孟子·告子上》）

> 欲贵者，人之同心也。人人有贵于己者，弗思耳矣。人之所贵者，非良贵也。赵孟之所贵，赵孟能贱之。《诗》曰："既醉以酒，既饱以德。"言饱乎仁义也，所以不愿人之膏粱之味也；令闻广誉施于身，所以不愿人之文绣也。（《孟子·告子上》）

这就是说，正如耳目口鼻四肢都有欲望、且具有相同的嗜好一样，人心也有欲望、也有相同的嗜好——这就是同心即心之所同。这成为孟

子论证人性善的逻辑前提和证据之一。

其二，孟子强调四心与四体的差异。尽管耳目口鼻、四体与心、四心一样与生俱来，一样都有欲望人嗜好，他却对它们分别对待。正因为如此，孟子声称：

> 口之于味也，目之于色也，耳之于声也，鼻之于臭也，四肢之于安佚也，性也，有命焉，君子不谓性也。仁之于父子也，义之于君臣也，礼之于宾主也，智之于贤者也，圣人之于天道也，命也，有性焉，君子不谓命也。（《孟子·尽心下》）

按照这种说法，四体之欲与四心之欲具有本质差异，对四体与四心之欲一定要分别对待：耳目口鼻四肢的欲望是刍豢、安逸等物质满足，人心的同好是仁义；一是利，一是善，不容混淆。更有甚者，由于耳目之官不思不得，往往被外物所蒙蔽，心之官却愈思愈得。所以，孟子不仅让人们"先立乎其大者"，用四心去主宰四体，而且强调"从其大体为大人，从其小体为小人"（《孟子·告子上》），其中隐藏着贬低耳目之欲、推崇心之欲的倾向。"养心莫善于寡欲"则明确指出四心与四体之欲势不两立，要保养本心之善必须去除四体之欲。正是在这个意义上，他宣称："形色，天性也；惟圣人然后可以践形。"（《孟子·尽心上》）不难看出，孟子"道性善"，那是就"四心"而言的。与此同时，他贬低"四体"、耳目口鼻之欲，有蔑视四体之欲、斥之为恶之嫌。这表明，孟子人性学说中隐藏着把人性一分为二的思想要素：四心之善与四体之恶。

张载、朱熹的双重人性论与孟子对人的四体与四心之分息息相关。正是沿着孟子的思路，继张载把人性分为天地之性与气质之性两个部分之后，朱熹宣称人性包括天命之性与气质之性两个部分。正是按照善恶有别的思路，张载和朱熹不约而同地宣布，作为气之全部的天地之性和作为天理体现的天命之性是至善的，作为气之局部或理气杂合的气质之性却有善有不善。与孟子对四心与四体的分别对待别无二致，为了人性的完美和统一，张载和朱熹共同主张改变气质之性中的恶而变化气质。

更有甚者，朱熹由人性讲到人心，并且将心也一分为二；与把人性分为天命之性与气质之性类似，他把心分为道心与人心两个部分。不难发现，这与孟子上面所讲的人心所欲贵有良贵与非良贵之分如出一辙。在接下来的论述中，朱熹把道心说成是至善纯美的，把人心中的人欲归为恶，把人心中的义理归为善。在此基础上，他宣称善与恶——天理与人欲势不两立，提出了"去人欲，存天理"的口号。这套理论路径和价值取向可以视为孟子基于四体与四心的分别而断言"从其大体为大人，从其小体为小人"的翻版。

此外，孟子把仁、义、礼、智归于人心的性善说更是占领了宋明理学的学术阵地，无论张载、朱熹的双重人性论，还是王守仁的良知、"致良知"学说都有"四心"性善的影子，都是对孟子人性理论的致意。

更为重要的是，脱胎于四心、四体的双重人性论在丰富人性内容的同时，突出了人性哲学在理学思想体系中的位置。前面提到的本体哲学、认识哲学与道德哲学的三位一体在认识哲学被道德修养吞噬之时演变为本体哲学、人性哲学与道德哲学的三位一体。不仅如此，伴随着宋明理学对人性问题的深入阐释和人性哲学地位的提高，人性哲学在宋明理学中发挥着极其重要的作用。

总之，宋明理学的主要范畴、基本特征、思维方式和价值取向都与孟子有关，在各个层面都显示出孟子思想的特征。具体地说，孟子引领了宋明理学对概念、范畴的喜好和侧重，使心成为气学、理学和心学共用的范畴，同时影响了宋明理学的思想内容和理论体系的建构。在这个意义上，离开孟子，就无法弄清宋明理学的来龙去脉；不理解孟子，就不能深刻理解宋明理学的精神实质。当然，宋明理学作为孟子的后继者，其发展走势使孟子思想中的某些端倪和潜在基因得以进一步弘扬光大。从这个角度看，以宋明理学为视角反观孟子，会对孟子思想的理论端倪、倾向和走势看得更加清楚人明白。

在两者的相互映照中可以看出，宋明理学家对孟子的继承是对仁义道德的推崇，无论是本体哲学、认识哲学、道德哲学的三位一体还是本体哲学、人性哲学、道德哲学的三位一体都在加固、深化天人合一的同时，使仁义道德一以贯之。正因为如此，对于儒家的和谐之路而言，如果说孟子的贡献是开辟了一条践履仁义道德的天人合一之途的话，那么，宋明理学家则使之不断系统化、固定化，在将仁义道德奉为宇宙本体、提高其权威性和神圣性的同时，通过本体哲学、人性哲学、道德哲学的三位一体，使践履仁义道德的天人合一日常生活化。

当然，在此过程中，还有一项重要内容。那就是：通过突出三纲的地位，宋明理学将宗法等级注入天理之中，致使现实社会的和谐建构成为维护、服从宗法等级制度。具体地说，宋明理学家将天人合一的模式系统化和固定化：一面将和谐秩序视为宇宙本原，一面将宇宙秩序说成是人性之本然、本性，致使践履之成为人之本性和使命。应该明确，作为一种道德形而上学，宋明理学呈现出本体哲学——人性哲学——道德哲学三位一体的理论态势。可以说，程朱对《西铭》的推崇骨子里是对三位一体的思维方式和价值旨趣的赞赏。其实，决不仅仅限于张载哲学或程朱理学，本体哲学——人性哲学——道德哲学的三位一体是全部宋明理学一贯的思路和方式。在这方面，元代刘因和饶鲁的两段话证明了我们的判断：

> 大哉化也，源乎天，散乎万物，而成乎圣人。自天而言之，理具乎乾元之始，曰造化。宣而通之，物付之物，人付之人，成象成形，而各正性命，化而变也。阴阳五行，运乎天地之间，绵绵属属，自然氤氲而不容已，所以宣其化而无穷也。天化宣矣，而人物生焉。人物生焉，而人化存焉。大而父子、君臣、夫妇、长幼、朋友之道，小而洒扫、应对、进退之节，至于鸢飞鱼跃，莫非天化之存乎人者也。（刘因：《畿辅本卷3·宣化堂记》）

> 《西铭》一书，规模宏大而条理精密，有非片言之所能尽。然其大指，不过中分为两节。前一节明人为天地之子，后一节言人事天地，当如子之事父母。何谓人为天地之子？盖人受天地之气以生而有是性，犹子受父母之气以生而有是身。父母之气即天地之气也。分而言之，人各一父母也，合而言之，举天下同一父母也。人知父母之为父母，而不知天地之为大父母，故以人而观天地，唱漠然与己如不相关。人与天地既漠然如不相关，则其所存所发宜乎？……言天以"至健"而始万物，则父之道也；地以"至顺"而

成万物，则母之道也。吾以藐然之身，生于其间，禀天地之气以为形，而怀天地之理以为性，岂非学之道乎？（饶鲁：《饶双峰讲义卷15·附录》）

值得注意的是，在宋明理学中，本体哲学、人性哲学与道德哲学的三位一体既是一种思维方式，又是一种价值取向。在宋明理学构筑的这个三位一体的框架中，对以三纲五常为核心的伦理道德的推崇分为三个步骤：第一步，把三纲五常奉为宇宙本体，神化为万古永恒的绝对存在——显然，这是本体哲学的内容；第二步，通过上天命人以命，把三纲五常说成是上天赋予人的本性，致使践履之成为人无法逃遁、不可推诿的神圣使命——显然，这方面的工作是人性哲学的分内之事；第三步，宣布人之为人乃至超凡入圣的途径是突显人性之天理，消除气质之恶，进而在人伦日用中自觉加强道德修养，做"去人欲，存天理"的工夫——这使道德哲学隆重登场，也使各种修养工夫层出不穷。可见，宋明理学推崇三纲五常的这一根本目的是通过本体哲学—人性哲学—道德哲学的三位一体逐步推进、实施的。进而言之，在宋明理学建构的这套本体哲学—人性哲学—道德哲学三位一体的逻辑构架中，本体哲学、人性哲学与道德哲学既互不相同、各有侧重，又相互印证、相得益彰——不同是因为侧重于天理的本体论、存在论和德行论等不同层面，相互印证是因为对于天理的神圣性而言一以贯之、环环相扣。在此，贯彻始终的则是天理，而天理的具体内容是以三纲五常为核心的宗法等级制度。

第四章 "理一分殊"与和谐旨趣

　　作为儒家和谐思想的完备表达，宋明理学的宇宙本体即浓缩着既一体又差等的和谐；不仅如此，通过本体赋予人类（包括万物）以至善的天命之性以及变化气质之性，将宇宙和谐层层贯彻，落实到君臣、父子和夫妇乃至一切人伦日用之间。宋明理学的和谐理念以及宋明理学家的和谐诉求在朱熹的"理一分殊"中得以生动体现。因此，通过解读"理一分殊"，可以直观地体认宋明理学家和谐思想的环环相扣、层层落实，进而感受宋明时期道德形上化对道德教化的加强。

　　基于理本论的思路，为了强调理的独一无二、不可分割，朱熹对"理一分殊"展开了系统而全面的哲学阐述。他之所以对"理一分殊"津津乐道，除了因为本体哲学夯实理本论的需要之外，还因为"理一分殊"传递并浓缩着朱熹的和谐理念和对等级秩序的建构。这使"理一分殊"在他的哲学中并不局限于本体领域，而是始于本体领域，贯彻到人性、认识和道德等诸多方面。伴随着"理一分殊"从本体领域向其他领域的渗透，在各个领域之间的层层推进、重重叠叠的相互印证中，朱熹的和谐理念和宗法等级秩序建构通过宇宙背景、人性根基和实践操作等得以多维度展示，逐渐由隐至显、从观念到行动，变得现实和真切起来。

一、"理一分殊"

　　"理一分殊"源于华严宗和禅宗。禅宗玄觉道："一性圆通一切性，

074

一法遍合一切法,一月普现一切水,一切水月一月摄。"(《永嘉证道歌》)这便是佛教的水月之喻即"月印万川",这个例子被朱熹等人津津乐道,成为其"理一分殊"直接吸收的思想营养。就理学家来说,尽管把"理一分殊"的提出归功于张载,其实,是程颐具体阐述了这一命题,使"理一分殊"初具形态。他断言:"天下之理一也。涂虽殊而其归则同,虑虽百而其致则一。虽物有万殊,事有万变,统之以一,则无能违也。"(《周易程氏传》卷3)在此,程颐强调理是万事万物的本原,"万物皆只是一个天理";各个事物的理有其特殊情形,彼此千差万别。正是这种一面强调万物同具一理,一面突出事物之理各不相同的思路直接奠定了朱熹"理一分殊"的思维格局。在程颐的基础上,朱熹接续了"理一分殊"的话题,并转述其师李侗的话说:"吾儒之学,所以异于异端者,理一分殊也。理不患其不一,所难者分殊耳。"(《李延平先生答问录·后录》)他对"理一分殊"的重视由此可见一斑。由于朱熹在不同地点、不同场合并从不同角度对这一命题进行解释和界说,致使其拥有丰富的内涵,成为朱熹哲学的主要命题和重要组成部分。

在此,必须说明的是,朱熹的"理一分殊"与其理本论密切相关,或者说,在他的本体哲学中,"理一分殊"的主要作用之一就是凸显理的权威性和至上性。在这方面,朱熹认为,理是天地万物的本原,宇宙之间的万事万物都由于禀得了理而存在,都是理的派生物。有鉴于此,他宣称:"宇宙之间,一理而已。天得之以为天,地得之以为地。而凡生于天地之间者,又各得之以为性。"(《朱文公文集卷70·读大纪》)按照朱熹的说法,理派生万物也就是使万物禀得理而存在,这是一个外在的、作为本体的理转化为内在的事物本性的过程。于是,便出现了这样的问题:作为宇宙本体的理与万物禀得的或者说体现于万物之上的理是否一样?或者说,作为同一个宇宙本体的理在万物之上的显现是否相同?为了解释这些问题,"理一分殊"应运而生——既说明了万物的共同本原,又道出了其间的差异:"理一"是说作为本原的天理只有一个,是独一无二的;"分殊"是说绝对无二的天理在不同事物上的表现不同,致使万物呈现出差异性。这样一来,宇宙本体之理与事物之理便有了一理与万理的区别；这种一理与万理之间的关系呈现为"理一分殊"。为此，朱熹援引"月印万川"的例子解释说：天理只有一个、绝对无二，好比天上的月亮只有一个，这是"理一"；天理体现在万物之上呈现出彼此差异的万理，犹如天上的一轮月亮映在地上的川流河沟之中形成了无数各不相同的月亮，这是"分殊"。不仅如此，为了强调"理一分殊"，为了区分作为本体的一理与具体事物禀得的万理，他借鉴了中国哲学的古老范畴——太极，在通常情况下，把一理、理的全体称为太极。这便是所谓的"总天地万物之理，便是太极。"（《朱子语类》卷94）这个本原之理、一理、太极又称天理。

"理一分殊"表明了宇宙本体之理与万物之理的区别，也突出了同禀一理的万物之理以及万物之间的差异性。问题的关键是，既然万物"本乎一源"——源于同一个天理，为什么会有分殊？天理在派生万物时为什么会在不同事物上有不同显现？朱熹用气揭开了这个谜底。具体地说，为了解决万物之理只是一个、而同一个天理又在万物之上有万种呈现这个难题，正如理本论上以理为主、为本而以气为从、为末却不得不借助气这一构成材料一样，他借助气、从安顿处的差异入手说明了万物之理的不同。对于作为世界本原的理，朱熹描述说："理却无情意，无计度，无造作……若理，则只是个净洁空阔底世界，无形迹，他却不会造作。"（《朱子语类》卷1）这样一来，由于"无形迹"、"无计度"、"无造作"，理成为虚悬之物。这个虚悬之理需要一个"挂搭处"和"附着处"，是气承担了这个任务、使虚托的理安顿下来。朱熹指出："有这气，道理便随在里面；无此气，则道理无安顿处。如水中月，须是有此水，方映得那天上月；若无此水，终无此月也。"（《朱子语类》卷60）按照他的说法，理需要气作安顿处，理在气中的安顿犹如"月印万川"一般。这表明，理不能单独创造世界，理派生万物需要借助能运动、会造作的气。于是，在朱熹哲学中，一方面，"在理上看"即从世界本根处看，"理在物先"，理本气末。这正如虽然水月相互依存，但"天上月"逻辑地先于"水中月"，"水中月"是"天上月"的影子一样。正是基于这种认识，他一再断言：

有是理便有是气，但理是本。(《朱子语类》卷1)

然必欲推其所从来，则须说先有是理。(《朱子语类》卷1)

另一方面，从具体事物上看，理和气"有则皆有"、"未尝分离"。朱熹认为，万物的产生是理和气相合的产物，对于具体事物来说理和气缺一不可。如果说前者注定了"理一"的话，那么，后者则注定了"分殊"。这是因为，对于万物而言，理虽相同，所禀之气却千差万别；正是气的精粗、厚薄和清浊之分使万物迥然悬殊。对此，他解释说："天地之间，理一而已。然乾道成男，坤道成女，二气交感，化生万物，则其大作，意盖如此，程子以为'明理一而分殊'，可谓一言以蔽之矣。"(《张子全书卷1·西铭解》)这就是说，理是天地万物的共同本原，总天地万物之理只是一个理；由于气的不同，理在不同的安顿处有不同的表现，这个不同究其极是由气造成的。还以"月印万川"为例，人间的月亮之所以呈现出大小、清浊、明暗之差，取决于江河乃至渠沟之水的水质和水量。换言之，天上的月亮只有一个，投射到万川之中形成了万个月亮，万川之中的月亮之所以彼此不同，是因为水的不同造成的。

通过如此一番论证和阐释，朱熹将一理"散"或"印"到各个具体事物之中，以此强调物各有一个理，却都是一理的体现。正是在这个意义上，他申明："物物各有理，总只是一个理。"(《朱子语类》卷94)就"万物各具一理，万理同出一原"来说，万物之理其实是"一个一般道理，只是一个道理。恰如天上下雨：大窝窟便有大窝窟水，小窝窟便有小窝窟水，木上便有木上水，草上便有草上水。随处各别，只是一般水。"(《朱子语类》卷18)这就是说，"一水"犹如"一个一般道理"，尽管随着"大窝窟"与"小窝窟"、"木上"与"草上"而随处各别，说到底"只是一般水"。对此，朱熹再次举例子说：

如这片板，只是一个道理，这一路子怎地去，那一路子怎地去。如一所屋，只是一个道理，有厅，有堂。如草木，只是一个道理，有桃，有李。如这众人，只是一个道理，有张三，有李四；李四不可为张三，张三不可为李四。(《朱子语类》卷6)

需要说明的是，在论证万理一源却又随处不同时，朱熹既强调同一天理在不同事物上的显现不同，又强调理不会随之而被分割。拿"月印万川"的例子来说，他一面强调"月印万川"时在万川之中有不同显现，一面断言"不可谓月已分"，万物全具本体之理而毫不欠缺。对理可分殊却不可分割的观点，朱熹解释说："本只是一太极，而万物各有禀受，又自各全具一太极尔。如月在天，只一而已，及散在江湖，则随处而见，不可谓月已分也。"（《朱子语类》卷 94）

事实上，朱熹之所以在讲"分殊"时维护理的不可分割，与其不遗余力地推崇"理一分殊"的目的如出一辙，除了试图通过"理一"凸显理的权威性、夯实其理本论之外，最主要的原因是在"理一"与"分殊"的相互印证中阐明宇宙之秩序，为宗法等级社会的和谐建构提供本体框架和形上背景。具体地说，"理一分殊"表达了他对宇宙秩序的构思和理解："理一"表明万物来自一体、本乎一源，共同构成了一个不可分割的整体。对此，朱熹一再申明：

> 只是此一个理，万物分之以为体。（《朱子语类》卷 94）

> 熹窃谓天地生物，本乎一源，人与禽兽草木之生，莫不具有此理。（《朱子遗书·延平问答》）

"分殊"说明一体之中的万物既非浑然不分、也不相互平等，而是处于不同的等级，共同构成了宇宙秩序。在这里，"理一"是体，"分殊"是用。这正如朱熹所言："盖至诚无息者，道之体也，万殊之所以一本也；万物各得其所者，道之用也，一本之所以万殊也。"（《四书集注·论语集注卷 2》）不仅如此，本着"体用不二"、"体用一源"的原则，他强调："万个是一个，一个是万个。盖体统是一太极，然又一物各具一太极。"（《朱子语类》卷 94）至此，朱熹所描述的宇宙秩序豁然开朗：一方面，宇宙万物为一体，都是理之用；另一方面，万物之间各不相同，居于不同的等级之中。在此，他旨在说明，"分殊"即万物之间的差异不仅不妨碍其一体、一本，相反，在某种意义上，正是"分殊"成全了理一、使万物共处一体之中。这是因为，万物之间"分得愈见不同，愈见得理大。"（《朱子语类》卷 6）

至此，朱熹阐释了理派生世界、宇宙万殊统一于理的理本论，更为重要的是，凭借"理一分殊"设计了一种永恒的宇宙秩序，表达了自己的和谐理念："理一"标志着世界万物的统一性，"分殊"体现着万物的差异性，理与万物是本体与现象的等级关系；就万物而言，虽然同样禀理而生，气禀的不同却注定了其间的差异，这种差异在人类社会就是尊卑等级之序。在这里，一体、一本是原则，一体之中有分别、有等级，一而万、同而殊的等级秩序就是和谐。按照他的说法，和谐的前提和根基是万物源于理的统一性、一体性，但是，万物之间的统一性和一体性的具体表现不是平等而是等级。和谐就是一体之中的等级和一本之中的分殊。这不仅从形而上的高度伸张了和谐、等级的正当性、合理性和神圣性，而且为宗法社会的和谐建构提供了本体辩护和宇宙模式。

二、天命之"理一"与气禀之"分殊"

为了让宇宙秩序转化为人间秩序，朱熹将"理一分殊"进行到底，通过对性、心、命的说明，从不同角度展示了"理一分殊"在人身上的反映，从而把人类社会的宗法等级以及人与人之间的长幼尊卑都说成是天理和气生人时赋予人的先天命令，为宇宙秩序的人间化提供人学根基和支持。

朱熹之所以不遗余力地伸张"理一分殊"的宇宙秩序和分殊等级，目的是为了使之贯彻到人类社会，为现实社会的宗法和谐提供辩护。在此过程中，通过对人之性命的阐释，他将"理一分殊"由本体领域的宇宙秩序扩展到人性和道德领域，转化为人间的等级名分和宗法秩序。在这方面，朱熹的具体做法是：通过"理一分殊"在性、心和命等诸多方面的展开，使本体领域的本原之一与万物之殊转化为人的共性之同与个性之异。正如世界分为"理一"与"分殊"两个层面一样，人之性、心和命均一分为二，拥有双重结构——天命之性与气质之性、道心与人心以及天理之命与气禀之命同时并存。

首先，在人之性上，"理一分殊"决定了人性是双重的，包括体现理一的天命之性与作为分殊的气质之性两个部分。朱熹宣称，作为宇宙本体——理在人和万物之上的体现，天命之性是共性。因此，天命之性人人相同，乃至人与万物未尝不同。有鉴于此，他断言："此理亦只是天地间公共之理，禀得来便为我所用。"（《朱子语类》卷117）作为"分殊"的体现，气质之性是人与万物乃至人与人各自不同的个性，是理气相合的产物，气的精与粗、正与不正之差造就了人与物以及人与人的分殊：第一，就人与物而言，虽然都禀气而生，由于万物得到的只是"偏气"，禽兽横生，草木大头朝下，尾反在上而无所知；惟有人禀得的是正气，才会头象天、平正端直，懂道理，有知识，无不能，无不知。于是，朱熹反复指出：

> 自一气而言之，则人物皆受是气而生；自精粗而言，则人得其气之正且通者，物得其气之偏且塞者。惟人得其正，故是理通而无所塞；物得其偏，故是理塞而无所知。且如人，头圆象天，足方象地，平正端直，以其受天地之正气，所以识道理，有知识。物受天地之偏气，所以禽兽横生，草木头生向下，尾反在上。物之间有知者，不过只通得一路，如鸟之知孝，獭之知祭，犬但能守御，牛但能耕而已。人则无不知，无不能。人所以与物异者，所争者此耳。
> （《朱子语类》卷4）

> 论万物之一源，则理同而气异。观万物之异体，则气犹相近，而理绝不同也。气之异者，粹驳之不齐；理之异者，偏全之或异。
> （《朱文公文集卷46·答黄商伯之四》）

第二，就人与人而言，所禀之气"又有昏明清浊之异"，于是形成了各不相同的本性。人与万物尤其是人与人之间各自差异的本性就是气质之性。这就是说，每个人得到的气的成分并不一样，正是其中的精英渣滓之差和昏明清浊之异造就了人与人之间的圣愚贤不肖之别。于是，朱熹指出：

> 气，是那初禀底；质，是成这模样了底。如金之矿，木之萌芽相似……只是一个阴阳五行之气，滚在天地中。精英者为人，渣滓者为物；精英之中又精英者，为圣，为贤；精英之中渣滓者，为愚，为不肖。（《朱子语类》卷14）

可见，对于人乃至万物的双重本性而言，如果说天命之性是"理一"的话，那么，气质之性则是"分殊"。双重人性论准确地应叫做双重物性论——因为不仅人类如此，"分殊"的万物都有双重本性；更为重要的是，双重人（物）性论不仅体现了人与万物的一体，而且显示了人与万物的区别和等级。然而，从根本上说，"理一分殊"内涵的和谐秩序主要是人类社会的等级秩序。因此，为了把这种秩序和等级贯彻到人间，朱熹由讲人性（物性）深入到人心，以便抛开万物、专就人与人之间的共性与个性进行专门阐释和分析。

其次，在人之心上，循着类似于天命之性与气质之性的逻辑和思路，"理一分殊"使人之心呈现出道心与人心之别。按照朱熹的理解，道心是天命之性在人身上的体现，作为"理一"的反映而人人相同；人心源于气质之性，由于气禀而人人各殊。

在朱熹那里，就人性与人心的相互比较而言，人性侧重先天的本性、本能和行为资质，人心侧重后天的心理动机和行为选择。通过对天命之性与气质之性、道心与人心的阐述，他把"理一分殊"蕴涵的和谐理念和等级秩序印到了人类社会，用气禀的不同为宗法等级辩护。在此基础上，朱熹一面把"理一"标志的天理、太极之善说成是人的本性，一面把"分殊"中蕴涵的私心、杂念归于人欲，视之为恶和不善，进而使"去人欲，存天理"成为人的追求目标与和谐建构的不二法门。

再次，在人之命上，理与气决定了人命是双重的，"理一分殊"还体现在人的命运上。朱熹在讲命时一再把人命分为两个部分，以此强调人之命运的"理一分殊"。于是，他反复断言：

命有两种：一种是贫富、贵贱、死生、寿夭，一种是清浊、偏正、智愚、贤不肖。一种属气，一种属理。（《朱子语类》卷4）

命之正者出于理，命之变者出于气质。（《朱子语类》卷4）

在这里，朱熹明确指出，人有两种命：一种是作为共性的"理一"，一种是作为个性即气禀的"分殊"。前者表现为人命天赋，无人不同。对此，他解释说，天赋人以命，如父母、君上命人以命一样，"天命，如君之命令。"（《朱子语类》卷4）所不同的只是天命不像君、父之命那样耳提面命、言语以告而已。后者表现为气禀之异不仅先天决定人的智慧、善恶和性格，而且决定人后天的社会地位和遭遇。对此，朱熹多次宣称：

> 命者万物之所同受，而阴阳交运，参差不齐；是以五福、六极，值遇不一。（《朱子语类》卷4）

> 有人禀得气厚者，则福厚；气薄者，则福薄。禀得气之华美者，则富盛；衰飒者，则卑贱；气长者，则寿；气短者，则夭折。此必然之理。（《朱子语类》卷4）

对于性、心和命之间的关系，朱熹形象地解释说："命，便是告札之类；性，便是合当做底职事，如主薄销注，县尉巡捕；心，便是官人；气质，便是官人所习尚，或宽或猛；情，便是当听处断事，如县尉捉得贼。情便是发用处。"（《朱子语类》卷4）

通过对性、心、命的分析，朱熹旨在说明：一方面，人之性、心和命皆源于理，不仅皆由天定，不可逃避，而且无一例外，是人所共同遵循的命令。另一方面，气禀使每个人的性、心和命显示出不同。正是人与人之间的这种与生俱来的"理一"与"分殊"——尤其是差异、分殊构成了人类社会的等级之序。至此，通过性、心和命的相互支撑和层层推进，"理一分殊"中的形而上的宇宙模式和等级秩序逐渐世俗化，使人类社会的所有人乃至宇宙万物都居于不同的位置上，由它们的不同位置构成了整个宇宙的等级秩序。在这里，朱熹的具体做法是，在用"理一"渲染一体的前提下，用"分殊"、气禀之殊强化等级，把人与人、人与物的分殊归结为气禀。正因为如此，正如本体领域的"分殊"源于气禀一样，在讲性命之学时，他同样断言"禀气"的不同形成了万理之间以及事物之间的差别。鉴于气禀对"分殊"的至关重要性，朱熹对气禀问题非常重视，多次对之予以论述和比喻。例如：

> 盖尝窃论之，天下之理，未尝不一，而语其分。则未尝不殊，此自然之势也。盖人生天地之间，禀天地之气，其体即天地之体，其心即天地之心，以理而言，是岂有二物哉？（《四书或问·中庸或问下》）

造化之运如磨，上面常转而不止。万物之生，似磨中撒出，有粗有细，自是不齐。(《朱子语类》卷1)

二气五行，始何尝不正。只衮来衮去便有不正。(《朱子语类》卷4)

按照朱熹的说法，气是理的凑泊、附著，是气禀注定了人的性、心和命之异，致使现实社会中的人拥有了与生俱来的不同的等级名分。于是，他一再断言：

禀得精英之气，便为圣，为贤，便是得理之全，得理之正。禀得清明者，便英爽；禀得敦厚者，便温和；禀得清高者，便贵；禀得丰厚者，便富；禀得久长者，便寿；禀得衰颓薄浊者，便为愚、不肖，为贫，为贱，为夭……富贵、死生、祸福、贵贱，皆禀之气而不可移易者。(《朱子语类》卷4)

这个物事，即是气，便有许多道理在里。人物之生，都是先有这个物事，便是天当初分付底。既有这物事，方始具是形以生，便有皮包裹在里。若有这个，无这皮壳，亦无所包裹。如草木之生，亦是有个生意了，便会生出芽蘖。芽蘖出来，便有皮包裹著。而今儒者只是理会这个，要得顺性命之理……所以死生祸福都不动。只是他去作弄了……各正性命，保合太和……人之所以为人，物之所以为物，都是正个性命。保合得个和气性命，便是当初合下分付底。保合，便是有个皮壳包裹在里。如人以刀破其腹，此个物事便散，却便死。(《朱子语类》卷16)

如此说来，尽管理未尝不同，以气言却有差等："物我自有一差等……人我只是理一，分自不同。"(《朱子语类》卷36) 在朱熹看来，决定人与人之不同的是气禀，气禀之差显示为人的性、心、命之异。这就是说，万物之殊的根本原因在于禀气的不同；由于万物所居之位不同，天理体现出来也就各显其殊。正是在这个意义上，他宣称：

人物之生，天赋之以此理，未尝不同，但人物之禀受自有异耳。如一江水，你将勺去取，只得一勺；将碗去取，只得一碗；至于一桶一缸，各自随器量不同，故理亦随以异。(《朱子语类》卷4)

更为重要的是，"理一分殊"的和谐模式先天地规定了朱熹对两种性、心、命的不同态度。具体地说，尽管对于每个人来说天命之性与气质之性、道心与人心、正命与变命一个都不能少，但是，理与气的本末关系先天地注定了在对待两种性和心时，代表"理一"的天命之性和道心是主宰，代表"分殊"的气质之性和人心要受制于前者。有鉴于此，在讲人性之双重时，基于天命之性源于天理、至善纯美，气质之性源于气禀、有善有不善的认定，他让人变化气质，以气质之性合于天命之性的方式达到人性的统一。基于同样的思路和逻辑，朱熹断言体现天理的道心是至善的，源于气禀的人心有善有恶；在把人心之善归为天理的同时，把人心之恶归为人欲，进而告诫人们"革尽人欲，复尽天理"，以此达到人心与道心的合一。饶有兴趣的是，人之命与人之性、人之心一样体现了"理一分殊"，与变化气质以与天命之性统一、去除人欲使人心归于道心的做法不同，他不是让人改变命运，而是让人安于命运的安排；尽管将命分为两种，却让人对之皆安之、顺之。其实，朱熹对待性、心、命的不同态度一致体现了他让人安于既定的等级名分的用心良苦。

与上述做法一脉相承，出于维护宗法等级秩序的需要，为了让人安于自己的名分，朱熹唯恐人们将一理与万殊滚做一样看而不求其差别。"《西铭》大纲是理一而分自尔殊。然有二说：自天地言之，其中固自有分别；自万殊观之，其中亦自有分别。不可认是一理了，只滚作一看，这里各自有等级差别。且如人之一家，自有等级之别。"（《朱子语类》卷98）事实上，正是出于对"滚作一看"的担心，他通过气禀注定人之性、心、命的"分殊"，在"理一分殊"的展开和推进中注定人的先天名分，为现实社会的人划定不同的身份，使之处于等级秩序之中。更有甚者，在朱熹那里，这种等级身份的先天注定在表明其神圣性和永恒性的同时，注定了人们对之不可更改、无法逃遁。换言之，"理一分殊"在人的性、心和命上的体现不仅具体说明了"分殊"是什么，而且阐明了人与人之"分殊"——不同等级、身份的由来。结论是，对于自己的名分，只能绝对服从。正是为了维护宗法等级秩序和预定和谐，朱熹让人安于命。这种做法表达了两层意思：第一，不同命运代表了人在现实社会中的不同等级和身份，即人与人之间的贫富贵贱和尊卑长幼之殊。从这个意义上说，天理即是分殊和名分。对此，他反复强调：

　　"天分"，即天理也。父安其父之分，子安其子之分，君安其君之分，臣安其臣之分，则安得私！（《朱子语类》卷95）

　　君臣父子皆定分也。（《朱子语类》卷63）

　　第二，"理一分殊"及其在人之性、心、命上的体现就是先天注定了现实社会中人的等级名分。因此，对于"理一分殊"的分究竟是什么，朱熹解释说："所谓分者，莫只是理一而其用不同。"（《朱子语类》卷6）这就是说，分就是理的不同作用和体现。"如君之仁，臣之敬，子之孝，父之慈，与国人交之信之类是也……君臣、父子、国人是体，仁、敬、慈、孝与信是用。"（《朱子语类》卷6）如果说"理一"是体的话，那么，"分殊"就是用。不仅分是理之用，而且分也有地位的不同。对此，他多次明确指出：

　　万物皆有此理，理皆同出一原。但所居之位不同，则其理之用不一。如为君须仁，为臣须敬，为子须孝，为父须慈。物物各具此理，而物物各异其用，然莫非一理之流行也。（《朱子语类》卷18）

　　夫天下之事，莫不有理。为君臣者有君臣之理，为父子者有父子之理，为夫妇、为兄弟、为朋友，以至于出入起居、应事接物之际，亦莫不各有理焉；有一穷之，则自君臣之大，以至事物之微，莫不知其所以然与其所当然。（《朱文公文集卷14·甲寅行宫便殿奏札二》）

　　总之，人之性、心、命的双重结构是"理一分殊"在人身上的具体反映和表现，证明了等级名分的先天注定和无法改变。正是基于"理一分殊"的宇宙格局、和谐模式和等级秩序，在道德选择和行为方式上，朱熹让人"去人欲，存天理"。"去人欲，存天理"是朱熹心性之学的必然结论，更是其"理一分殊"的等级理念和宗法和谐建构的必然要求。在这方面，他对人命天定的强调为区分天理、人欲进而达到"理一分殊"的预定和谐提供了判断和选择的标准。对于人心、道心究竟是什么，朱熹界定说："只是这一个心。知觉从耳目之欲上去，便是人心；知觉从义理上去，便是道心。"（《朱子语类》卷78）对此，他进一步解释说，人心、道心好比吃饭、穿衣，吃饭、穿衣的欲望本身是人心，在吃饭、穿衣之前想想是否该吃这样的饭、该穿这样的衣便是道心。推而广之，从自己的身份出发，安于既定名分就是天理，否则，做非分之想、僭越而为就是人欲。这就是说，天命中所决定的名分、等级是判断天理与人欲的标准，甚至可以说，天理就是等级、就是名分。

三、格物、致知与"穷天理，明人伦"

在朱熹那里，"理一分殊"的宇宙模式奠定了和谐、等级的形上背景，对性、心、命的阐释注定了人类社会的和谐秩序是宗法等级。接下来的问题是，如何突显作为宇宙本体的和谐秩序和人的先天等级，进而建构人类社会的和谐？他把希望寄托于格物、致知而"穷天理，明人伦"。按照朱熹的逻辑，蕴涵等级秩序的宗法和谐是天理的题中应有之义，人类社会的和谐建构本质上就是天理的展开和实现，或者说，就是"理一分殊"的体现。进而言之，天理中的等级和谐具体到人类社会便是人人根据自己的等级践履符合自己名分的人伦规范。为此，朱熹讲"理一分殊"总是在人类社会的尊卑亲疏中为之安排落脚点，致使其具体化为道德哲学。这使"理一分殊"始于宇宙万物，终于君臣父子。正因为如此，朱熹屡屡声称：

> 盖以乾为父，以坤为母，有生之类，无物不然，所谓理一也。而人物之生，血脉之属，各亲其亲，各子其子，则其分亦安得而不殊哉！（《张子全书卷1·西铭解》）

> 万物皆有此理，理皆同出一原。但所居之位不同，则其理之用不一。如为君须仁，为臣须敬，为子须孝，为父须慈。物物各具此理，而物物各异其用，然莫非一理之流行也。（《朱子语类》卷18）

按照朱熹的说法，人物以天地为父母，天地以人物为子女，这是"理一"；人人各亲其亲，各子其子，便是"分殊"。乾父坤母的宇宙模式与人类社会的亲亲、子子相互映摄，并以君仁臣敬、父慈子孝的人伦日用为最终落脚点。基于这种构思，他把等级秩序的实现和宗法和谐的建构具体化或归结为"穷天理"。进而言之，"穷天理"首先必须明确天理是什么，尤其要弄懂天理存在于何处。对于天理是什么，朱熹明确指出："理则为仁义礼智。"（《朱子语类》卷1）在他的哲学中，本原之理又称天理、太极，其实际所指或曰基本内容就是三纲五常及其代表的等级秩序。对理的这一特殊诠释注定了"穷天理"是一个道德过程，并且与人类社会的长幼、尊卑之序密切相关。对于天理存在于何处，朱熹认为，人和万物都是天理派生的，都体现了天理。或者说，天理就存在于人和万物之上。不仅如此，为了突出太极、天理的完美无缺和不可分割，他断言，"万物各得一太极"，而且"得乎太极之全体。"（《朱子语类》卷1）这表明，万物并不是体现天理的部分或侧面，而且体现其全部。"人人有一太极，物物有一太极。"（《朱子语类》卷94）

天理的实际内容、存在方式奠定了"穷天理"的途径和方法。循着"理一分殊"的思路，朱熹把宇宙秩序转换为社会秩序，把人类社会的等级秩序说成是"理一分殊"的具体形态和表现。如此一来，现实的社会秩序和等级制度成为宇宙秩序的投影或一部分，和谐必须在"穷天理，明人伦"中进行。尤其重要的是，要"明人伦"必须先"穷天理"；"穷天理"是"明人伦"的前提和手段，绝对不可逾越或省略。在他那里，"穷天理"就是弄懂天理中包含的"理一分殊"——万物（包括宇宙秩序中的人与万物和人类社会中的人与人）之间的等级秩序。为此，朱熹重新解释了《大学》中的格物、致知，使之成为"穷天理，明人伦"的具体途径和方法手段。在他那里，"穷天理"一言以蔽之就是弄懂同一天理在万物上的分殊，由于天理、太极与气凑泊组成万物的具体形态是"理一分殊"，所以，理的具体表现是由"理一分殊"呈现的等级秩序。如果说"物物有一太极"注定了"穷天理"必须格物的外求路线的话，那么，天理的仁义礼智和等级内涵则注定了格物的宗旨绝非局限于一物本身，而是格此物在整个宇宙等级中的位置以及万物共同组成的等级秩序。由此，可以推导出两个结论：第一，万物皆具"浑然太极之全体"——这是一体的表现；第二，人人、物物得到的太极——"一"是不同的。正是人人、物物之"一"共同构成了整个宇宙的和谐秩序。因此，对于宇宙的和谐框架和等级秩序来说，任何存在都是整体构架（一体）中的一个环节和一种形态；缺少之，整体便因为有所遗漏而不再完整。更有甚者，由于"理一"必须经过"分殊"表现出来才能由虚托变得现实，所以，必须"分殊"才能彰显"理一"，甚至可以说，是"分殊"的具体事物构成了"理一"。有鉴于此，朱熹讲"理一分殊"时侧重"分殊"而不是"理一"。据记载：

> 或问"理一分殊"。曰："圣人未尝言理一，多只言分殊。盖能于分殊中事事物物，头头项项理会得其当然，然后方知理本一贯。不知万殊各有一理，而徒言理一，不知理一在何处。圣人千言万语教人，学者终身从事，只是理会这个。要得事事物物，头头件件，各知其所当然；而得其所当然，只此便是理一矣。"（《朱子语类》卷27）

作为宇宙秩序的天理中包含的"理一"与"分殊"的关系决定了朱熹"穷天理"的途径和方法不是抽象的而是具体的，不是简约的而是支离的。具体地说，他试图在格一草一木一昆虫中"穷天理"。这使格物、致知成为"穷天理"的重要步骤和途径。

上述分析显示，正是试图通过"分殊"突显"理一"的动机促使朱熹把格物、致知纳入"穷天理，明人伦"的思想体系，使之成为实现人间和谐的具体途径和方法。更有甚者，受制于这一理论初衷，他在格物时总是念念不忘格物的广泛性，主张"世间之物，无不有理，皆须格过。"（《朱子语类》卷15）在他看来，只有从事事物物上体会其当然，才能从整体上把握"分殊"共同呈现的"理一"。由于离开了万殊便说不清"理一"，所以，圣人对于"理一分殊"往往只言"分殊"而不言"理一"。这种做法本身即表明，只有在万物之上领悟"分殊"，才能体会"理一"；万物越"分殊"，理便越归一。循着这个逻辑，朱熹断言："一书不读，则阙了一书道理；一事不穷，则阙了一事道理；一物不格，则阙了一物道理。须著逐一件与他理会过。"（《朱子语类》卷15）可见，他之所以把天理弄得支离破碎，是为了强调"理一"之"分殊"，因为越分殊、越支离，才会越显合一。在这里，需要注意的是，太极、天理不是万物之理的"代数和式"的机械相加，而是由它们在各自位置共同组成的和谐整体和等级秩序。正因为如此，为了能在"分殊"中始终保持对"理一"的热情和体认，朱熹要求格物时不要着眼于物本身，而是探求其在整个宇宙秩序中的等级，"必穷物之理同出于一为格物。"（《朱子语类》卷18）与此相一致，他强调，格物有先后、缓急之序，如果忘了格物中的先后、本末之序而"兀然存心于一草木、一器用之间……是炊沙而欲其成饭也。"（《朱文公文集卷39·答陈齐仲》）很显然，朱熹所讲的格物的本、先、急即物之蕴涵的等级名分，决不是物本身的属性或规律。与此相关，对于格物，他的解释是："格物者……须是穷尽事物之理。"（《朱子语类》卷15）这表明，格物不是拘泥于草木、昆虫的表面现象，进行春生夏长的思考，而是通过它们体会天理在此的不同表现，从宏观上把握"理一分殊"的等级秩序。于是，朱熹断言：

> 人物并生于天地之间，本同一理，而禀气有异焉。禀其清明纯粹则为人，禀其昏浊偏驳则为物，故人之与人自为同类，而物莫得一班焉，乃天理人心之自然，非有所造作而故为是等差也。故君子之于民则仁之，虽其有罪，犹不得已，然后断以义而杀之。于物则爱之而已，食之以时，用之以礼，不身翦，不暴殄，而既足以尽于吾心矣。其爱之者仁也，其杀之者义也，人物异等，仁义不偏，此先王之道所以为正，非异端之比也。（《四书或问·孟子或问卷1》）

不仅如此，为了不让人在格物时对草木、昆虫的春生夏长花大力气，朱熹呼吁人在格物之前先存心，以此端正态度，明确格物的宗旨和路线。从这个意义上说，格物的真正目的是"穷天理"，天理中蕴涵的和谐秩序正是宗法社会的尊卑长幼之序，并通过不同名分之人的道德躬行得以实现。这表明，他所讲的格物具有鲜明的伦理意图，或者说，格物的过程本身就是对天理、三纲五常代表的伦理道德的认识和体悟。下面的两段话表达了朱熹的这一思想倾向：

> 如今说格物，只晨起开目时，便有四件在这里，不用外寻，仁

义礼智是也。(《朱子语类》卷15)

　　君臣父子兄弟夫妇朋友，皆人所不能无者，但学者须要穷格得尽。事父母，则当尽其孝；处兄弟，则当尽其友。如此之类，须是要见得尽。若有一毫不尽，便是穷格不至也。(《朱子语类》卷15)

　　正是对格物的这种界定预示了格物、致是指"是一本"的关系。朱熹认为，格物与致知在本质上是一致的，是一个过程的两个方面。按照他的解释，知是先天固有的，即"天德良知"；致，"推及也"，即扩充到极点；合而言之，致知即"推极吾之知识，欲其所知无不尽也。"(《朱子语类》卷14)可见，致知即使心中固有的天理、良知完全显露出来，把天命之性和道心发挥到极至。进而言之，由于良知的固有天理也是"理一分殊"蕴涵的等级秩序，所以，在加固对等级秩序的认识和理解上两者是一致的。另一方面，格物所格之物是宇宙秩序在庶物之上的体现，此物之中既有"理一"，又有"分殊"；致知所致之知是"理一分殊"在人、物之上的表现；前者侧重宇宙秩序的自然呈现，后者是其在人之意识中的映显。缺少任何一方，对天理即"理一分殊"的认识和贯彻都不利。于是，为了"穷天理，明人伦"，朱熹强调，仅有格物是不够的，在格物的同时还要致知，并且格物的目的是致知。基于这一理解，朱熹把格物与致知的关系表述为：致知在格物，格物所以致知。正是在格物、致知的相互作用中，"理一分殊"从外在的宇宙境界内化为人的道德观念。

　　进而言之，朱熹对格物的规定不仅决定了通过格物可以达到致知的目的，而且证明在"穷天理"中可以明人伦。拿天命之性来说，人皆禀天理而生，天理即仁义礼智便成了人人共有的天命之性。然而，同样的天命之性在不同身份的人那里却有不同的表现，这正如同样的药被不同的人服用之后药性不同一样。因此，犹如药性是寒是热服后方知，仁、义、礼、智之性须格后才明。正是在这个意义上，他指出：

　　仁义礼智，性也。然四者有何形状，亦只是有如此道理。有如此道理，便做得许多事出来，所以能恻隐、羞恶、辞逊、是非也。譬如论药性，性寒、性热之类，药上亦无讨这形状处。只是服了后，却做得冷做得热底，便是性，便只是仁义礼智。(《朱子语类》卷4)

　　王守仁曾经指责朱熹的这套说法有误，尤其是"穷天理"与"明人伦"脱节，因为朱熹讲"穷天理"是让人格一草一木一昆虫之理，这种手段与"明人伦"——加强道德修养的目的之间是脱节的，在向外的格物中永远也不可能达到"明人伦"的目的。如果说格物所格之物是自然事物的本性的话，这种认识对于增益人之道德当然于事无补。然而，如果格一草一木一昆虫不是格它们的本身之理，而是体会同一个天理在它们之上的不同体现，体会其间的分殊和等级进而领会人类社会基于宇宙秩序的尊卑贵贱的话，情形会大不相同。朱熹正是在后一种情况下主张通过格物来致知，通过格物、致知、"穷天理"来"明人伦"的。更为重要的是，在他的哲学中，"人伦"作为天理在人间（人类社会）的体现是以本体领域为蓝本的，这与人间的月亮是天上之月的投影、只有从本原上体会了天上之月才能真正洞彻水中之月的道理是一样的。换言之，世间庶物——草木、昆虫、人类本身的等级就是天理的一部分，只有在深刻理解其间的等级秩序的前提下，才能认识人类社会的君臣父子之伦的天经地义、与生俱来、至高无上和不可动摇。这表明，在朱熹那里，格物、"穷天理"不仅是让人认识作为伦理道德的天理无所不在、至高无上，而且是让人体会三纲五常代表的宗法等级秩序在各种事物上的不同表现；由于人类社会的等级秩序源于天理，是宇宙秩序的一部分，因此，只有格遍包括自然事物的天地万物，才能体会天理的全部。正是在这个意义上，对于"穷天理"来说，格一草一木一昆虫成为不可逾越的。不仅如此，"穷天理"就是"明人伦"。对此，他指出：

　　　　说穷理，只就自家身上求之，都无别物事。只有个仁义礼智，看如何千变万化，也离这四个不得。公且自看，日用之间如何离得这四个。如信者，只是有此四者，故谓之信。信，实也，实是有此。论其体，则实是有仁义礼智；论其用，则实是有恻隐、羞恶、恭敬、是非，更假伪不得。试看天下岂有假做得仁，假做得义，假做得礼，假做得智！所以所信者，以言其实有而非伪也。更自一身推之于家，实是有父子，有夫妇，有兄弟；推之天地之间，实是有君臣，有朋友。都不是待后人旋安排，是合下元有此。又如一身之中，里面有五脏六腑，外面有耳目口鼻四肢，这是人人都如此。存之为仁义礼智，发出来为恻隐、羞恶、恭敬、是非。人人都有此。以至父子兄弟夫妇朋友君臣，亦莫不皆然。至于物，亦莫不然。但其拘于形，拘于气而不变。然亦就他一角子有发现处：看他也自有父子之亲；有牝牡，便是有夫妇；有大小，便是有兄弟；就他同类中各有群众，便是有朋友；亦有主脑，便是有君臣。只缘本来都是天地所生，共这根蒂，所以大率多同。圣贤出来抚临万物，各因其性而导之。如昆虫草木，未尝不顺其性，如取之以时，用之以节。

（《朱子语类》卷 14）

总之，朱熹认为，通过格物、致知就可以达到"穷天理"的目的，使人明确宗法等级是天经地义的，从而加强道德修养的自觉性和主动性，自觉恪守宗法等级秩序。正是在这个意义上，他自信地宣布："天地之间，人物之众，其理本一，而分未尝不殊也。以其理一，故推己可以及人；以其分殊，故立爱必自亲始。为天下者，诚能以其心而不失其序，则虽天下之大，而亲疏远迩，无一物不得其所焉，其治岂不易哉！"（《四书或问·孟子或问卷 1》）这就是说，知其"理一"，所以为仁，而推己可以及人；知其"分殊"，所以为义，故立爱必自亲始。在这里，宇宙秩序被贯彻到了人类社会，并且转化成亲亲、尊尊的宗法等级秩序。对于宇宙秩序与社会秩序之间的这种关系，朱熹称之为"体用一源"。对于"体用一源"中的体，他多次予以解释。例如："理者物之体，仁者事之体。事事物物，皆具天理；皆是仁做得出来。仁者，事之体。体物，犹言干事，事之干也。"（《朱子语类》卷 98）这就是说，"体用一源"不仅是天理的存在状态，而且是"理一分殊"的作用方式。有鉴于此，贯彻"体用一源"，就是以道德完善实现"理一分殊"。朱熹的这套理论传递的信息是，在对基于尊卑、长幼的宗法等级秩序的认识和实践中，由于各自的名分、身份，人们践履对应的道德观念和行为规范，如父之慈、子之孝等等。这是建构整个宗法社会的秩序和谐的根本所在。在宗法社会的等级和谐中，宇宙本体和人学根基的"理一分殊"变成了现实。

四、和谐的总体思路和基本原则

上面的介绍显示，"理一分殊"贯通于本体、人性、认识和道德哲学等诸多领域，是朱熹哲学的主线。由于作为宇宙本原和"理一"的理实际所指是仁、义、礼、智，"理一分殊"的一以贯之从一个侧面反映了朱熹和谐建构的道德主义的价值旨趣和运作方式。从根本上说，朱熹哲学就是一种道德哲学，其目的是构架宗法社会的秩序和谐：在本体领域，由于理即三纲五常代表的伦理道德，以理为本和理本气末、理主气从、理先气后等便是对伦理道德地位的提升，"理一分殊"的加盟则强化了伦理道德的等级特质；对性、心、命的阐述和"理一分殊"的展开使道德的神圣性、至上性扩展到人性哲学，变成了人的行为本能和神圣使命，奠定了宗法和谐的人学根基；对格物、致知的重视和通过"穷天理"来"明人伦"的期盼在认识和实践哲学领域为道德的躬行开辟了道路；"去人欲，存天理"与"理一分殊"相对接，并且最终把道德路线贯彻到底。这既是天理的层层推进，也是"理一分殊"蕴涵的宇宙秩序转化成社会秩序的过程。在此过程中，由于有了"理一"——天理一以贯之的"分殊"，致使社会秩序成为宗法等级制度的和谐建构。

可见，基于根深蒂固的宗法观念，朱熹推崇的伦理道德是基于宗法血缘的等级伦理，这种等级伦理具体通过"理一分殊"表达出来，为现实社会的等级制度提供合理辩护。以宗法等级秩序为依据，他将等级制度下的上下尊卑说成是天然的宇宙秩序。正因为如此，对于朱熹来说，"理一分殊"不仅是一种理念、一个命题，而且隐藏着一以贯之的思维方式和矢志不渝的价值追求。那就是，对宗法和谐的推崇和奠基于此的对等级秩序的建构。换言之，"理一分殊"不仅体现了他对和谐理念的把握，而且从本体、人性、认识等各个层面和角度伸张了等级制度的正当性、合理性、必要性和必然性。因为在他那里，这两个问题其实就是一个问题。透过"理一分殊"可以清楚地看到，朱熹和谐建构的总体思路和基本原则。

1. 天人合一的思维方式和总体构思

在朱熹哲学中，用标志伦理道德的天理派生世界万物的过程与人类社会的和谐秩序在天理中寻找依据共同印证了天人合一的思维方式和价值取向，而"理一分殊"恰好是二者的契合点和关节处。从思维方式上看，"理一分殊"证明其和谐建构基于天人合一的思维方式。在这一视界中，天与人是合一的，人为了与天合一，必须服从上天之命，将宇宙秩序贯彻到人类社会。同时，宇宙秩序与社会秩序是同构的、合一的，遵循相同的法则。正是基于这样的理念，宇宙秩序可以贯彻到人类社会，人类社会的等级秩序体现了宇宙秩序。于是，朱熹再三声明：

> 要知道理只有一个，道理，中间句句段段，只说事亲事天。自一家言之，父母是一家之父母；自天下言之，天地是天下之父母；通是一气，初无间隔。(《朱子语类》卷98)

> 乾父坤母，皆是以天地之大，喻一家之小；乾坤是天地之大，父母是一家之小；大君大臣是大，宗子家相是小，类皆如此推之。(《朱子语类》卷98)

> 有父，有母，有宗子，有家相，此即分殊也。(《朱子语类》卷98)

很明显，正是基于天人合一的思路，朱熹让人相信宇宙秩序与社会秩序是一样的，宗法社会的上下、尊卑之序并非人为的安排，而是源于宇宙秩序的天经地义；宇宙秩序与社会秩序是同构的——如果说宇宙秩序是社会秩序乃至家庭秩序的扩大的话，那么，家庭、社会秩序则是宇宙秩序的缩影。从价值取向上看，家庭、社会秩序源于宇宙秩序，必须与宇宙秩序一体化。这要求社会秩序必须实现并贯彻宇宙秩序，只有与宇宙等级秩序一致的宗法等级制度才是天理的体现。不仅如此，就人的作为而言，符合之，为善；背离之，为恶。

天人合一的思维方式和价值取向使朱熹的"理一分殊"、和谐理念以及社会秩序的建构呈现出两个显著特征：第一，宇宙秩序拟人化，与人类社会的宗法等级和家庭内部的成员分工相提并论。在这个意义上，宗法等级秩序下的人际关系和等级名分都被说成是基于血缘亲情的家庭内部成员之间的分工；在这种审视维度中，万物一体、民胞物与。第二，家庭关系特别是宗法社会的等级关系神圣化，被说成是基于甚至与宇宙秩序无异的天经地义、万古永恒；在这个审视维度中，人类社会的等级制度被神圣化，长幼、尊卑之序以及每个人的名分都被说成是天理赋予的先天之命，与生俱来、天然合理。

其实，天人合一的思维方式和价值取向是中国古代哲学的共同特征，在与上天的合一中突出宗法等级更是儒家尤其是宋明理学家的一贯作风。对于这一点，不仅朱熹哲学如此，张载等人的哲学均无例外。尤其需要说明的是，正是在本体领域的气之全体与部分之差中，张载推出了"民，吾同胞；物，吾与也"的宇宙秩序，进而将宗法社会的等级秩序演绎为家庭内部成员的分工。在《正蒙·乾称》篇中，他断言："太虚者，气之体……其散无数……虽无数，其实一而已。阴阳之气，散则万殊，人莫知其一也；合则混然，人不见其殊也。"众所周知，《正蒙·乾称》篇的第一章即《西铭》，其中心思想是天人一体、天人相通，人伦之道源于天道。循着这个思路，张载主张，人应该以孝敬父母之心敬事天地，天下之人都是兄弟，天下之物都是同类。不难看出，张载对宇宙秩序和社会秩序的论证与朱熹别无二致，难怪朱熹对之赞叹不已。其实，张载并未明确提出"理一分殊"的命题，二程和朱熹却认为张载的《西铭》表达了这一思想。程颐宣布《西铭》明"理一而分殊"，朱熹更是再三强调：

> 《西铭》自首至末，皆是"理一而分殊"。(《朱子语类》卷98)
>
> 《西铭》要句句见"理一而分殊"。(《朱子语类》卷98)
>
> 《西铭》通体是一个"理一分殊"，一句是一个"理一分殊"。(《朱子语类》卷98)

"理一分殊"是程朱理学对张载《正蒙·乾称》篇的体认和诠释。归根结底，他们所看中的是张载在天人合一的前提下将宗法社会的等级秩序说成是宇宙秩序的做法和思路。透过他们对张载的称赞可以看到，宋明理学家将社会秩序、家庭秩序神化为宇宙秩序，贯彻的都是天人合一的思维方式和价值取向。

在朱熹之后，明代的罗钦顺和王廷相改造了"理一分殊"说。立足于气本论，他们所讲的"理一分殊"与朱熹不可同日而语。罗钦顺指出："盖一物之生，受气之初，其理惟一；成形之后，其分则殊。其分之殊，莫非自然之理；其理之一，常在分殊之中。"（《困知记》）在他看来，"理一"指一气运动的总规律，"分殊"是万物具有的特殊规律，二者都根源于气而不是如朱熹所言先于气而存在。"气本一也"，气分阴阳、产生万物，一理即散在万理，这叫"一本万殊"。可见，无论"理一"还是"分殊"都以气为本。与此相关，太极作为众理之总名，与理一样以气为体。分阴分阳之气是太极之体，一阴一阳之道是太极之用。基于这一理解，罗钦顺否定了太极之理先于阴阳而存在及理生气的说法。王廷相认为："天地之间，一气生生，而常而变，万有不齐。故气一则理一，气万则理万，世儒专言理一而遗理万，偏矣。"（《雅述·上篇》）这就是说，具体事物不同，故其规律有别；然而，由于同禀于气，气是其共同的本原。这决定了"理一"与"分殊"不仅指理，而且指气——因为所谓理一与理万都离不开气。总之，在罗钦顺和王廷相的论述中，气取代了理的本体地位，宇宙本体从朱熹的理变成了气，"理一"与"分殊"也从本体与现象、体与用的关系变成了普遍与特殊的关系，这使他们的哲学与朱熹哲学相去甚远。然而，基于"理一"的前提，并从宇宙本体的高度揭示万物关系的思维方式没有变，带有明显的天人合一的思维痕迹和特征。

可见，从张载、程颐、朱熹、罗钦顺到王廷相，无论是气本论者还是理本论者，宋明时期的思想家大都对"理一分殊"兴趣盎然。进而言之，他们之所以对"理一分殊"兴趣盎然，是想表达和谐秩序的设想，只不过是这一点在朱熹的哲学中表现得尤为明显和突出而已。

2. 和谐即宗法等级的价值旨趣和伦理本位

在天人合一的层面上，天理的本原地位奠定了和谐建构源于道德、一于道德的整体思路。在这方面，朱熹认为，天理是本原，世间庶物统一于理，无疑奠定了和谐的本体背景和形上基础，注定了和谐建构就是一条弘扬道德之路。其实，无论他宣布天理独一无二、完美无缺，还是不可分割、绝对永恒，都突出了天理的至善纯美、至高无上，这与其对天理至高无上性的神化作用是一样的。何为"理一分殊"？朱熹解释说："伊川说得好，曰：'理一分殊'。合天地万物而言，只是一个理；及在人，则又各自有一个理。"（《朱子语类》卷1）在他看来，天理、太极就是一个至善、至高的道德，及其落实到人间，则转化为以三纲五常为代表的伦理道德。正是在这个意义上，他断言："太极只是个极好至善底道理……周子所谓太极，是天地人物万善至好底表德。"（《朱子语类》卷94）中国传统文化本质上是一种宗法伦理本位文化，朱熹把理的实际内容说成是三纲五常注定了和谐建构之路及其对理的推崇就是神化宗法社会的等级秩序，"理一分殊"更是对宗法等级的哲学概括和表达。在"理一分殊"中，分殊就是等级，等级就是和谐，人人都安于宗法等级制度下的名分是和谐的前提和标准。

在朱熹的道德哲学以及和谐建构中，天人合一与宗法伦理本位相互作用、相互印证：一方面，天人合一的思维方式使其等级、和谐建构分为本体、人性、伦理和政治等不同层次，呈现为自高向低、由抽象至具体、由隐及显、从先天向后天的逐渐绽开。这既是一个依次递进、逐层深入的过程，也呈现出环环相扣、合而为一的结构。另一方面，天理的道德内容在天人合一的框架下随着天理的扩展渗透到各个领域，使道德贯彻始终。

天人合一与宗法伦理本位的相互印证和朱熹对"理一分殊"的强调表明了宇宙万物原本是一体的；然而，一体之中又分出等级，一体之中的等级就是秩序，也是和谐。具体地说，由一体与等级共同组成的秩序和谐包括人与自然、人与人和人与自身等不同维度。受此影响，在他那里，无论是本体与认识哲学、认识与道德哲学还是伦理与人性哲学都是一而二、二而一的关系，彼此呈现出一体化的态势。其实，一体化是朱熹哲学的一贯特征。在这种一体化的视界和框架中，宇宙万物以及人与人之间尽管等级森严，却非互不关涉，等级是一体中的等级；一体化是包含等级的一体化，只有等级分明才能更好地一体化。一体与等级构成的秩序就是和谐。

第五章　仁的一体而差等与宇宙
本体蕴涵的和谐

　　儒家的和谐理念和建构被宋明理学家发挥得淋漓尽致，其典型表现是宇宙本体浓缩着和谐。具体地说，先秦时期的孔子、孟子奠定了儒家和谐的道德本位，荀子则突出和谐的差等内涵。在宋明理学中，宇宙本体——天理的基本内容即仁义礼智、三纲五常，这是对道德的提升和对孔子、孟子的敬意；以仁为首的天理体现着差等秩序，正如仁之一体中蕴涵着厚薄一样，这是对荀子开创的差等原则的张扬。

　　作为儒家的重要范畴，仁在先秦即受到孔子、孟子等人的提倡和重视。宋明时期，仁得到了理学家的一致推崇，许多人还专门对仁进行阐释和界说。程颢作《识仁篇》，认为"学者须先识仁。"黄宗羲指出："明道之学，以识仁为主。"（《宋元学案卷13·明道学案上·案语》）张栻作《仁说》和《洙泗言仁序》，并且申论"仁者圣学之枢，而人之所以为道也。"（《南轩集卷25·答陈择之》）此外，程颐、张载、胡宏、朱熹、吕祖谦和王守仁等宋明理学家都先后对仁进行过研讨。

　　宋明理学家之所以对仁如此热衷，原因在于：第一，申明仁在三纲五常中的核心地位，这个层面的仁属于伦理范畴，与孔子、孟子理解的仁别无二致；第二，将仁界定为与天地万物为一体，成为和谐理念的浓缩，这是先秦儒家思想中所没有的。解读宋明理学家之仁，透过他们将和谐理念蕴涵在宇宙本体中的做法，可以领略本体哲学—认识哲学—道德哲学在宋明理学中的三位一体，进而领悟儒家所追求的和谐以一体而

098

差等为原则。

一、仁是宇宙本原，是"百善之首"

如果说仁在先秦是伦理范畴，其势力范围主要在道德领域的话，那么，仁在宋明理学中则既是伦理范畴，又作为天理、良知的主要内容，随着天理、良知被奉为宇宙本原而拥有了本体意义。通过宋明理学家的推崇，在本体领域，仁是宇宙本原，是"天理"、是"良知"；在道德领域，仁"包四德"，总五常，是"百善之首"。这使仁的地位得以空前提升。

1. 仁是"天理"，是"良知"

程朱理学推崇的理和陆王心学神化的心的基本内容之一就是仁，这为仁开辟了本体领域的统辖范围。

理（又称天理）是程朱理学的最高范畴，二程和朱熹都对理推崇备至。正是在对理的推崇中，程朱理学从本体哲学的高度彰显了仁的价值。

二程对理情有独钟，正如程颢所自诩："吾学虽有所受，天理二字却是自家体贴出来。"（《河南程氏外书》卷12）作为"体贴"的结果，二程夸大理的普适性，把万物视为理派生、主宰的产物，致使理成为宇宙间的最高权威。于是，他们再三强调：

凡眼前无非是物，物物皆有理。（《河南程氏遗书》卷19）

天理云者，这一个道理，更有甚穷已？不为尧存，不为桀亡。（《河南程氏遗书》卷2上）

万物皆是一理，至如一物一事，虽小，皆有是理。（《河南程氏遗书》卷15）

朱熹同样夸大理的作用，把包括气在内的所有存在都说成是理的派生物。正是在这个意义上，他指出："理也者，形而上之道也，生物之本也；气也者，形而下之器也，生物之具也。是以人物之生，必禀此理然后有性，必禀此气然后有形。其性其形虽不外乎一身，然其道器之间分际甚明，不可乱也。"（《朱文公文集卷58·答黄道夫》）这表明，尽管理与气对于万物之生缺一不可，然而，理先于气，在时间上优于万物，并且凌驾于万物之上。对此，朱熹解释说，理在与气的相依不离中与气不混不杂，并且不会因为万物的生灭发生变化，甚至"且如万一山河大地都陷了，毕竟理却只在这里。"（《朱子语类》卷1）此外，为了淋漓尽致地伸张理的神圣性、永恒性和绝对性，他援引佛教"月印万川"的例子反复阐释"理一分殊"，旨在突出理的独一无二、不可分割、完美无缺和至善纯美。

进而言之，被程朱理学赋予神圣性、永恒性和先验性的天理，其实际内容就是以仁为核心的伦理道德。在某种程度上可以说，二程和朱熹之所以对天理予以神化和夸大，最终目的就是为了论证以仁为核心的伦理道德的神圣性和永恒性。

以仁为核心的伦理道德被神化为天理在二程那里一目了然。在他们看来，作为万物本原的理，其基本内容是道德准则，即"人伦者，天理也。"（《河南程氏外书》卷7）具体地说，这个伦理道德的核心就是仁。

其实，理的实际内容是以仁为核心的伦理道德是宋明时期的主导观念，更是宋明理学家的共识。例如，南宋理学家张九成断言："天理者，仁义也。"（《孟子传卷19·离娄下》）

作为程朱理学的集大成者，朱熹对理是宇宙本原、理的实际内容是三纲五常的论证最系统也最直接。他写道：

> 宇宙之间，一理而已。天得之而为天，地得之而为地，而凡生于天地之间者，又各得之以为性。其张之为三纲，其纪之为五常，盖皆此理之流行，无所适而不在。（《朱文公文集卷70·读大纪》）

在这里，朱熹不仅论证了天理的本原性和普适性，而且强调三纲五常是天理的实际内容。事实上，他对宇宙本体——天理就是三纲五常、就是仁义礼智的论证不厌其烦。例如：

> 理则为仁义礼智。（《朱子语类》卷1）

> 且所谓天理复是何物？仁、义、礼、智，岂不是天理？君臣、父子、兄弟、夫妇、朋友，岂不是天理？（《朱文公文集卷59·答吴斗南》）

从根本上说，程朱为首的理学家把以仁为核心的纲常说成天理，目的是为了赋予仁权威性，借助天理的权威性、普适性论证包括仁在内的伦理道德的天然合理性和天经地义性，强调以仁为核心的道德准则和行为规范"皆是人所合当做而不得不然者，非是圣人安排这物事约束人。"（《朱子语类》卷18）它们既然"天生自然，不待安排"（《朱子语类》卷40），便是天然合理的。不仅如此，为了进一步论证包括仁在内的五常是人先天具有的内在规定性，程朱提出了"性即理"的命题，把以仁为首的五常说成是人与生俱来的道德观念和先天本性。正是在这个意义上，朱熹说道："仁义礼智，性也……有如此道理，便做得许多事出来，所以能恻隐、羞恶、辞逊、是非也……便只是仁义礼智。"（《朱子语类》卷4）于是，仁成为人之所以为人的内在规定性，践履仁成为人天赋的、不可推诿的神圣使命。更有甚者，为了凸显天理的神圣性和普适性，他指出，人类生来具有仁之本性，动物也有仁之道德："至于虎狼之仁……却只通这些子，譬如一隙之光。"（《朱子语类》卷4）这就是说，仁是宇宙间的最高法则，统辖人类社会，同样适用于自然界。

推崇心为世界本原的陆王心学与程朱理学在世界本原是什么的问题上存在明显分歧，根本宗旨却同样是为了说明以仁为核心的纲常乃天生自然、不待安排，与程朱理学的唯一区别是将天理置换为吾心之良知。换言之，陆王心学虽然奉心为本原，但在认定以仁为核心的伦理道德是天理上与程朱别无二致。作为陆王心学理论基石的"心即理"表明，心与理是等价的。从这个角度看，把理还是把心，奉为宇宙本体只是形式问题，其精神实质与程朱理学如出一辙。正因为如此，陆九渊把理与心同时奉为世界本原，一面宣称"塞宇宙，一理耳"（《陆九渊集卷12·与赵咏道4》），一面断言"宇宙便是吾心，吾心即是宇宙。"（《陆九渊集卷22·杂说》）在王守仁那里，被奉为宇宙本体的心或良知就是天理。对于这一点，他反复指出：

夫心之本体，即天理也。天理之昭明灵觉，所谓良知也。（《王阳明全集卷5·答舒国用》）

良知即是天理。（《王阳明全集卷2·答欧阳崇一》）

这表明，在王守仁的意识中，良知、吾心与天理异名而同实。从这个意义上说，王守仁以及陆王心学宣称心是本原与程朱断言理是本原对于推崇天理的作用是一样的。同时，陆王崇尚的心与程朱推崇的理内容完全相同，都是以仁为核心的伦理道德。陆九渊所讲的心有时指人的思维器官，如"人非木石，安得无心？心于五官最尊大"（《陆九渊集卷11·与李宰》）；然而，在大多数场合，心指仁义道德。因此，他多次声称：

> 仁即此心也，此理也。（《陆九渊集卷1·与曾宅之》）

> 仁义者，人之本心也。（《陆九渊集卷1·与赵监》）

需要说明的是，陆王奉心为本原不仅在推崇伦理道德上与程朱理学秉持同样的宗旨、具有相同的作用，而且，就实际作用和效果而言，陆王崇奉的内在的良知、吾心显然要比外在的天理更直接、更简捷，因而更有威慑力。其实，陆九渊与朱熹关于为学之方争论中"尊德性"与"道问学"的分歧本身就从一个侧面突出了这个问题，陆九渊的观点——从"自存本心"到"先立其大"都证明了良知在践履仁义道德中的简捷、速成。同样，在王守仁那里，作为世界本原的心发之于外便是人的道德行为："发之交友治民便是信与仁。"（《王阳明全集卷1·传习录上》）按照他的逻辑，吾心之本体是天理、良知，天理、良知人人皆有，由于良知的作用，人自然会作出符合道德的反应和行动来；作为吾心之仁的发用，人"见孺子之入井自然知恻隐。"（《王阳明全集卷1·传习录上》）不仅如此，王守仁进而指出，良知是先验的，与生俱来，"完完全全"、"无有欠缺"，"不须外面添一分"。由此，他确信，良知万善具足、万理具备，只要使之不受障蔽便不可胜用。基于这种认识，在作为其哲学纲领和代表作的《大学问》中，王守仁对吾心之仁进行专门阐发，全面论证了人在仁之沟通下能够臻于与天地万物为一体的境界，从而实现"天下一家，中国一人"的理想。

作为儒家道德主义的延续，宋明理学把内涵仁的天理、良知奉为宇宙本原，仁随之具有了宇宙本体、万物本原的身份。这一形上意蕴伸张了仁的神圣性、永恒性和普适性，致使仁从伦理领域扩展到本体领域，成为某种程度上的本体概念。这在改变仁之身份的同时，极大地扩展了其统辖范围。

2. 仁"包四德"、总五常，是"百善之首"

如果说把以仁为核心的伦理道德奉为宇宙本原是宋明理学家的创举的话，那么，这一创举的结果对于仁或五常来说意义是一样的。从这个角度说，不追问仁与五常以及仁与其他道德条目之间的关系，就无法彻底理解仁的特殊地位。事实上，也正是通过凸显仁在五常中的特殊地位，宋明理学家将仁推向了无可比拟的首要地位。

诚然，突显仁在五常中的地位的做法先秦早已有之。尽管如此，宋明理学家对仁之内涵的阐释，对仁与其他道德条目关系的梳理，特别是仁为百行、万善之首的提法还是把仁的地位提到了前所未闻的高度。如果说当宋明理学家把天理、良知说成是宇宙本体时仁还作为五常之一，与其他德目相比并无特殊之处的话，那么，他们对五常次序及仁与其他德目关系的界定则突出了仁的地位，在仁"包四德"、含五常以及百行、万善总于仁中，仁与其他德目的距离被拉大，其地位被空前提升。

宋明时期的思想家对五常之间的关系十分关注。在整理五常及论证各种道德条目之间的关系时，除北宋思想家——李觏认定礼是五常之首，把仁也归属于礼之外，仁乃五常之首是宋明理学家的共识，也受到社会的普遍认同。

二程认为，四端、五常虽然都是天理和人性的具体内容，然而，它们之间并不是并列的，其中最根本的是仁。在他们的思想中，仁与义、礼、智、信的关系是这样的：

义、礼、知、信皆仁也。(《河南程氏遗书》卷2上)

仁载此四事，由行而宜之谓义，履此之谓礼，知此之谓智，诚此之谓信。(《河南程氏外书》卷1)

仁、义、礼、智、信五者，性也。仁者，全体；四者，四支。仁，体也。义，宜也。礼，别也。智，知也。信，实也。(《河南程氏遗书》卷2上)

且譬一身，仁，头也；其它四端，手足也。(《河南程氏遗书》卷15)

　　可见，对于仁与义、礼、智、信之间的关系，二程的表述前后并不一致——有时说成是支配与被支配的纲目关系，有时说成是全体与部分的包含关系。然而，无论哪种说法或比喻都突出仁与后者的区别，在认定仁是五常中的最高范畴这一点上是一致的。正因为如此，他们让义、礼、智、信归于仁，还把五常、四端以外的其他道德条目和规范也归于仁的统辖范围。按照二程的理解，各种道德观念都是仁的体现，是从属于仁这个纲的目。正是在这个意义上，程颐强调："仁即道也，百善之首也。"（《河南程氏遗书》卷22上）循着这个思路，二程多次表示：

　　　　盖孝弟是仁之一事……盖仁是性也，孝弟是用也。（《河南程氏遗书》卷18）

　　　　孝弟，仁之事也。仁，性也；孝弟，用也。（《河南程氏粹言》卷1，《论道篇》）

　　　　恕者入仁之门。（《河南程氏遗书》卷15）

　　　　公者仁之理，恕者仁之施，爱者仁之用。（《河南程氏粹言》卷1，《论道篇》）

　　在这里，基于仁是"百善之首"的认识，二程将传统道德的主要条目——孝、悌、恕、公和爱等统统纳入仁这一范畴，不仅用仁将它们贯穿、统率起来，而且确立了仁与这些德目之间的体用和主从关系。

　　南宋之时，张栻循着二程的思路，强调仁对于义、礼、智的作用，彰显仁在五常中的首要地位，并且在仁管乎万善的前提下将爱、公等归于仁的统辖。对此，他一而再、再而三地断言：

　　　　人之性，仁、义、礼、智四德具焉：其爱之理则仁也，宜之理则义也，让之理则礼也，知之理则智也。是四者虽未形见，而其理固根于此，则体实具于此矣。性之中只有是四者，万善皆管乎是焉。而所谓爱之理者，是乃天地生物之心，而其所由生者也。故仁为四德之长，而又可以兼能焉。（《南轩集卷18·仁说》）

　　　　是以为仁莫要乎克己，己私既克，则廓然大公，而其爱之理素具于性者无所蔽矣。爱之理无所蔽，则与天地万物血脉贯通，而其用亦无不周矣。故指爱以名仁则迷其体，（程子所谓爱是情，仁是性谓此。）而爱之理则仁也；指公以为仁则失其真，（程子所谓仁道难名，惟公近之，不可便指公为仁谓此。）而公者人之所以能仁也。夫静而仁、义、礼、智之体具，动而恻隐、羞恶、辞让、是非之端达，其名义位置固不容相夺伦，然而惟仁者为能推之而得其宜，是义之所存者也；惟仁者为能恭让而有节，是礼之所存者也；惟仁者为能知觉而不昧，是智之所存者也。此可见其兼能而贯通者矣。（《南轩集卷18··仁说》）

人之为人，孰不具是性？若无是四端，则亦非人之道矣。然分而论之，其别有四，犹四体然，其位各置，不容相夺，而其体用互为相须，合而言之，则仁盖可兼包也。故原其未发，则仁之体立，而义、礼、知即是而存焉。循其既发，则恻隐之心形，而其羞恶、辞让、是非亦由是而著焉。（《孟子说》卷2）

四端管乎万善，而仁则贯乎四端，而克己者，又所以为仁之要也。学者欲皆扩而充之，请以克己为先。（《孟子说》卷2）

张栻对五常关系的看法包括三层意思：第一，仁为四德之长，在五常中首屈一指，与其他条目不是并列关系；第二，仁与公、爱密切相关，但公、爱并不是仁，它们是从属于仁的；第三，仁是本质，义、礼、智等均可视为仁之表现或推演。至此可见，这三层意思可以归结为一个主题，即仁为万善之首。

在对五常之间的本末、主次关系作展开论述时，朱熹始终如一地突出仁的地位和价值。他认为，人人同具的天命之性的具体内容是仁、义、礼、智，作为人与生俱来的本性和上天所命，四端、五常是最基本的道德观念和行为规范，是各种伦理道德的发源地。在这个意义上，朱熹再三声明：

人只是此仁义礼智四种心。如春夏秋冬，千头万绪，只是此四种心发出来。（《朱子语类》卷6）

百行皆仁义礼智中出。（《朱子语类》卷6）

天下道理千枝万叶，千条万绪，都是这四者做出来。（《朱子语类》卷20）

在此基础上，朱熹强调，虽然都出于上天之命和先天本性，四端、五常之间的关系并不是并列的，其核心和根本乃是仁。对此，他反复宣称：

> 百行万善总于五常，五常又总于仁。(《朱子语类》卷6)
>
> 仁义礼智，便如四柱，仁又包括四者。(《朱子语类》卷95)
>
> 仁对义、礼、智言之，则为体；专言之，则兼体、用。(《朱子语类》卷6)
>
> 仁之包四德，犹冢宰之统六官。(《朱子语类》卷95)

在这里，朱熹从不同角度论证了仁与其他德目的关系：或统治与被统治、或体与用、或总括与条目等等；尽管角度不同，却始终突出仁的地位和作用——由于含四德、总五常，为四德之体，仁成为"性中四德之首"、"众善之长"。不仅如此，为了更形象地说明仁与其他道德条目之间的关系，他提出了"小仁"、"大仁"说。对此，朱熹说道：

> 恰似有一个小小底仁，有一个大大底仁。"偏言则一事"，是小小底仁，只做得仁之一事；"专言则包四者"，是大大底仁，又是包得礼义智底。若如此说，是有两样仁。(《朱子语类》卷6)

按照上述理解，仁具有广、狭之别：与义、礼、智并列，作为四德、五常之一的仁乃是狭义的仁，即"小小底仁"；包四德、总五常，并且作为四德之体的仁乃是广义的仁，即"大大底仁"。这表明，在朱熹那里，仁既是一种具体的道德规范，又是全德之称。正是全德之称的"大大底仁"成为包四德、体五常的百行万善之总。鉴于这些认识，他将仁视为"天理根本处"，宣称仁"上面更无本"。朱熹的这些说法使仁不仅成为四端、五常之本，而且成为全部道德之本。这就是说，仁不仅是最根本的道德，而且是诸德之源。

作为宋明理学家的共识，仁是四德之长对于许衡来说是毫无疑问的。对此，他写道："仁为四德之长，元者善之长……仁与元，俱包四德，而俱列并称，所谓'合之不浑，离之不散'……元者，四德之长，故兼亨利贞。仁者，五常之长，故兼义礼智信。此仁者所以必有知觉，不可便以知觉名仁也。"(《语录上》)

在宋明理学家那里，以三纲五常为核心的天理、良知被说成是宇宙本原使仁具有了宇宙本原的意义，对五常关系的说明在突出仁在五常中的首要地位的同时反过来加固了仁的本体地位。不仅如此，基于仁在五常中的首要地位，他们进一步把全部道德条目都归在仁之麾下：或者是仁的形式和表现，或者受仁之统率。如此一来，仁具有了两个基本规定：第一，仁是最高范畴，具有宇宙本体之意。第二，仁是全部伦理规范、道德条目的总称，乃至代名词。

二、仁的内涵和境界

如上所述，宋明理学家对仁的阐释包括两个方面：先是将包含仁在内的伦理道德提升为宇宙本原，然后突出仁在五常乃至全部伦理道德中的首要地位，直至使之成为伦理道德的代名词。这些使他们所讲的仁与以往相比具有本质不同。宋明理学对仁的本体地位的提升和对仁在五常中的凸显共同为仁之内涵奠定了前提。正是在仁之身份递嬗和地位提高的背景之下，宋明理学家进行了两方面的工作：一方面，把仁界定为与天地万物为一体，这是一种宇宙境界和本体维度；另一方面，仁之以天地万物为一体的践履和展开是在公、爱和恕中进行的，这仰仗仁对其他德目的统辖。具体地说，既然仁是宇宙本体，那么，仁便是宇宙的普遍法则，不仅限于人与人之间；既然仁的内容是爱，那么，通过以爱推己及人，遍布流行，不仅爱亲、爱人，而且爱物。这种境界就是"以天地万物为一体"。在此基础上，通过仁爱之中的差等来彰显分别，宋明理学家为现实的宗法等级制度辩护，这一宗旨使他们在推崇仁时对礼予以重视。

1. 以天地万物为一体——仁之内涵

在对仁的阐释中，宋明理学家把仁的内涵和境界诠释为"以天地万物为一体"，并且在仁与公、爱、恕的密切联系中强化仁之以天地万物为一体的具体实践和操作。

二程对仁极其重视，并且自诩是他们第一次对仁作了创造性的诠释。程颐说："自古元不曾有人解仁字之义。"(《河南程氏遗书》卷15)那么，二程独家创意的仁究竟是什么呢？程颢给出了这样的答案："仁者，浑然与物同体。"(《河南程氏遗书》卷2上)在他看来，仁的基本含义是"浑然与物同体"、"以天地万物为一体"。这既是仁这一范畴的内涵和境界，也是体悟、践行仁的基本要求和方法原则。与此相关，在解释何者为仁时，二程再三如是说：

> 医家以不认痛痒谓之不仁，人以不知觉不认义理为不仁，譬最近。(《河南程氏遗书》卷2上)

> 医书言手足萎痹为不仁，此言最善名状。仁者，以天地万物为一体，莫非己也。认得为己，何所不至？若不有诸己，自不与己相干。如手足不仁，气已不贯，皆不属己。(《河南程氏遗书》卷2上)

> 若夫至仁，则天地为一身，而天地之间，品物万形为四肢百体。夫人岂有视四肢百体而不爱者哉？……医书有以手足风顽谓之四体不仁，为其疾痛不以累其心故也。夫手足在我，而疾痛不与知焉，非不仁而何？世之忍心无恩者，其自弃亦若是而已。(《河南程氏遗书》卷4)

二程对仁的解释表明，正如人的四肢、手足与己一体，痛痒自知一样，仁者与物同体，以世间万物为四肢、百骸，与天地万物相互感应而知痛痒。这表明，仁即不分彼此、人我地将天地万物视为自己的一部分，正如对待自身的四肢、百骸一样。有鉴于此，二程进而指出，仁者"以天地万物为一体"是一种"至公无私，大同无我，虽眇然一身，在天地之间，而与天地无以异也"(《河南程氏粹言》卷1，《论道篇》)的境界。在这个意义上，他们将仁与公联系起来。在二程的论著中，多次出现这样的记载和论断：

> 仁道难名，惟公近之。(《河南程氏粹言》卷1，《论道篇》)

> 仁者用心以公，故能好恶人。公最近仁。(《河南程氏外书》卷4)

> 又问："如何是仁？"曰："只是一个公字。学者问仁，则常教他将公字思量。"(《河南程氏遗书》卷22上)

按照二程的说法，公是仁的基本要求，只有崇公才可能体仁。公与私是对立的，如果杂有私意，便会阻挠仁的感应，破坏与天地万物为一体。二程突出以公体仁就是让人杜绝私意、至公无私，因为"不违（指《论语·雍也》"回也，其心三月不违仁"——引者注）处，只是无纤毫私意。有少私意，便是不仁。"（《河南程氏遗书》卷 22 上）基于这种认识，二程呼吁在践履、推广仁中以公灭私、大公无私，进而达到"以天地万物为一体"的境界。

鉴于公对于仁的重要性，二程将公视为仁之理，不仅声称天心至公，而且将公视为仁之爱、恕的原则。于是，他们说道：

天心所以至仁者，惟公尔。人能至公，便是仁。（《河南程氏外书》卷 12）

仁之道，要之只消道一公字。公只是仁之理，不可将公便唤做仁。公而以人体之，故为仁。只为公，则物我兼照，故仁，所以能恕，所以能爱，恕则仁之施，爱则仁之用也。（《河南程氏遗书》卷 15）

对于仁，朱熹的定义是："仁者与天地万物为一体。"（《朱子语类》卷 32）显然，这个说法与二程别无二致。此外，朱熹以爱、恕释仁，强调仁的内容是爱和恕。对于爱，他解释说，既然仁者与天地万物为一体，那么，仁者便无所不爱。鉴于仁与爱的密切相关和爱对仁的至关重要，朱熹具体说明了仁与爱的关系。在此过程中，他不止一次地强调：

仁之发处自是爱。（《朱子语类》卷 95）

仁是根，爱是苗。（《朱子语类》卷 20）

仁者，爱之理；爱者，仁之事。仁者，爱之体；爱者，仁之用。（《朱子语类》卷 20）

朱熹认为，仁与爱是未发与已发、根与苗、理与事或体与用的关系。换言之，爱是仁的外在表现，仁通过爱得以显现；只有深刻理解了爱，才能领悟仁。基于上述理解，在界定和说明仁时，他一面反对人"离爱而言仁"（《朱文公文集卷 67·仁说》），一面突出仁之爱。不仅如此，朱熹强调，仁之爱不仅爱亲，而且爱人；不仅爱人，而且爱物。爱之对象的广泛性决定了爱离不开恕，爱要靠恕来"推"。所以，在重视爱的同时，或者说因为重视爱，朱熹重视恕。对此，他指出："恕是推那爱底，爱是恕之所推者。若不是恕去推，那爱也不能及物，也不能亲亲仁民爱物，只是自爱而已。"（《朱子语类》卷95）按照朱熹的说法，爱而不恕只是自爱，要使爱由己及人、由亲达民，必须要恕。进而言之，恕的基本要求是："所欲者必以同于人，所恶者不以加于人。"（《朱子语类》卷42）说到底，恕就是要"推己及人"、"推己及物"。显然，这个说法与他一贯推行的仁与天地万物为一体、泛爱万物是一致的，因为有了恕的广度，仁之境界和范围也就提升和加大了。

与此同时，朱熹把仁与公联系起来，于是便有了"公而无私便是仁"（《朱子语类》卷6），公然后能仁的说法。基于这种理解，他将公说成是践履仁而臻于仁之一体境界的前提。正是在这个意义上，朱熹再三强调：

> 公是仁之方法，人身是仁之材料。（《朱子语类》卷6）

> 公却是仁发处。无公，则仁行不得。（《朱子语类》卷6）

> 仁，将"公"字体之。及乎脱落了"公"字，其活底是仁。（《朱子语类》卷6）

在朱熹的视界中，公对于仁至关重要，与爱、恕一样是仁的题中应有之义。这表现在两个方面：第一，仁之内涵不能没有公，无公则不仁；第二，仁之践履离不开公，不公则无法体仁。如果说仁之境界是大公无私的结果的话，那么，不仁的病症则在于私意流行而蔽塞了公。从这个意义上说，公而近仁的过程也就是克灭私意、天理流行的过程。于是，朱熹连篇累牍地断言：

> 只是私心，便不是仁。（《朱子语类》卷32）

> 方叔曰："与天地万物为一体是仁。"曰："无私，是仁之前事；与天地万物为一体，是仁之后事。惟无私，然后仁；惟仁，然后与天地万物为一体。"（《朱子语类》卷6）

> 你元自有这仁，合下便带得来。只为不公，所以蔽塞了不出来；若能公，仁便流行。（《朱子语类》卷95）

> 做到私欲净尽，天理流行，便是仁。（《朱子语类》卷6）

必须提及的是，在仁之爱、恕、公中，朱熹更强调公的地位和作用，因为只有去己之私，才能做到爱和恕，"然非公则安能恕？安能爱？"（《朱子语类》卷95）有鉴于此，他特别强调公是体仁的前提。从这个意义上说，没有公便没有爱或恕，因为公是仁的道理，而仁是爱的道理；离开了公，爱则没有了章法而可能成为"错爱"，甚至导致不仁的结果。正因为如此，朱熹指出，体仁的顺序是公而仁，仁而爱——公在仁之前引导，爱、恕在仁之后推行。这是体仁的程序，这种前后次序注定了公具有爱、恕无法比拟的优越性。于是，便有了这样的记载和论断：

> 公在前，恕在后，中间是仁。公了方能仁，私便不能仁。（《朱子语类》卷6）

> 仁是爱底道理，公是仁底道理。故公则仁，仁则爱。（《朱子语类》卷6）

> "公而以人体之为仁。"仁是人心所固有之理，公则仁，私则不仁。未可便以公为仁，须是体之以人方是仁。公、恕、爱，皆所以言仁者也。公在仁之前，恕与爱在仁之后。公则能仁，仁则能爱能恕故也。（《朱子语类》卷95）

至此可见，程朱不仅都将仁定义为与天地万物为一体，而且都突出仁与爱、恕、公的联系，使它们成为仁的内涵和践履方式。例如，在阐释公与爱、恕之间的内在关联时，朱熹特别指出，一方面，仁必须公，然而，公了未必能仁，因为仁必须爱、恕，有了爱、恕才可以公而仁。对此，他特别提醒只有公还称不上仁，进而要求将仁之公与爱联系起来。正因为如此，在突出仁与公的密切关系时，朱熹并没有给二者简单地划等号，因为他发现"世有以公为心而惨刻不恤者"，所以强调"须公而有恻隐之心，此功夫却在'人'字上。盖人体之以公方是仁，若以私欲，则不仁矣。"（《朱子语类》卷95）另一方面，仁必爱、恕，只有爱、恕而无公便不能体仁。这表明，爱、恕、公对于仁来说缺一不可，只有相互作用才能相得益彰；失去了任何一方，仁的与天地万物为一体都无法实现。

其实，强调仁与爱、公、无私密切相关是程朱的看法，也是宋明理学家的共识。例如，张栻不厌其烦地说：

> 克尽己私，一由于礼，斯为仁矣。(《论语解卷6·颜渊篇》)

> 己私克则天理存，仁其在是矣。(《宋元学案卷15·南轩学案》)

> 是以为仁莫要乎克己，己私即克则廓然大公，而其爱之理素具于无所蔽矣。爱之理无所蔽则与天地万物血脉贯通，而其用亦无不周矣夫。(《宋元学案卷15·南轩学案》)

显然，张栻的这些看法与二程和朱熹是一致的。再如，元代理学家许衡也多次说：

> 仁者，性之至而爱之理也。爱者，情之发而仁之用也。公者，人之所以为仁之道也。元者，天之所以为仁之至也。仁者，人心所固有，而私或蔽之以陷于不仁，故仁者必克己。克己则公，公则仁，仁则爱。未至于仁，则爱不可以充体，若夫知觉则仁之用，而仁者之所兼也。(《语录上》)

> 克己则公，公则仁，仁则爱。(《宋元学案卷90·鲁斋学案》)

进而言之，宋明理学家之所以关注仁与公、爱和恕之间的联系，原因有三：第一，在宋明理学的视界中，仁具有前所未有的高度和境界，这种境界决定了仁与公、爱、恕等密切相关。这既是对孔子仁者爱人的深化，也是对孟子亲亲、仁民、爱物的推广。第二，从公到爱、恕，体现了践履仁即通往"与天地万物为一体"的途径，也从操作层面体现了仁对诸德的统率和支配作用。第三，无论仁是天理还是大公无私都奠定了宋明理学价值观的基本导向和诉求，那就是崇理灭欲、以公废私。

宋明理学家关于"仁者以天地万物为一体"的命题，对于人们站在哲理的高度更深刻、全面地认识仁的丰富内涵、提升人生境界具有重要意义。不仅如此，"以天地万物为一体"的内涵注定了仁与公、爱和恕之间密切相关，对体认、践履仁提出了新的要求。同时，通过仁，他们强化了公、爱和恕等主题，重新界定了人与人以及人与万物之间的关系，开创了宇宙和谐、社会和谐的新格局。

2. 仁爱与差等——仁与礼的互补

仁的基本精神、内容实质是爱人，这是孔、孟对仁的基本界定。宋明理学家继承了这一传统，于是，爱以及与爱相关的恕被注入仁中，成为仁的题中应有之义。不仅如此，正是爱、恕、公使人与天地万物成为一体的。二程所以奉仁为五常之首，是因为"仁者以天地万物为一体"；在这个前提下，推崇仁就是为了用仁建立一个与天地万物为一体的爱之世界。在凸显仁和释仁为"以天地万物为一体"上，朱熹和二程的思路、做法别无二致。不仅如此，在阐释仁与爱的密切关系和以恕、公释仁的过程中，朱熹进一步强化和扩展了仁之爱的内涵。

进而言之，程朱理学以爱、恕、公释仁不仅突出了体仁方案，而且进一步突出了仁之一体的内涵。在这个维度上，仁以爱为基本内容，与孔、孟讲的仁者爱人同义。然而，一个公开的秘密是，儒家所讲的仁历来都是有差等的，绝非一视同仁的爱一切人。对于这个问题，孔子的解决办法是强调仁之外在表现形式是礼，孟子则强调仁的"亲亲而仁民，仁民而爱物"（《孟子·尽心上》）的顺序。同样为了突出仁之爱人的差等，程朱在肯定仁之一体的同时，突出一体中的分别。换言之，鉴于维护宗法等级的需要，他们所讲的仁之一体不是平等的，而是有差别的。这决定了仁之爱不是一视同仁的兼爱，而是有差异、等级的分疏之爱。

程颐强调，仁爱始于亲亲，并非没有亲疏、分别的兼爱，以此强化爱之差等。据记载：

> 又问："为仁先从爱物上推来，如何？"曰（指程颐——引者注）："不敬其亲而敬他人者，谓之悖礼；不爱其亲而爱他人者，谓之悖德。故君子'亲亲而仁民，仁民而爱物'。能亲亲，岂不仁民？能仁民，岂不爱物？若以爱物之心推而亲亲，却是墨子也。"（《河南程氏遗书》卷23）

在程颐看来，与墨子的兼爱不同，仁"以天地万物为一体"的一体之中有森严的亲疏之分和尊卑之别，仁爱的根本原则和具体要求是差等。正是在这个意义上，他一再强调：

> 夫上下之分明，然后民志有定。民志定，然后可以言治。（《周

易程氏传》卷1)

名分正则天下定。(《河南程氏遗书》卷21下)

正是出于凸显亲疏、尊卑之差等的需要，在对四端、五常的地位进行认定时，除了突出仁之外，二程特别推崇明尊卑、别上下的礼。他们之所以在重仁的前提下崇礼，流露出企图以礼规范仁爱之秩序或突出仁爱之差等的初衷。根据二程的说法，只有对"尊卑贵贱之分，明之以等威，异之以物采"，才能"杜绝陵僭，限隔上下。"(《河南程氏粹言》，卷1《论政篇》)进而言之，对于明等级、别上下而言，礼显然不可缺少。于是，他们断言："礼治则治，礼乱则乱，礼存则存，礼亡则亡。"(《河南程氏文集·遗文·礼序》)更有甚者，二程宣布："理者，礼也"，把礼与世界本原——天理(理)相提并论。二程对礼的推崇显然是看中了礼中的分别和等级。

在朱熹那里，由于推崇仁爱，他反对杨朱的"为我"；由于认定仁爱是有差等的，也反对墨家的"兼爱"。于是，朱熹反复声明：

如杨氏为我，则蔽于仁；墨氏兼爱，则蔽于义。(《朱子语类》卷52)

且杨墨说"为我""兼爱"，岂有人在天地间孑然自立，都不涉著外人得！又岂有视人如亲，一例兼爱得！(《朱子语类》卷52)

可见，在弘扬仁之一体或仁之爱的主题时，程朱强调仁爱或一体中的等差，这正如他们对五常的整理目的是为了更好地维护等级秩序规定的上下、尊卑一样。王守仁对礼的推崇与程朱如出一辙："礼字即是理字……约礼只是要此心纯是一个天理。"(《王阳明全集卷1·传习录上》)在这方面，宋明理学家的做法与李觏强调礼在五常乃至全部道德和礼仪法度中的首要地位的意图如出一辙。李觏把礼说成是五常之本，使礼乐刑政、仁义智信都"一于礼"，主要目的之一即是为了更好地"定君臣"、"别男女"、"序长幼"、"异亲疏"和"次上下"，进而维护宗法等级制度。李觏对礼的推崇反衬出宋明理学家崇礼的初衷。

必须明确的是，宋明理学家推崇礼是为了强化宗法等级制度，并非像孔子那样认为礼是仁的外在表现，仁需要礼表现出来。在二程、朱熹的思想中，除了用仁支配、包含礼之外，仁与礼并无特殊关系，却是爱、公、恕与仁的关系更为密切。宋明理学所讲的仁爱不需要通过礼表现其差等，因为仁本身就有差等内涵，蕴涵着一体与差等的秩序：一方面，仁与爱相关，然而，爱本身并不是仁，两者不能划等号的原因是仁是爱之理，仁所条分出来的爱是有差等的，仁与公、恕密切相关，仁爱的范围、对象要最大化；如果说公、无私是侧重仁之一体的话，那么，恕、推则强化了一体中的差等。

　　总之，宋明理学家对仁之内涵是以天地万物为一体的深入阐释和论证使仁具有了空前绝后的新气象、新境界。更为重要的是，这个命题表达了一种宇宙秩序和社会秩序，浓缩着宋明理学家的和谐理念和价值诉求。

三、仁之一体与厚薄

　　一体而差等表明仁浓缩着和谐理念。宋明理学家之所以不遗余力地推崇仁，归根结底是因为仁代表和谐，仁所体现的和谐是既与天地万物为一体，一体之中又有差等。这种一体而差等、差等而一体既是宇宙秩序，又是社会秩序、家庭秩序乃至生理秩序。这一点在王守仁的思想中表现得淋漓尽致。

　　如果说程朱的和谐理念和社会秩序是通过强调仁与公、爱、恕密切相关乃至崇仁时同时崇礼来实现的话，那么，在王守仁那里，一切都变得简单、直接起来——沿着吾心为宇宙本原的思路，他将仁视为吾心之仁，将差等视为良知之条理。这样一来，在仁心的沟通下通过仁民爱物而一体，一体之中自然分厚薄。于是，他一面鼓吹"万物一体"，一面强调"一体"之中有厚薄之分，致使仁爱成为差等之爱。在宣称仁者与天地万物为一体上，王守仁与程朱等人的观点是一样的。所不同的是，王守仁将仁者与天地万物为一体的宇宙秩序贯彻到人类社会，建构了"天下一家，中国一人"的设想。

1. "天下一家，中国一人"——仁从宇宙秩序到社会秩序

在对仁的认识上，王守仁的看法与二程、朱熹之间既有相同点又有差异处：相同点是，仁之境界是"以天地万物为一体"；差异处是，基于心本论的思路，断言天地万物与我原本一体是因为"其心之仁本若是"。对此，王守仁论证说：

> 大人者，以天地万物为一体者也……是故见孺子之入井，而必有怵惕恻隐之心焉，是其仁之与孺子而为一体也；孺子犹同类者也，见鸟兽之哀鸣觳觫，而必有不忍之心焉，是其仁之与鸟兽而为一体也；鸟兽犹有知觉者也，见草木之摧折而必有悯恤之心焉，是其仁之与草木而为一体也；草木犹有生意者也，见瓦石之毁坏而必有顾惜之心焉，是其仁之与瓦石而为一体也。（《王阳明全集卷26·大学问》）

这就是说，大人"以天地万物为一体"是其心发用、流行的结果。在仁的支配、驱使下，大人"见孺子之入井，而必有怵惕恻隐之心"，"见鸟兽之哀鸣觳觫，而必有不忍之心"，甚至见"草木之摧折"、"瓦石之毁坏"也有"悯恤"、"顾惜"之心。这样，在仁的沟通下，大人与他人以至与鸟兽、草木、瓦石连为一体。王守仁进而指出，以天地万物为一体是"其心之仁"发用、流行的结果，此之仁心圣凡皆同，人人无异。因此，人都能够、也都应该通过吾心之仁的发现而与天地万物为一体。

王守仁所讲的天地万物与我一体的仁之境界是一个爱的世界，他宣称大人以天地万物为一体就是要以大人为榜样、呼吁人们用仁爱之心来处理各种关系，自觉地维护既定的社会秩序。在这方面，通过对仁以天地万物为一体的阐发，王守仁力图让人们明白，现有的社会秩序发端于与天地万物为一体的宇宙秩序，最终体现为以血缘亲情为纽带的家庭秩序，天经地义、天然如此，犹如人自身天然的生理秩序一般。在此基础上，他将"以天地万物为一体"与"天下一家，中国一人"联系起来，将"视天下犹一家，中国犹一人"（《王阳明全集卷26·大学问》）说成是以天地万物为一体之仁爱的体现。对于这种理想境界，王守仁多次展望说：

夫圣人之心，以天地万物为一体，其视天下之人，无外内远近，凡有血气，皆其昆弟赤子之亲，莫不欲安全而教养之。(《王阳明全集卷2·答顾东桥书》)

视民之饥溺犹己之饥溺，而一夫不获，若己推而纳诸沟中者。(《王阳明全集卷2·答聂文蔚》)

在对仁以天地万物为一体的论证中，王守仁侧重社会秩序，把人与人之间的关系说成是在吾心之仁的维护、沟通下的家庭血缘关系，致使社会成为爱的世界。那么，怎样才能实现这个爱无处不在的"天下一家，中国一人"的理想呢？他从正反两方面进行了阐释和说明：

其一，在消极方面，王守仁认为，与天地万物为一体是世界的天然秩序，本该如此；不能一体是因为小人"间形骸而分尔我"，"自小之耳。"(《王阳明全集卷26·大学问》)只要没有"私意间隔"，人人都可以达到天地万物与我一体的理想境界。循着这个逻辑，为了臻于理想境界，人必须从事道德修养、克服"私意"。对此，他解释说：

大人之能以天地万物为一体也，非意之也，其心之仁本若是，其与天地万物而为一也。岂惟大人，虽小人之心亦莫不然，彼顾自小之耳……小人之心既已分隔隘陋矣，而其一体之仁犹能不昧若此者，是其未动于欲，而未蔽于私之时也。及其动于欲，蔽于私，而利害相攻，忿怒相激，则将戕物圮类，无所不为，其甚至有骨肉相残者，而一体之仁亡矣。是故苟无私欲之蔽，则虽小人之心，而其一体之仁犹大人也；一有私欲之蔽，则虽大人之心，而其分隔隘陋犹小人矣。故夫为大人之学者，亦惟去其私欲之蔽，以自明其明德，复其天地万物一体之本然而已耳；非能于本体之外而有所增益之也。(《王阳明全集卷26·大学问》)

这就是说，以天地万物为一体是人"心之仁"的自然发用和流行，不带有任何刻意或故意——"非意之也"；只要仁心未泯、不被私欲所夺，自然可以无所"间隙"，与天地万物为一体。如此说来，不能以天地万物为一体以及导致一体消亡的原因是人之欲与私。由于欲望作祟，人被各种私欲迷惑，于是一体不存。基于这种认识，王守仁指出，私与仁背道而驰，要臻于"以天地万物为一体"的境界，必须克私。至此，他将私置于仁的对立面，致使私成为与天地万物为一体的最大障碍。王守仁的这个说法与程朱主张在大公无私、崇公灭私中体仁走到了一起。

其二，在积极方面，王守仁呼吁显露吾心之仁。按照他的一贯说法，"以天地万物为一体"是吾心之仁的作用，充分显露吾心之仁是以天地万物为一体的前提和方法；并且，仁与私是对立的，只有公才能有效地克服私欲，避免一体之亡。有鉴于此，王守仁对充分显露吾心之仁寄予厚望。在这方面，他将吾心之仁与《大学》中的"明德"相提并论，指出吾心之仁就是"明德"："是其一体之仁也，虽小人之心亦必有之。是乃根于天命之性，而自然灵昭不昧者也，是故谓之'明德'。"（《王阳明全集卷26·大学问》）这样一来，显露吾心之仁就成了"明明德"。在此基础上，王守仁进一步将吾心之仁与"明明德"、"亲民"联系起来，试图通过"明明德"和"亲民"实现与天地万物为一体。对于"明明德"和"亲民"的重要性，他写道："明明德者，立其天地万物一体之体也。亲民者，达其天地万物一体之用也。故明明德必在于亲民，而亲民乃所以明其明德也。"（《王阳明全集卷26·大学问》）在王守仁看来，彰明吾心之仁德（"明明德"）是"以天地万物为一体"的根本和实质，"亲民"是达到"以天地万物为一体"的手段和途径，二者合起来就是把吾心之仁德推广于天下，与万物没有间隙，达到一体。对此，他论证说：

> 是故亲吾之父，以及人之父，以及天下人之父，而后吾之仁实与吾之父、人之父与天下人之父而为一体矣；实与之为一体，而后孝之明德始明矣！亲吾之兄，以及人之兄，以及天下人之兄，而后吾之仁实与吾之兄、人之兄与天下人之兄而为一体矣；实与之为一体，而后弟之明德始明矣！君臣也，夫妇也，朋友也，以至于山川鬼神鸟兽草木也，莫不实有以亲之，以达吾一体之仁，然后吾之明德始无不明，而真能以天地万物为一体矣。夫是之谓明明德于天下，是之谓家齐国治而天下平，是之谓尽性。（《王阳明全集卷26·大学问》）

在这里，王守仁坚信，通过"明明德"和"亲民"，人可以成为推行吾心之仁的仁者；作为一个仁者，人会把吾心之仁推广于天下的每个人以至于每一物，使一人一物无不沐浴在仁爱之中。在这个意义上，他断言："仁者以天地万物为一体，使有一物失所，便是吾仁有未尽处。"（《王阳明全集卷 1 · 传习录上》）毫无疑问，通过克灭私意与显露吾心之仁相互作用，当天地万物无一失所地沐浴在仁爱中、天地万物与我一体时，便实现了人与天地万物的一体，"仁者以万物为体，不能一体，只是己私未忘。全得仁体，则天下皆归于吾。仁就是八荒皆在我闼意，天下皆与，其仁亦在其中。"（《王阳明全集卷 3 · 传习录下》）这时，"天下一家，中国一人"的境界便真的实现了。

王守仁对仁"以天地万物为一体"的论述基于宇宙境界或宇宙秩序，其重心和落脚点则在社会秩序；在对社会秩序、道德境界的阐释中，通过对"天下一家，中国一人"的构想，他把重点放在了对如何臻于这一境界的回答上。

2. 同体之厚薄，良知之条理——仁之一体中的等级之分

王守仁不仅强调仁"以天地万物为一体"，而且描绘了"天下一家，中国一人"的现实蓝本。通过对"天下一家，中国一人"展开论述，致使仁蕴涵的和谐理念更为明晰，从宇宙秩序转化为人类社会中的宗法等级秩序和家庭秩序。可以说，植根于仁以天地万物为一体的"天下一家，中国一人"说是王守仁为了挽救当时的社会危机开出的药方，也是其把社会秩序家庭秩序化的理论构想。

王守仁之所以从仁以天地万物为一体中能够推出现实社会的等级秩序，是因为这里存在一个理论前提，即和谐是仁的题中应有之义。他对此解释说，仁所蕴涵的和谐即一体之厚薄。与此相关，王守仁强调，仁以天地万物为一体，一体之中有厚薄之分。这个一体之中的分别、厚薄是良知上的条理，因此自然而然。据载：

> 问："大人与物同体，如何《大学》又说个厚薄？"先生（指王守仁——引者注）曰："惟是道理，自有厚薄。比如身是一体，把手足捍头目，岂是偏要薄手足，其道理合如此。禽兽与草木同是爱的，把草木去养禽兽，又忍得。人与禽兽同是爱的，宰禽兽以养

亲，与供祭祀，燕宾客，心又忍得。至亲与路人同是爱的，如箪食豆羹，得则生、不得则死，不能两全，宁救至亲，不救路人，心又忍得。这是道理合该如此……《大学》所谓厚薄，是良知上自然的条理，不可逾越，此便谓之义；顺这个条理，便谓之礼；知此条理，便谓之智；终始是这条理，便谓之信。"（《王阳明全集卷3·传习录下》）

在这里，王守仁一面把人与万物、人与人之间的关系定位为洋溢着爱的"一体"、"一家"，一面强调"一体"、"一家"乃至"一身"之中的厚薄之分。对于既要一体又要分出厚薄的道理，他解释说：一方面，人与天地万物是一体的，这决定了人对天地万物都是爱的；另一方面，厚薄是良知的自然条理，一体之中的厚薄使人对人类、禽兽与草木分别对待，施予不同的爱。于是，便自然而然地形成了这样的状态：在"与万物同体"中——"人与禽兽同是爱的，宰禽兽以养亲，与供祭祀、燕宾客"；在"天下一家，中国一人"中，人与人都是被爱的对象，"一家"、"一人"之中的厚薄又使爱先由至亲后及路人——"至亲与路人同是爱的，如箪食豆羹，得则生、不得则死，不能两全，宁救至亲，不救路人"，这正如一身之中手足与头目同是爱的，遇到危难时自然"把手足捍头目"一样。不仅如此，王守仁强调，"一体"、"一家"之中的厚薄基于宇宙秩序，是天经地义的；这种秩序正如生理秩序一样不仅天生如此、毋庸置疑，而且不可颠倒。如此一来，通过把人与他人、与禽兽、与草木之间的宇宙秩序、社会秩序说成是基于血缘关系的家庭秩序乃至天然的生理秩序，他为至亲、路人、禽兽、草木等宇宙万物找到了各自的位置。在此基础上，王守仁宣布，万物在宇宙中的位置基于宇宙和谐，由万物各安其位组成的这种秩序不可颠倒或改变："一体"之中，草木养禽兽，禽兽养人，小人养大人；"一家"之中，先至亲后路人；"一身"之中，手足捍卫头目。这论证了宗法社会中上下、尊卑的合理性，进而为宗法等级制度张目。

王守仁从仁以天地万物为一体推出的"天下一家，中国一人"具有泛爱色彩，仁爱是贯穿始终的主线，是手段似乎也是目的。然而，这套理论以维护上下、尊卑的等级制度为出发点和目的地。经过他的一番包装和处理，宗法等级制度规定的上下尊卑、劳心劳力的统治关系、剥削关系不仅由于是对宇宙秩序的贯彻而拥有了天经地义的合理性，而且由于成了家庭内部成员甚至一身之中各种器官的分工而天然如此、不可颠倒。正是在这个前提下，王守仁呼吁，每个人都应该在现实社会中恪守自己的等级名分，安于现状，各处其处：在下者理应安于劳苦卑贱的地位，正如"目不耻其无聪"、"足不耻其无执"（《王阳明全集卷2·答顾东桥书》）；在上者也要满足已有的地位，不做非分追求。基于这一思路，他对理想的社会秩序进行了这样的安排：

> 唐、虞、三代之世……下至闾井、田野、农、工、商、贾之贱，莫不皆有是学，而惟以成其德行为务……当是之时，天下之人熙熙皞皞，皆相视如一家之亲。其才质之下者，则安其农、工、商、贾之分，各勤其业以相生相养，而无有乎希高慕外之心。其才能之异若皋、夔、稷、契者，则出而各效其能，若一家之务，或营其衣食，或通其有无，或备其器用，集谋并力，以求遂其仰事俯育之愿，惟恐当其事者之或怠而重己之累也。（《王阳明全集卷2·答顾东桥书》）

在这里，其才能高者，"出而各效其能"，"其才质之下者，则安其农工商贾之分，各勤其业"。为此，王守仁要求人们皆"不以崇卑为轻重，劳逸为美恶"，特别是才质下者要"终身处于烦剧而不以为劳，安于卑琐而不以为贱。"（《王阳明全集卷2·答顾东桥书》）

可见，从强调仁以天地万物为一体开始，王守仁把一体中的厚薄之分、差等之别说成是基于宇宙秩序的社会秩序，接着将作为宇宙本体——仁蕴涵的等级秩序、和谐理念贯彻到现实生活中，致使等级秩序下的社会分工成了基于一体之中的厚薄，最后将其进一步说成是基于血缘亲情的家庭成员内部的自然分工乃至一身之中的生理分工。在此过程中，通过大而宇宙秩序与小而生理秩序的相互印证，他系统、全面地证明了上下尊卑的宗法等级制度天然如此，自然而然。这使宗法等级制度下的社会秩序具有了天然性和神圣性，拥有了无可置疑的合法性、合理性，维护、顺从之也成为天经地义的。

上面的介绍表明，从二程、朱熹到王守仁，宋明理学家对仁的阐发、提倡是为了抒发自己的和谐理念；他们推崇、重视仁，是因为仁浓缩着宇宙秩序，寄托着他们对理想社会秩序的设想。通过对仁之范畴的剖析可以看出，宋明理学家所理解的和谐在本质上是不和而和、不齐而齐。受制于这种和谐理念，他们对仁的诠释呈现出两个基本特征：在内涵上，强调仁的一体之中的厚薄；在践履和操作上，突出仁爱之中的差等。作为这套理论的具体运用和展开，宋明理学家们将天地万物、人类社会视为一体，并且指出这种一体天然如此，正如家庭、一身为一体一样；在此基础上，他们突出一体之中的差等之分，宣布一体之中的差等犹如家庭成员或者身体各个器官的天然分工一样与生俱来、自然合理。进而言之，宋明理学家的和谐理念植根于现实社会的宗法等级制度，以承认、恪守每个人的等级名分为前提条件和具体内容。与此相联系，在他们设想的理想环境或和谐状态中，人并没有充分的自由，人与人的关系既非各不相关的独来独往，亦非彼此没有等级差别的平等。按照宋明理学家的设想，既要与他人、他物联为一体，又不能忽视彼此之间的名分之别。这就是所谓的一体之中有分差，不同等级的人、物共处一体之中。透过仁，可以将宋明理学的和谐理念归结为如下方面：从本体依据和形上背景来看，宇宙本体孕育着和谐，因循宇宙秩序就是和谐；从逻辑结构和思维方式来看，一体而等级即是和谐，和谐以承认差等为前提；从价值取向和现实操作来看，各安其分就是和谐。在这方面，王守仁对理想之世的描述极其具有代表性，不仅是其设想的"天下一家，中国一人"的蓝图范本，浓缩了他对和谐的理解和诠释，而且直观地展示了宋明理学家的和谐理念。

王守仁试图告诉人们：天下之人"相视如一家之亲"和"各效其能，若一家之务"便是一体，农、公、商、贾之分以及才能之殊便是差异；无一体则无差异，无差异则不能一体；一体而差异便是和谐。循着这个逻辑，在他设想的大同社会中，士、农、工、商各守其业、各尽所能，其具体分工是：士管政治教化，农劝其田，工肆成其材，商通有无。这是一个人人各安其分、各守其位、各竭其力、各尽其能的社会；各阶层各安其业，整个社会井井有条、和谐友爱。深入剖析则会发现，这个社会之所以如此友好和谐、井然有序，根本原因在于：每一位社会成员都在与天地万物为一体之仁心的沟通下，克除私意，"皆相视如一家之亲"；各守自己的名分，各尽自己的职责，"出而效其能，若一家之务"。不难发现，这套思路与王守仁认定仁者"与天地万物为一体"，坚信通过仁心的沟通可以臻于"天下一家，中国一人"的设想完全一致——天下亲如一家，是在仁之沟通下与天地万物为一体的最佳境界；这一境界得来的前提是每个人认同、恪守一体之中的差等，坚守自己的名分而各尽其职。

四、因循与创新

宋明理学家对仁的诠释既因循了传统哲学一贯的价值取向，又呈现出自身的特质。就前者而言，秉持孔、孟以爱言仁的理念，在释仁为以天地万物为一体中，沿袭了天人合一的思维方式和价值取向；就后者而言，由于从仁中引申出一体而差等的和谐理念，建构了不同以往的天人合一的具体方式。

首先，从因循古代哲学的角度来说，在对仁的阐释和论证中，宋明理学家沿袭了古代哲学尤其是《周易》关于人是"天地之心"的说法，贯彻了天人合一的价值取向和思维方式。在古代哲学中，人与天地万物是一体的，因为人与万物都是天地化生的产物，在来源或者在血缘上"一体相联"。这预示着人不仅应该"爱人如己"，而且应该爱"物"如己。此外，人在宇宙中的特殊地位注定了人与天地万物一体是人的价值追求和神圣使命。具有生生之德的天地并非僵化或静止之物，而是有生命、灵性和活力的存在，繁衍万物、生生不息。这表明，天地有"心"。"天地之心"的提法首见于《周易》，其书曰："复，其见天地之心乎。"（《周易·象传·复》）可见，《周易》并没有把"天地之心"与人联系起来。《礼记》第一次明确指出人是"天地之心"："人者，天地之心也，五行之端也，食味别声被色而生者也。"（《礼记·礼运》）这个观点突出了人的尊贵地位，也加大了人的责任和使命。在儒家看来，人是"天地之心"，得"五行之秀气"而生，可以"与天地合其德"，接继天地的生生之德。这些说法既肯定了人与万物一体，又突出了人在天地间的特殊性，使接继天地生生之德、与万物一体成为天人合一的具体方式。

宋明理学家继承了《礼记》关于人是"天地之心"的说法，并且纷纷声称：

> 盖仁者天地之心，天地之心而存乎人，所谓仁也。人惟蔽于有己，而不能以推，失其所以为人之道，故学必贵于求仁也。（张栻：《南轩集卷14·洙泗言仁序》）

> "人者，天地之心。"没这人时，天地便没人管。（朱熹：《朱子语类》卷45）

> 夫人者，天地之心。天地万物，本吾一体者也，生民之困苦荼毒，孰非疾痛之切于吾身者乎？（王守仁：《王阳明全集卷2·答聂文蔚》）

在因循古代哲学人为"天地之心"的前提下，宋明理学家将仁与天地万物为一体说成是与天地合其德的具体表现和贯彻。按照他们的说法，人与天地万物浑然一体，因此，与天地万物为一体并非人类的主观愿望或幻想，而是天然且应然的。具体地说，基于天地是生养之本的理念，宋明理学家认为，人与自然万物的关系不仅"共生"，而且"同体"，于是才有了张载的"乾称父，坤称母；民吾同胞，物吾与也"和程颢的"仁者，浑然与物同体"。不仅如此，二程特别强调："人在天地之间，与万物同流，天几时分别出是人是物？"（《河南程氏遗书》卷2上）如此说来，与天地万物为一体之仁爱不是人对万物单向的道德性施予，而是人基于天地秩序的存在方式，因为天地生物之时已经使人与天地万物混然不分、天然一体，并且使人作为"天地之心"具有认识、践履这种一体的能力了。正是在这个意义上，程颢指出："若不一本，则安得'先天而天不违，后天而奉天时？'"（《河南程氏遗书》卷2上）王守仁更是从不同角度对人与天地万物为一体予以阐释和论证。下仅举其一斑：

> 盖天地万物与人原是一体，其发窍之最精处，是人心一点灵

明。风、雨、露、雷、日、月、星、辰、禽、兽、草、木、山、川、土、石，与人原只一体。故五谷禽兽之类，皆可以养人；药石之类，皆可以疗疾，只为同此一气，故能相通耳。(《王阳明全集卷3·传习录下》)

又曰（指王守仁——引者注）："目无体，以万物之色为体；耳无体，以万物之声为体；鼻无体，以万物之臭为体；口无体，以万物之味为体；心无体，以万物感应之是非为体。"(《王阳明全集卷3·传习录下》)

问："人心与物同体，如吾身原是血气流通的，所以谓之同体。若于人便异体了。禽兽草木益远矣，而何谓之同体？"先生（指王守仁——引者注）曰："你只在感应之几上看，岂但禽兽草木，虽天地也与我同体的，鬼神也与我同体的。"请问。先生曰："你看这个天地中间，甚么是天地的心？"对曰："尝闻人是天地的心。"曰："人又甚么教做心？"对曰："只是一个灵明。""可知充天塞地中间，只有这个灵明，人只为形体自间隔了。我的灵明，便是天地鬼神的主宰。天没有我的灵明，谁去仰他高？地没有我的灵明，谁去俯他深？鬼神没有我的灵明，谁去辩他吉凶灾祥？天地鬼神万物离却我的灵明，便没有天地鬼神万物了。我的灵明离却天地鬼神万物，亦没有我的灵明。如此，便是一气流通的，如何与他间隔得！"又问："天地鬼神万物，千古见在，何没了我的灵明，便俱无了？"曰："今看死的人，他这些精灵游散了，他的天地万物尚在何处？"(《王阳明全集卷3·传习录下》)

可见，正是因循人是"天地之心"的思路，以天人合一为价值旨趣，宋明理学家开始了自己对仁的诠释。具体地说，他们认定天地的生生不息之德便是仁，他们对仁的诠释因循了古代哲学的思维框架，其和谐理念和社会秩序建构的本体依据就是天人合一。在宋明理学家看来，天地万物一体原本是宇宙秩序，惟有作为万物之灵的人类具有这种使命和能力继承、光大上天之德。于是，程颢又说："所以谓万物一体者，皆有此理，只为从那里来。'生生之谓易'，生则一时生，皆完此理。人则能推，物则气昏，推不得，不可道他物不与有也。人只为自私，将自家躯壳上头起意，故看得道理小了它底。放这身来，都在万物中一例看，大小大快活。"（《河南程氏遗书》卷2上）可见，与天地万物为一体从推广天地之德的意义上说具有天人合一的意蕴。这里的潜台词是，人与天合一的方式和能力在于人有心、人心就是不忍之仁。事实上，宋明理学家正是在推广天地生生之德的意义上强调仁以天地万物为一体的，他们的仁而至公说致使仁爱成为天地之公理，也使"以天地万物为一体"成为宇宙秩序在人间的光大。

其次，从理论创新的角度来说，宋明理学家将仁释为天地的生生之德，在仁之一体中强调厚薄，在"天地之心"中突出仁。这使他们的理论创新主要集中在两个方面：第一，在沿袭人是"天地之心"说法的同时，一面将天地之心、生生之德说成是仁，一面强调心是人之心，并且凸显仁心的作用。第二，在沿袭天地万物一体观念的过程中，突出仁之一体中的厚薄，并且，在以仁为核心的天理、良知是宇宙本体的前提下，将仁浓缩的一体而厚薄的等级秩序由宇宙秩序通过现实生活中的上下尊卑，转化为社会秩序和家庭秩序。

宋明理学家接续了人是"天地之心"的话题，进而突出心对人的统辖，在心是"人之心"的基础上把人是"天地之心"演绎为人心是天地万物之心。正是在这个意义上，他们异口同声地断言：

天地之间，非独人为至灵，自家心便是草木鸟兽之心也，但人受天地之中以生尔。（二程：《河南程氏遗书》卷1）

人的良知，就是草木瓦石的良知。若草木瓦石无人的良知，不可以为草木瓦石矣。岂惟草木瓦石为然，天地无人的良知，亦不可为天地矣。（王守仁：《王阳明全集卷3·传习录下》）

在人、"人之心"是"天地之心"的前提下，宋明理学家分别将仁与"天地之心"、人之心联系起来，共同突出仁的作用：

其一，就仁是"天地之心"来说，宋明理学家将仁视为天地的生生之德，在对仁的解释中侧重仁的生生之德，用生阐释仁。北宋周敦颐指出："天以阳生万物，以阴成万物。生，仁也；成，义也。故圣人在上，以仁育万物，以义正万民。"（《周子通书·顺化》）张载融合《周易》、《中庸》和《孟子》以建立天人合一的新境界。在此基础上，他写道："天体物不遗，犹仁体事无不在也。"（《正蒙·天道》）下面这则记载直观地反映了二程用生生释仁、用仁释心，进而将天地万物视为仁心之种发育出来的思想倾向：

> 问："仁与心何异？"曰（指二程——引者注）："心是所主处，仁是就事言。"曰："若是，则仁是心之用否？"曰："固是。若说仁者心之用，则不可。心譬如身，四端如四支。四支固是身所用，只可谓身之四支。如四端固具于心，然亦未可便谓之心之用。"或曰："譬如五谷之种，必待阳气而生。"曰："非是。阳气发处，却是情也。心譬如谷种，生之性便是仁也。"（《河南程氏遗书》卷18）

在朱熹那里，仁之内涵——"与天地万物为一体"是一种基于宇宙境界的道德境界，因为其源于"天地生物之心"，不仅关乎己、关乎人，而且关乎物。这样一来，仁便成了"天地之心"和"生生之德"。正因为如此，这样的句子俯拾即是：

> 仁者，天地生物之心。（《朱子语类》卷95）

> 仁者生之理，而动之机也。（《朱子语类》卷95）

> 要识仁之意思，是一个浑然温和之气，其气则天地阳春之气，其理则天地生物之心。（《朱子语类》卷6）

> 天地生物之心是仁；人之禀赋，接得此天地之心，方能有生。故恻隐之心在人，亦为生道也。（《朱子语类》卷95）

其二，就仁是"人之心"而言，程朱理学将五常说成是人之本性，通过宣布仁包含五常，把人心归结为仁爱之心；陆王心学推崇的作为宇宙本原的吾心即是灵明之心，既然良知与生俱来，见孺子入井而生惕怵的仁心便无所不在。总之，经过宋明理学家的阐释，在"人之心"和"天地之心"最终都归于仁的双重印证中，人完成自己的"天地之心"的职责转化成仁者与天地万物为一体。这里的逻辑是，人是"天地之心"，人心是"人之心"，这使人心成为"天地之心"和天地万物之心。作为"天地之心"，人意识到人类与天地万物在本原上是一体的；作为"人之心"，人心自然恻隐、怜爱万物，使自己与天地万物共处一体之中。对于这个问题，王守仁讲得最为清楚、明白。据载：

> 问："程子云'仁者以天地万物为一体'，何墨氏'兼爱'反不得谓之仁？"先生曰："此亦甚难言，须是诸君自体认出来始得。仁是造化生生不息之理，虽弥漫周遍，无处不是，然其流行发生，亦只有个渐，所以生生不息。如冬至一阳生，必自一阳生，而后渐渐至于六阳，若无一阳之生，岂有六阳？阴亦然。惟其渐，所以便有个发端处；惟其有个发端处，所以生；惟其生，所以不息。譬之木，其始抽芽，便是木之生意发端处；抽芽然后发干，发干然后生枝生叶，然后生生不息。若无芽，何以有干有枝叶？能抽芽，必是下面有个根在。有根方生，无根便死。无根何从抽芽？父子兄弟之爱，便是人心生意发端处，如木之抽芽。自此而仁民，而爱物，便是发干生枝生叶。墨氏兼爱无差等，将自家父子兄弟与途人一般看，便自没了发端处；不抽芽便知得他无根，便不是生生不息，安得谓之仁？孝弟为仁之本，却是仁理从里面发生出来。"（《王阳明全集卷1·传习录上》）

可见，仁是生，生生表明仁之一体有一个发端和扩散的过程，这也是一个由亲及人，由人及物的次序。正因为如此，朱熹讲仁时一再讲到推爱和恕，这是为了推广仁的一体的。同时，由于对路人之爱是对亲人之爱推恕的结果，对万物之爱是对人类之爱推恕的结果，其间自然具有远近、亲疏的分别。出于同样的逻辑，张栻一再断言：

> 仁莫大于爱亲，其达之天下，皆是心所推也。故其等差轻重，莫不有别焉，此仁义之道相为用者也。若夫爱无差等，则是无义也；无义，则亦害夫仁之体矣，以失其所以为本之一者故也。（《孟子说》卷3）

> 仁者，人也。仁谓仁之理，人谓人之身。仁字本自人身上得名，合而言之，则人而仁矣，是乃人之道也……盖人之生，其爱之理具其性，是乃所以为人之道者。惟其私意日以蔽隔，故其理虽存，而人不能合之，则人道亦几乎息矣。惟君子以克己为务，己私

既克，无所蔽隔，而天理晬然，则人与仁合而为人之道矣。(《孟子说》卷7)

进而言之，宋明理学家所讲的仁与天地万物为一体包括并生、同体与差别、分殊两个方面，在一体中突出差别，进而将蕴涵在宇宙本体——仁中的等级秩序贯彻到人类社会才是最终目标。具体地说，他们所讲的一体之中的差异包括两个方面：第一，分殊、差异是天然秩序，天地生物之时已经注定了其间的大小差别。程颢指出："夫天之生物也，有长有短，有大有小。君子得其大矣，安可使小者亦大乎？天理如此，岂可逆哉？以天下之大，万物之多，用一心而处之，必得其要，斯可矣。"(《河南程氏遗书》卷11) 在此，他不仅肯定天地生物之时已经预设了其间的大小之分，将其安排在既定的位置上，而且认定物与物之间的这种分殊和由此分殊构成的等级秩序就是"天理"，可顺而不可逆。对于仁体现天道即仁是一体而等差的，程颐解释说："自古元不曾有人解仁字之义，须于道中与他分别出五常，若只是兼体，却只有四也。且譬一身：仁，头也；其他四端，手足也。至如《易》，虽言'元者善之长'，然亦须通四德以言之。"(《河南程氏遗书》卷15) 按照他的说法，天道即生生之德，仁之道的要求是"分别"，正如五常之间的关系并非平等而是以仁为首一样，天地与人、人与物以及物与物之间的差等天然如此，像头与手足的生理分工一样自然而然，不可颠倒。第二，由天、地、人、物的差异组成的宇宙秩序包括自然秩序、社会秩序、家庭秩序乃至人的生理秩序等各个方面。这种宇宙秩序由作为"天地之心"的人来认识和践履而落实到人类社会，上下尊卑的宗法等级秩序便是其具体化。作为宇宙秩序的浓缩，仁的一体与差等本身就是和谐，也是使自然秩序、家庭秩序一以贯之的纽带。与此相联系，在宋明理学中，由于仁的沟通，人与自然之间的差等和人与人之间的差等是同一问题的两个方面，由人际伦理走向环境伦理或者由亲情伦理走向普遍伦理同样是一个问题的两个方面。同样，在宋明理学中，宇宙秩序、社会秩序与家庭秩序可以相互通约。于是，便出现了社会秩序有时被大而化之为宇宙秩序，有时又被小而化之为家庭秩序乃至生理秩序。

第六章　语言哲学中的和谐意识

　　和谐不仅是儒家思想的基本特征，而且是其一贯的价值追求。这使儒家思想处处显示出和谐，其语言哲学也不例外。具体地说，正是在将语言直接与人的道德观念、社会和谐和礼仪规范联系起来的过程中，儒家建构了有别于诸子百家的语言哲学。孔子对言极其重视，提出了一套系统的语言哲学，其正名主张更是奠定了儒家乃至中国语言哲学的价值旨趣和致思方向。孔子之后，荀子、董仲舒等人都对正名津津乐道。他们的思想集中表现了儒家语言哲学重视伦理本位，服务和谐建构的人文特征，不仅具有儒家和谐理念的鲜明特色，而且成为其和谐建构的组成部分。

一、孔子的语言哲学及其道德旨趣

　　众所周知，儒家乃至先秦语言哲学发端于孔子的正名呼吁，而正名之声则是基于言与政之关系——至少是从为政的设想引发的，这使言与政的关系成为孔子语言哲学的一个重要方面。具体地说，在言与政的关系上，孔子注意到了言可以兴邦，亦可以丧邦。按照他的说法，人们的言说方式和内容与政治环境的清浊密切相关，"邦有道，危言危行；邦无道，危行言孙。"（《论语·宪问》）循着这个逻辑，既然国家政治环境如何必然在言上有所反映，那么，言便成为显示一个国家或地区政治环境好坏的指示器和晴雨表。据载：

定公问曰："一言而可以兴邦，有诸?"孔子对曰："言不可以若是其几也。人之言曰：'为君难，为臣不易。'如知为君之难也，不几乎一言而兴邦乎?"曰："一言而丧邦有诸?"孔子对曰："言不可以若是其几也。人之言曰：'予无乐乎为君。唯其言而莫予违也。'如其善而莫之违也，不亦善乎? 如不善而莫之违也，不几乎一言而丧邦乎?"（《论语·子路》）

在孔子看来，语言的舆论导向可以决定国家的兴衰，以至达到一言或兴邦、或丧邦的地步。鉴于语言在国家政治生活中的重要作用，在言与政的关系上，孔子设想为政从语言入手，把正名奉为为官的第一步。名是言的基本单位和构成要件，孔子对语言与政治关系的重视在为政从正名做起中可见一斑。

在言与德的关系上，由于看到了言与德的分离现象，孔子意识到了言可以乱德，并且针对言对德的破坏发出了"巧言乱德"（《论语·卫灵公》）的警告。与此同时，他讲究语言的朴实真诚，对花言巧语（佞）特别反感——认为花言巧语是道德的大敌，尤其与正直的品德相左。所以，《论语》中屡屡出现这样的话语：

巧言令色，鲜矣仁。（《论语·学而》）

巧言，令色，足恭，左丘明耻之，丘亦耻之。（《论语·公冶长》）

孔子之所以反对花言巧语、巧舌如簧，是为了杜绝心口不一、言不由衷的现象。在这方面，他给人的忠告是"言思忠"（《论语·季氏》），要讲真话、实话，不说谎话、假话和没有根据的话，著名的"道听而涂说，德之弃也"（《论语·阳货》）就是从这个角度立论的。除此之外，孔子还要求，与人交谈要保证内容真实、态度诚恳。

在言与行的关系上，由于在自己的学生那里发现了言行分离的现象，震惊之余，孔子调整了自己的言行观。据载：

宰予昼寝。子曰："朽木不可雕也，粪土之墙不可圬也，于予与何诛。"子曰："始吾于人也，听其言而信其行。今吾于人也，听其言而观其行。于予与改是。"（《论语·公冶长》）

在言与行的关系上，孔子之所以将"听其言而信其行"改为"听其言而观其行"是为了确保言行一致，让人不仅以光说不行为耻，而且耻于做得少、说得多的言过其实。不仅如此，为了避免说大话、讲空话，他要求人们在说之前想想是否能够做到，最好是做了之后再说。换言之，孔子注意到了言可以掩行，为了言行一致，主张先行其言。正是在这个意义上，他不厌其烦地强调：

先行其言，而后从之。（《论语·为政》）

君子耻其言而过其行。（《论语·宪问》）

其言之不怍，则为之也难。（《论语·宪问》）

古者言之不出，耻躬之不逮也。（《论语·里仁》）

循着这个思路，实行太难了，由于怕自己说到做不到，有道德的君子总是选择少言寡语。至此，言行关系与言德关系汇合了。这表明二者之间具有某种内在联系，并被孔子归结为言与仁的关系。

在言与仁的关系上，孔子推崇谨言、慎言和讷言。鉴于言与不言或如何言、言什么对于人的道德、行为都有影响，他把言语谨慎与人的思想品质联系起来，宣称言语谨慎是君子的品行之一。不仅如此，孔子提倡"君子欲讷于言而敏于行"（《论语·里仁》），把慎言与仁联系起来，这便是"仁者，其言也。"（《论语·颜渊》）与此相关，他视寡言为仁的表现。这方面的证据在《论语》中并不难发现：

刚、毅、木、讷近仁。（《论语·子路》）

司马牛问仁。子曰："仁者其言也讱。"曰："其言也讱，斯谓之仁乎？"子曰："为之难，言之得无讱乎？"（《论语·颜渊》）

鉴于言的这种惟危惟微、不可小视的后果，孔子强调人要对自己说过的话负责，始终对言持谨慎态度。例如：

君子一言以为知，一言以为不知，言不可不慎也。（《论语·子张》）

惜乎！夫子之说君子也。驷不及舌。（《论语·颜渊》）

在这里，孔子虽然没有贬低语言，然而，好学不倦、敏于行的孔子却主张在"敏于事"的同时"慎于言"（《论语·学而》），还是耐人寻味的。

由上可见，对于语言问题，孔子主要是从言与政、言与德、言与行、言与仁的关系切入的，致使这些关系成为其语言哲学的基本内容。如果说言与德、言与行和言与仁的关系牵涉的是个人修养的话，那么，孔子对言与政关系的表述则侧重言对于国家治理和天下兴衰的重要作用。这表明，他的语言哲学侧重人生、伦理和政治哲学领域，极力突出语言的道德意蕴和伦理维度。孔子对语言的道德定位不仅决定了其语言哲学的人文情怀和道德意蕴，而且引领了儒家语言哲学的价值旨趣和致思方向。

二、正名主旨与无言基调

春秋时期出现了中国历史上少有的礼崩乐坏，剧烈变动的社会现实使名与其所指之实发生错乱。从历史背景和立言宗旨来看，"名实相怨"的严峻局势不仅发出了正名的要求，而且使名实相符成为孔子乃至先秦语言哲学挥之不去的理想和主题。这决定了从根本上说，孔子对语言的阐释不是出于纯粹的理论思辨，而是基于深切的现实关怀。作为对不理想的社会现实的回应，他的语言哲学始终凝聚着浓郁的正名情结。正是名实相符、如何相符使语言问题早在春秋时期就凸显出来，这使孔子的语言哲学饱含忧患意识，正名正是对名实相怨的担忧和解决。在他对言的人文关怀和道德侧重中，如果说名实不符的严重现实使孔子对正名寄予厚望的话，那么，对言之种种消极面的顾虑则使其崇尚谨言、慎言乃至倾心无言。

1. 热衷名实关系——正名情结

急剧变化的社会现实导致了"名实相怨"，名与实的不符反过来加剧了思想界的争论和社会的混乱。作为对现实问题的回应，孔子发出了"必也正名乎"的呼吁。书载：

> 子路曰："卫君待子而为政，子将奚先？"子曰："必也正名乎！……名不正则言不顺，言不顺则事不成，事不成则礼乐不兴，礼乐不兴则刑罚不中，刑罚不中则民无所措手足。故君子名

之必可言也，言之必可行也。君子于其言，无所苟而已矣。"(《论语·子路》)

如果说名实不符的社会现实注定了正名的必要性和迫切性的话，那么，正名的需要反过来又引发了对名实关系的深入研究和探讨，成为孔子语言哲学的立言宗旨和主要内容。他的语言哲学正是从正名始，以正名终。之后，荀子、董仲舒接续了孔子的思路——或者大声疾呼正名，或者"深察名号"，贯彻的都是孔子开创的正名路线。

进而言之，正名的宗旨使孔子以及儒家的语言哲学重视对名的深入研究。名狭义上指名词、概念，广义上还包括言辞、著述和名分等。在对名实关系的理解和探讨中，儒家始终坚持名实相符的原则。与此相联系，在正名的统领下，儒家语言哲学的主要内容不仅是揭露名实不符的社会现实和不良后果，追究名实不符的各种根源，论证名实相符的必要性和紧迫性，而且主要是为名实相符提出实施方案。

为了从方方面面共同杜绝言不符实的情况，孔子进行了层层把关和预防。言与德的层面反对巧言乱德，以期言德统一、心口一致；言与行的层面主张先行后言，以避免言过其实、言行脱离，追求言行一致；言与礼的层面主张"非礼勿言"，以便所言符合自己的名分等等。

荀子对正名更是极为关注，并从思维方式和逻辑方法的高度归纳了名不符实的现象，进而提出了解决方案。在这方面，他首先归纳了名实不符的三种情况，揭露了人们对名实关系的三种错误做法——"三惑"：第一，"惑于用名以乱名"，犯了偷换概念的错误；第二，"惑于用实以乱名"，用个别事实扰乱一般概念；第三，"惑于用名以乱实"，违背大家共同使用名词、概念的习惯，利用名词、概念的不同来抹杀事实。在此基础上，针对这些错误，荀子提出了一套相应的逻辑规则和思维方法。在此，他从正名开始，把正确地给事物命名作为第一步。对于命名的原则和方法，荀子坚持"制名以指实"："同则同之，异则异之"，实异则名异，实同则名同。"知异实者之异名，故使异实者莫不异名也。"(《荀子·正名》)在对事物进行准确命名的基础上，他主张："实不喻然后命，命不喻然后期，期不喻然后说，说不喻然后辩。"(《荀子·正名》)

不仅如此，荀子还专门研究了命、辞、说和辩等思维形式，试图通过正确的逻辑命题和推理确保语言的准确、恰当。

董仲舒一面宣称"王道之三纲可求于天"（《春秋繁露·基义》），一面在"深察名号"中通过突出名的权威为现实社会中的君臣、父子正名。他指出，作为事物的普遍概念和具体名称，号与名具有不同的内涵和外延：号的特点是"凡而略"和"独举其大"，名的特点是"详而目"和"遍辨其事"。然而，它们都有与生俱来的合理性，都与天意息息相通："谪而效天地，谓之号。鸣而施命，谓之名。"（《春秋繁露·深察名号》）可见，"名则圣人所发天意"，即"鸣号而达天意。"（《春秋繁露·深察名号》）在此基础上，董仲舒从两个方面展开了正名：第一，名必须同事物完全符合，不可有毫厘之差。他强调，制名不得马虎，而要根据"《春秋》辨物之理，以正其名。"（《春秋繁露·天地阴阳》）对此，董仲舒举例说，君主之所以号称天子，是因为君主"视天如父，事天以孝道"；诸侯之所以号称诸侯，是因为他们"所候（伺候——引者注）奉之天子"；大夫之所以号称大夫，是因为他们"厚其忠信，敦其礼义"，其美德"大于匹夫"，是以教化百姓；士之所以号称士，是因为士者事也，他们的职责是做好本职工作，服从上级，不教化百姓；同样，民，瞑也，称之为民，是因为他们没有觉悟，有待于教化。第二，名都是根据事物之理制定出来的，反映了事物的本质和实质，可以作为判别事物的标准。基于这种认识，他宣称："欲审曲直，莫如引绳；欲审是非，莫如引名；名之审于是非也，就绳之审于曲直也。"（《春秋繁露·深察名号》）这就是说，正如木匠划线的墨绳是衡量曲直的准绳一样，名是检验是非的标准。因而，"随其名号以入其理，则得之矣。"（《春秋繁露·深察名号》）在此基础上，董仲舒主张："事各顺于名，名各顺于天。"（《春秋繁露·深察名号》）顺，从属之义。在他看来，各种事物都应该从属于自己对应的名号——如"器从名"（《春秋繁露·玉英》）等。同时，名生于正，名本来就有正物的属性和功能。正是在这个意义上，董仲舒断言："名生于真，非其真，弗以为名。名者，圣人之所以真物也，名之为言真也。"（《春秋繁露·玉英》）这里所说的真，就是正。按照他的说法，制名的目的是为了正名，即"是非之正，取之逆顺；逆顺之正，取之名号；名号之正，取之天地。"（《春秋繁露·玉英》）圣人制定名号，就是为了通过对事物的命名，定天下之正。对此，董仲舒宣称："圣人之所名，天下以为正。"（《春秋繁露·定性》）可见，如果说荀子从理论上、用逻辑方式确保了名对实之符的话，那么，董仲舒则在"深察名号"的名义下，通过实对名之符从有别于荀子的思路提出了名实相符的解决方案，同时将基于阴阳的等级秩序注入正名之中。

2．批判态度和反思视角——从谨言、慎言到无言

受制于名不副实的社会现实，儒家往往以反思、批判的视角论及语言，以揭露言之弊端而不是以赞扬言之作用为主。这使对言之忧患、顾虑成为其语言哲学挥之不去的一个心理情结，也决定了他们对语言的根本态度和根本方式以批判和反思为主。从根本上说，儒家对语言弱点和破坏力等消极面的揭露是主要方面。以孔子的思想为例可以看出，儒家所讲的语言的消极面主要集中于言与德行的脱离和对德的破坏。孔子的"巧言乱德"揭示了言对德的破坏和对人的本质的伪装，"有德者必有言，有言者不必有德"（《论语·宪问》），更是明确指出了言与德的分离，肯定言不代表德；同样，"听其言而观其行"是受到言行不一即言对人行为、本质掩盖的震撼提出的。

就对语言的根本态度而言，名实相怨的社会阴影和反思维度使儒家对语言的阐释不是畅想的、憧憬的，而是现实的、批判的，始终笼罩着压抑气氛。结果是，尽管思想大异其趣，但在标榜"予欲无言"上，孔子与崇尚无言的老子走到了一起。对言的这种消极态度和处理方式决定了先秦哲学对言总有那么一些顾忌或顾虑，即使不得已而言，也绝不苟言而是慎言和谨言。孔子对语言的如此认定促使他始终对语言持消极或谨慎态度。儒家语言哲学对言的低调处理乃至批判态度仅在词语搭配和话语结构中便可一目了然。用不着过多留意即可发现，孔子在言之前多加否定词——这与孟子对心的尽、养、求之积极态度呈现鲜明对比；此外，还有限制（不是限定）词，从谨言、慎言到讷言，凡此种种、不一而足——这与孔子本人对行的先、敏等孜孜不倦形成强烈反差。如此还

不够，孔子还发出了著名的"无言"声明。这些否定词和限制词的出现以及对语言的低调处理从根本上说还是出于道德原因，这正如谨言、慎言和讷于言都是从道德角度立论的，都是出于顾忌言行不符的后果一样。总之，由于笼罩在"名实相怨"的阴影之下，与畅所欲言、言论自由相反，儒家始终对言予以保留，对语言的这种消极、否定、漠视和批判态度也成为其语言哲学与生俱来的气质。

谨言、慎言的做法使为语言立法或规范、限制言之方式成为儒家学者的共识。通过对言与德、与行、与礼和与政之关系的论述，孔子主要从道德角度限制语言，反对弄虚作假，为此强调言要保证内容真实、情感真诚、有理有据、与德一致、合乎礼仪规范等。荀子虽然没有对言做危言耸听的告诫，却一直从各个方面——概念的明确、逻辑的清晰和推理的合理等为语言设立规范。董仲舒不仅强调名要符实，而且呼吁实要符名，即根据名分做事。

三、交往情结与和谐理念

孔子代表的儒家之所以热衷于正名，是因为他们试图通过正名达到别同异、明是非、等贵贱和审治乱的目的。无论正名、对名的重视还是呼唤名实相符都凸显了孔子及儒家语言哲学的道德本位，与其和谐理念密切相关。孔子呼吁正名是鉴于当时君不君、臣不臣、父不父、子不子的社会现象有感而发的，目的是为了让人按照自己的名分行事——君要有君的样子，臣要有臣的样子，父要有父的样子，子要有子的样子。这一立言宗旨和基本要求致使围绕正名展开的儒家的语言哲学与伦理、道德密切相关。更为重要的是，通过语言及正名达到和谐，即所谓的"礼之用，和为贵"。换言之，正名主张及纠正君不君、臣不臣的违礼僭越现象决定了孔子及儒家的语言哲学与伦理、政治具有先天的内在关联。正名与名分密不可分。名实关系具体到社会领域侧重名分，而名分则代表着整体社会的宗法等级秩序。孔子所讲的正名之名意指周礼规定的等级名分。在孔子之后，历经荀子特别是董仲舒等人的发挥，以三纲为核心的等级秩序被制度化，正名也随之蜕变为名教即礼教。通过效仿天道，传递"天意"以制名，董仲舒在上天那里为名、号取得了合法性和权威性；在此基础上，通过事顺于名，他进而把尊卑、贵贱等宗法等级观念纳入正名体系，实质上是为名教在上天那里寻求合理辩护。不仅如此，伴随着董仲舒的新儒学被定为一尊，当名教成为教化的主要内容，三纲五常作为宗法等级的一部分被制度化时，肇始于孔子的正名和名教在汉代取得了意识形态的地位，成为社会的强制力量和主流话语，其中蕴涵的尊卑、贵贱的宗法等级秩序也成为儒家和谐理念的核心。这样一来，在正名的名义下，儒家将名中蕴涵的和谐理念贯彻到人的日常生活和国家的政治生活之中，从个人的言与德、言与行的和谐扩展为整个社会的和谐。

必须指出的是，儒家所讲的名实以及名实相符具有不同的含义和层次：从名与实的实际所指和具体内容来看，名所指之实既可以是自然界的具体事物，也可以是人；与此相关，名与实的关系既可指名称与自然物的关系，也可指人的称谓与其社会地位的关系。当名所指之实是人或人的社会状况、职务和地位时，名实关系以及正名中的认识和逻辑意义便渐渐退却，让位于伦理、人生、交往和政治，其和谐理念与和谐建构也日益突出。这决定了儒家的和谐理念包括三个方面，即人与自然的和谐、人与人的和谐和人与内心的和谐。

就人与自然的和谐而言，儒家和谐理念的哲学根基是天人合一，人与自然的和谐首先转化为人与作为万物本原的上天之间的合一。这一点在孔子和董仲舒等人那里均有所体现。

在孔子那里，人与自然的和谐体现为人与宇宙本体——上天的合一，他的无言主张就是基于对上天的效仿而发的。在孔子看来，宇宙本体——上天具有不言之品格，正是对上天的这种认定——天之不言奠定了他对语言的基本态度和认识。据载：

子曰："予欲无言。"子贡曰："子如不言，则小子何述焉？"子曰："天何言哉？四时行焉，百物生焉，天何言哉？"（《论语·阳货》）

从中可知，孔子之所以不尚言而欲无言，具有两层意思：第一，生养并主宰万物的上天不言不语，无言既是一种姿态，又是一种素养。因此，无论从按资排辈还是效仿上天计，人都不应该冒言或妄言。第二，上天不言不语，万物却可以沐浴天的恩德——四时运行，万物并生；教育或培养学生，何以用言呢？可见，是宇宙本体——上天的不言不语启迪了孔子对无言的向往，至少影响了他对待语言的谨慎态度。从无言与宇宙本体密切相关来看，孔子的语言哲学带有本体意蕴。正如孔子的弟子所言："夫子之文章，可得而闻也。夫子之言性与天道，不可得而闻也。"（《论语·公冶长》）孔子之所以不言天道，是因为宇宙本体——天难知而难言，同时也不排除效仿上天不言之因素。

在董仲舒那里，语言——名、号是圣人传达天意的，无论正名还是命名都是天意的体现，本身就是人与上天和谐的一部分。因此，人与天之间的和谐在他的语言哲学中被发挥得淋漓尽致。具体地说，既然名、号是传达上天之意的，那么，人对万物的命名便是"人副天数"的一个方面，也是天人合一的内容之一。循着这个思路，人按照上天之意给万物命名，之后，通过以实符名，万物各处其位、各得其所。这样一来，人便达到了与上天创造的自然万物的和谐，也在与上天合一中使人与上天之间保持和谐。

就人与人的和谐而言，儒家对语言之交往层面的注重集中体现了这一维度。儒家对言之探讨在很多情况下是在人与人的交往维度上立论的，致使人与人之间的交往成为其语言哲学的题中应有之义。儒家语言哲学的伦理、道德本位本身即注定——至少暗示了其与交往的密切关系。与此相关，呼唤君之惠、臣之忠、父之慈和子之孝只是正名的一个方面，问题的另一方面是，正名的理由是名不正言不顺，其中潜藏的前提是言有交往和规范作用。事实上，正名的最重要的理由就是为了交往的方便或者规范交往，这使孔子对言的很多议论都是就言的交往层面而言的。例如，在言与德和言与行的层面上，"巧言"和言行不一都是在人与人的交往中发生的；再如，礼是仁的外在形式和礼节规范，言与行、与礼的关系归根结底是处理交往中的语言问题。同样，言与政的关系尤其是"一言以兴邦"、"一言以丧邦"突出舆论众口铄金的威力，侧重言在交往中造成的后果。

进而言之，出于通过语言使人与人在交往中达到和谐的理论初衷，孔子代表的儒家不仅关注人有无能力或修养去言得真实和完美，而且讲究言之环境和场合。孔子非常注意根据不同对象和场合选择不同的言说方式和内容。据记载：

> 孔子于乡党，恂恂如也，似不能言者；其在宗庙、朝廷，便便言，唯谨尔。
>
> 朝，与下大夫言，侃侃如也，与上大夫言，訚訚如也。（《论语·乡党》）

可见，孔子在以不同身份出现或与不同身份的人说话时运用不同的方式。于是，或毕恭毕敬，紧张得好像连话都说不出来了；或语言流畅，谨小慎微；或侃侃而谈，和盘托出……孔子在不同场合的言说方式和内容竟然如此不同，却都真诚自然、自如自在。与注意言之场合相对应，孔子善于根据不同身份的交流对象选择不同的言说内容和方式。按照他的说法，言或不言以及话语方式、讲述或谈论话题的选择应该根据交流对象而定，应该说而没有说或可与言而未与言是失人，不可交流或不懂择言是失言；言之道理的深浅应该视交流对象的理解水平而定——这便是"中人以上，可以语上也。中人以下，不可以语上也"（《论语·雍也》）的基本含义；言之话题和时机的选择应该顾及对方的兴致和脸色，应该见颜色而言而非"瞎"说——"瞽"：

> 可与言而不与之言，失人。不可与言而与之言，失言。知者不失人，亦不失言。（《论语·卫灵公》）
>
> 侍于君子有三愆：言未及之而言谓之躁，言及之而不言谓之隐，未见颜色而言谓之瞽。（《论语·季氏》）

在中国传统文化中，所谓不同场合不仅指不同的地点和场所，而且指不同的言说和交流对象。讲究言之场合本质上是对言之主体资格的过分关注和重视，暗合了儒家以亲疏尊卑为区别对待的宗法等级观念。有鉴于此，孔子不仅把礼视为仁之爱人的外在形式，而且将言与礼联系起来，力图在礼的调节下促进人际关系的和谐。为此，他探讨了言与礼的关系，在"非礼勿言"中强调言要符合礼的要求和规定，使言成为"克己复礼"的具体条目之一。与此同时，孔子强调人言或不言、言什么以及如何言要根据礼的要求视场合、对象而定。这样才能使言与礼完全吻合，尽显君子风度。

就人与内心的和谐而言，无论是对语言的谨慎态度、对言之真善美的伦理侧重都使孔子和儒家的语言哲学从主体出发，始终站在主体生成和道德完善的高度来审视语言。结果是，不仅强调所言的内容有无必要和有无水准，而且讲究言者有无资格或有无能力。在具体的话语情境中，这一追求表现为说还是不说、说什么和如何说等问题，主要视言之场合、真实、美善而定。孔子反对巧言、提倡慎言的做法都有强调言之真实、美善的意图。

儒家的语言哲学以及其中蕴涵的和谐理念影响了中国人的处世原则和交往方式。这表现在价值取向和处世原则方面便是，中国人将谦虚视为美德，推崇言行一致，反对夸大、歪曲或说谎。从这个角度看，反对说空话、大话、夸夸其谈，而是要脚踏实地的实干，注定了中国人的朴实无华、崇实风尚。从另一个角度看，正名导致了崇尚虚名的后果。就本意而言，正名包括两方面：一是名符合实，一是实符合名。不得不承认的是，尽管儒家注重名实相符，不屑于浪得虚名，耻于名浮于行，但是，正名的结果导致了对名的过度重视。受制于正名情结，名在名实关系中始终居于核心地位。这主要表现为两个方面：第一，名之尊贵和对名的推崇。第二，名之不朽和对名的追求。孔子曾经说："君子疾没世而名不称焉。"（《论语·卫灵公》）这句话的意思可以指君子死后没有得到正名——好名声，也可以指自己一生做的不好，与君子的称号不符。在儒家的价值观念中，"名存实亡"是正常的，甚至可以说是一种理想或长生不死的秘诀。在儒家看来，人的身体死亡了，精神却可以不朽。这就是说，当"实"消亡之后，"名"尚能延续一个阶段。"名"的寿命大于实，甚至可以不朽，故有名垂青史、流芳百世之说。这决定了在儒家的名实关系中，"名"比"实"更重要、更神圣。这种重名轻实的价值倾向产生了慕虚名轻实事的不良影响，致使顾及名声成为处理各种问题时首先要考虑的重要因素。

　　与为宗法等级辩护一脉相承，儒家对言者身份和资格的认定突出了人与人之间的不平等。排除"欲无言"的情况，说话的权利与身份、尊严成正比，并非人人皆有权利表达自己的思想、意图和愿望，有权利说是身份和地位的象征。权利大、地位高、年龄长者先说、多说，无权者、年幼者少说、不说。长者先言，幼者后言甚至没有表态的权利。长此以往，上下、尊卑之间失去平等交流和交谈的机会，以至家长与其子女之间缺少必要的对话和交流。

下 篇

和 谐 建 构

第七章　儒家的仕途情结与和谐建构

儒家的和谐建构系统而全面，从内圣推及到外王，这决定了其对学习、教育的重视和对仕途、为政的热衷。正是在始于个人的修身养性，终于治国、平天下的环环推进中，儒家在一步步推行着其和谐建构。

《论语》以《学而》开篇，《荀子》的第一篇是《劝学》，都从学讲起，可见儒家对学的重视。儒家所讲的学是什么？与其对仕途的热衷有无必然联系？同时，《论语》云"学而优则仕"，《孟子》曰"达则兼善天下"，都流露出仕途情结和哲学王理想。儒家为什么具有浓郁的仕途情结？其仕途情结与哲学王构想有无必然关联？通过对儒家之学、仕以及哲学王情结的考察，不仅可以领略三者之间的内在联系，而且可以体会儒家以道德主义为旨归的和谐建构和人生追求。

一、"学而时习之"

学一直是儒家关注的热门话题之一。先秦儒家的代表作——《论语》和《荀子》均以学来开篇和开语，足见孔子和荀子对学的重视。学在《论语》中出现频繁，高达 65 次之多。那么，《论语》中的学指什么？或者说，孔子让人学什么？对此，《论语》中的记载做出了如下的解答：

> 哀公问："弟子孰为好学？"孔子对曰："有颜回者好学，不迁怒，不贰过。不幸短命死矣！今也则亡，未闻好学者也。"（《论语·雍也》）

子曰："君子食无求安，敏于事而慎于言，就有道而正焉，可谓好学而已。"(《论语·学而》)

这表明，孔子所讲的学是道德观念和行为规范即为人处世之道，而非单纯的知识或学问，《论语》也大都是在这层意义上使用学的。在上述引文中，无论是第一段的"不迁怒，不贰过"还是第二段的"食无求安，敏于事而慎于言，就有道而正焉"均指人品、修养而非智识。同样可以作为例证的还有，在回忆和总结自己的学习过程时，孔子说"吾十有五而志于学"——从十五岁开始立志于学，然后是"三十而立，四十而不惑，五十而知天命，六十而耳顺，七十而从心所欲，不逾矩。"(《论语·为政》) 在这里，孔子学的结果和进步是道德的提升，并非知识的积累或增加。与此相联系，由于学的内容是做人的道理和规范，学的结果是道德的提升和人格的完善，所以，孔子有"古之学者为己，今之学者为人"(《论语·宪问》)的感叹；由于学是学习行为规范和做人的道理，做人对于任何人都概莫能外，所以，学具有最大的普遍性和必要性。于是，有了"有教无类"的教育普及和"君子学道则爱人，小人学道则易使也"(《论语·阳货》)的学习效果。正因为学的普遍性和必要性，孔子打破门第观念，广收门徒；正因为学的是做人的道理和规范，"子以四教：文，行，忠，信"(《论语·述而》)——讲授内容除了古代文献外，皆属道德教育。

《荀子》的第一篇为《劝学》，第一句话即"君子曰：学不可以已。"这不仅开宗明义地强调了学习的重要性，而且宣称学不可以停止，颇有终身学习的理念。那么，荀子劝导人们学什么？对此，他明确指出：

故学数有终，若其义则不可须臾舍也。为之，人也；舍之，禽兽也。(《荀子·劝学》)

故学也者，礼法也；夫师，以身为正仪而贵自安者也。(《荀子·修身》)

在这里，荀子的回答是义、礼法是学习的内容。那么，义与礼法又是什么呢？在对人的本质的说明中，他曾经试图以义规定人的本质。按照荀子的逻辑，宇宙中的存在分为四类，从低到高依次为只有气的土石、有气有生的草木、有气有生有知的禽兽和"有气、有生、有知，亦且有义"（《荀子·王制》）的人类。如此说来，义是人的本质规定性，也是人与其他存在的本质区别和可贵之处。学义就是学如何为人、充实人的本质规定性。这表明，荀子之学同样是学做人，其宗旨与孔子别无二致。对于礼，荀子称之为"人道之极"，是"治辨之极"（在这个意义上，礼与法相近，统称为礼法）和"道德之极"。其实，在他看来，无论义还是礼法都指做人的道理和规范。学礼法、学为义都是学做人。正是学的这一根本宗旨决定了荀子对学之程序、内容和目标的如下安排：

> 学恶乎始？恶乎终？曰：其数则始乎诵经，终乎读《礼》；其义则始乎为士，终乎为圣人。（《荀子·劝学》）

学"终乎为圣人"准确而直接地点明了荀子乃至儒家重视学的初衷和目的，由于学的内容是仁义道德，即做人的准则和规范，因此，学的效果就是道德的净化和人格的提升，其最高境界就是成为道德完善的圣人。

需要说明的是，孔子和荀子所讲的学不仅指对仁义礼智和做人道理的认识，而且包括甚至主要指对做人规范的实行和践履。前者属于知，后者属于行。换言之，儒家所讲的学包括知与行两个方面。因为学包括行，所以，《论语》开篇曰："学而时习之，不亦说乎？"（《论语·学而》）习即习行，原意为小鸟振翅练飞，在这里引申为练习、习行。"学而时习之"就是要在学了之后去行——不断地练习和效仿。对于"学而时习之"，朱熹注释说：

> "学"，是未理会得时；"习"，是已学了，又去重学。非是学得了，顿放在一处，却又去习也。只是一件事。（《朱子语类》卷20）

> 未知未能而求知求能，之谓学；已知已能而行之不已，之谓习。（《朱子语类》卷20）

其实，正是学中包含的行之内涵使习、练成为学的必要环节。正因为学本身就有行，孔子讲的"好学"的例子都侧重行。孔子的这一思想倾向在上面所举的"子以四教：文，行，忠，信"和"敏于事而慎于言……可谓好学"等例子中均有所体现。同样，在荀子那里，学也包括知与行两个方面。正因为如此，他宣称："君子博学而日参省乎己，则知明而行无过矣。"（《荀子·劝学》）在这里，不仅博学的内容和做法是"日参省乎己"的道德反省，而且其最终目的和落脚点是在知明的前提下达到"行无过"。

对于孔子之学的具体含义和内容，朱熹多次指出：

博学，慎思，审问，明辨，笃行，皆学效之事也。（《朱子语类》卷20）

学，效也，是效其人，未能孔子，便效孔子；未能周公，便效周公。（《朱子语类》卷20）

这点明了孔子之学的本质，也道出了包括朱熹在内的所有儒家对学的两点共识：第一，学是在道德领域立论的，属于伦理范畴，主要内容是做人的道理和规范。第二，学包括知与行两个方面。进而言之，正因为儒家孜孜以求、好学不倦之学包括知与行两个方面，孔子判断一个人是否好学或者是否是君子的标准不是局限于知而是"听其言而观其行"，荀子把真理的标准说成是"坐而言之，起而可设，张而可施行"（《荀子·性恶》），断言真理性的认识必须具有可操作性，可行、在实践中行得通是真理的必要条件。进而言之，儒家之行的起点是效仿圣人，终点是成为圣人。对学的界定和阐释在某种程度上决定了儒家对仕的态度——包括为何仕的从政宗旨和如何仕的为政方案。

总之，儒家对学的重视与其道德主义的理想追求和价值观上的重行倾向相互印证：一方面，道德主义的理想追求和价值观上的重行影响了对学的内涵的界定，证明了学不止于知，并且包含行或主要指行。另一方面，学的道德内涵和知行兼顾彰显并强化了儒家重行的价值旨趣。

二、"达则兼善天下"

儒家的好学不倦给人留下了深刻的印象，儒家对政治的关注和对仕途的渴望同样令人难以忘怀。从孔子的德治、孟子的仁政到荀子的隆礼重法，先秦儒家的代表人物都设计了完整的治国方案。不仅如此，他们本人都对从政充满渴望，具有强烈的仕途情结。

孔子对仕途怀有强烈的欲望。"如有用我者，吾其为东周乎？"（《论语·阳货》）他对仕途的渴望如此执着，以至于不放弃任何可能进入仕途的机会。据载：

> 佛肸召，子欲往。子路曰："昔者由也闻诸夫子曰：亲于其身为不善者，君子不入也。佛肸以中牟畔，子之往也，如之何！"子曰："然。有是言也。不曰坚乎，磨而不磷；不曰白乎，涅而不缁。吾岂匏瓜也哉？焉能系而不食？"（《论语·阳货》）

在这里，孔子之所以欲往不是出于对佛肸的尊敬，原本就与斯人没有交情，还要打破自己原先订立的"亲于其身为不善者，君子不入"的交往原则，可谓勉为其难。尽管如此，面对佛肸之召，他还是选择了"欲往"。孔子之所以这样做，正如他自己坦言，无非是想借助佛肸的势力步入仕途。孔子这种曲意而为、委曲求全的做法使人不禁想起了"子见南子"。面对"好德不如好色"的卫灵公，孔子不惜顶着巨大的舆论压力，做破釜沉舟之一搏。这与他在"知其不可而为之"的前提下历时十四载，不辞辛苦，周游列国的悲壮之旅共同证明了他对仕途的强烈渴望。

孟子不仅如孔子般周游列国、苦苦寻找进入仕途的机会，而且多次表白自己治国平天下的政治抱负和超级自信。为此，他先是归纳出人类历史"一治一乱"的递嬗轨迹，精确推导出治乱的周期是五百年，宣称"五百年必有王者兴，其间必有名世者。"（《孟子·公孙丑下》）然后是根据这一历史运行周期推断出自己正逢王者兴起之世，并以救世的王者自居，喊出了"夫天，未欲平治天下也；如欲平治天下，当今之世，舍我其谁"（《孟子·公孙丑下》）的豪言壮语，其中既流露出无以言表的自负，又有担当天下兴亡的豪迈。这不啻为治国平天下的竞职宣言。

荀子同样游走于列国之间，三次被推举为齐国稷下学宫的"祭酒"。这一身份虽然是学术职务，却在某种程度上弥补了他对仕途的渴望。

可见，儒家的仕途情结浓郁而强烈，孔子、孟子和荀子为谋取仕途所做的努力给人留下了难以磨灭的印象。进而言之，为什么儒家个个都是"官迷"？为什么从孔子、孟子到荀子每个人都痴迷于仕途？谜团只有在儒家为政的目的和宗旨中才能揭开。对于为政是什么，《论语·为政》中的一则故事亮出了孔子的答案：

> 或谓孔子曰："子奚不为政？"子曰："书云：'孝乎惟孝，友于兄弟，施于有政。'是亦为政，奚其为为政？"

按照孔子的说法，把对父母之孝、对兄弟之友推及于天下万民就是为政，为政与"为为政"有别：为政以普及孝悌等道德为目的，"为为政"以为政为目的，与孝、悌等道德并不相干。在对为政与"为为政"进行了如此甄别之后，孔子一面表白自己是在为政、一面对"为为政"——为了仕途即个人的飞黄腾达而从政不屑一顾。与孔子类似，对于人的毕生追求和行为操守，孟子发出了这样的誓言："居天下之广居，立天下之正位，行天下之大道。得志与民由之，不得志独行其道。"(《孟子·滕文公下》)在他看来，作为"天爵"，仁义礼智是人的神圣使命，仁是天下之"安宅"，义是天下之"正路"，无论富贵、贫贱都惟以仁义是行，这才是"富贵不能淫，贫贱不能移，威武不能屈"(《孟子·滕文公下》)的大丈夫。从中不难看出，"得志"——为官的目的是为了与民一起由仁义而行。对于为学目的和遇与不遇都忠贞不渝的道德操守，荀子表达了与孟子相同的看法：

> 君子之学，非为通也，为穷而不困、忧而意不衰也，知祸福终始而心不惑也。夫贤不肖者，材也；为不为者，人也；遇不遇者，时也；死生者，命也。今有其人不遇其时，虽贤，其能行乎？苟遇其时，何难之有？故君子博学、深谋、修身、端行以俟其时。(《荀子·宥坐》)

孔子和孟子的说法使人不禁要问：既然为政是孝于父母、友于兄弟而且在家就可实行，那么，何必还要出而仕？既然穷达通塞都不能改变对仁义之善的践履，那么，仕或不仕又有何妨呢？这些问题直接关系到儒家之学与仕的关系。

首先，儒家之学包括内圣与外王两个方面，这是两种不同的境界。儒家的内圣、外王之分以及两者之间的关系最早通过《大学》系统表达出来。该书开宗明义地指出:"大学之道,在明明德,在亲民,在止于至善。"高深的、根本的学问以"明明德"、"亲民"和"止于至善"为根本宗旨和最终目标。这就是《大学》的三纲领。与此相关,实现三纲领的具体方法和步骤是格物、致知、诚意、正心、修身、齐家、治国和平天下。这被称为八条目。对于大学的纲领与步骤之间的关系,《大学》云:"古之欲明明德于天下者,先治其国;欲治其国者,先齐其家;欲齐其家者,先修其身;欲修其身者,先正其心;欲正其心者,先诚其意;欲诚其意者,先致其知;致知在格物。"不难看出,如果说三纲领是宗旨和目标的话,那么,八条目则是步骤和方法;对于具体的践履条目和步骤而言,如果说格物、致知、诚意、正心和修身是内圣的话,那么,齐家、治国和平天下则是外王;对于由三纲领和八条目共同组成的有机系统而言,纲领与条目、内圣与外王相互作用、缺一不可——正如外王离不开内圣、以内圣为前提保障一样,内圣之学必须开显为"外王之道",才能使天下臻于至善。这就是说,大学不仅有个人修身养性的内圣,而且有兼善天下的外王;由于外王只有通过仕才能实现,这成为儒家追逐仕途的根本原因。学与仕的密切相关表明,没有进入仕途对仁义道德的践履只能局限于父母、兄弟等家庭成员之间,无法施于万民、广播天下,这只是内圣之学,没有达到外王之境界。循着这个逻辑,学中包括的外王境界使仕成为孔子之学的题中应有之义,也注定了推行仁义道德于天下的儒家热衷于仕途。

进而言之,鉴于内圣与外王之间的密切关系,先秦儒家从孔子、孟子到荀子都内外兼治。在《论语》所讲的"学而优则仕"中,学侧重内圣之学,仕则侧重外王之道。不仅如此,《论语》有"修己以安人"和"修己以安百姓"(《论语·宪问》)之语。不难看出,修己做到极处就是内圣,安人做到极处就是外王。在孟子那里,"独善其身"侧重于内圣,"兼善天下"显然是外王的工夫。鉴于学与仕的密不可分,出于外王的需要,孔子之学的具体内容除了事父母之孝,还有事君主之忠。例如,子夏说:"贤贤易色,事父母能竭其力,事君能致其身,与朋友交而有信。虽曰未学,吾必谓之学矣。"(《论语·学而》)学的"贤贤易色,事父母能竭其力，事君能致其身，与朋友交而有信"方面的内容使其为"学而优则仕"，由内圣达到外王而时刻准备着。

其次，仕是为了使仁义道德广播天下。在儒家那里，只有外王才能使内圣凸显出来，只有仕才能使学变成现实。就上面所举的例子而言，孝于父母、友于兄弟固然在家中可以实行，要把之"施于万民"则必须通过仕不可。在孟子的解释中，尽管士、大丈夫无论何时都由仁义而行，然而，通与塞的不同境况却直接影响仁义的普及程度：在没有进入仕途的贫寒之时，只能保证自己对仁义道德的践履，充其量只能是"独善其身"；只有进入仕途的通达之时，才可以用仁义道德对百姓进行礼乐教化，使仁义通行天下，这便是"穷不失义，达不离道……穷则独善其身，达则兼善天下"（《孟子·尽心上》）的真正意思。可见，正是"施于万民"、"兼善天下"——推行仁义于天下的意图使孔子和孟子对仕途迫不及待。这就是说，在儒家那里，尽管热衷于政治，然而，当官、仕本身并不是目的而是手段，推行仁义道德、实现王道政治才是目的。同样的道理，因为仕的目的不是为自己谋求仕途通达而是为了推行仁义道德，所以，儒家关注的不是个人宦海的沉浮，而且仁义道德的伸张。于是，当孔子认清卫灵公"好德不如好色"，无心推行德治时便离开了卫国，孔子的这个做法与他对蘧伯玉的赞扬如出一辙："君子哉蘧伯玉！邦有道，则仕；邦无道，则可卷而怀之。"（《论语·卫灵公》）在孔子的眼中，蘧伯玉之所以是君子，是因为蘧伯玉邦有道，能推行道德则出仕；邦无道，不能推行道德宁可不仕。同样，孟子被加齐之卿相，得到齐宣王的尊重，然而，他却不久辞官，原因是齐宣王无心实行仁政。

上述分析显示，儒家所讲的学与仕密切相关，为学与为政具有一致性。学与仕的区别仅仅在于一个是理论设计，一个是操作践履；一个是"独善其身"，一个是"兼善天下"。正是在这个意义上，朱熹说："仕与学理同而事异，故当其事者，必先有以尽其事，而后可及其余。然仕而学，则所以资其仕者益深；学而仕，则所以验其学者益广。"（《四书章句·论语章句卷10》）仕与学的关系表明，正如只有学在先才能更好地仕一样，只有仕才能使所学充分发挥出来，最终达到学的目的。有鉴于此，在对学孜孜不倦的同时，儒家热衷于政治，对仕途表现出浓厚的兴趣。

三、"学而优则仕"

儒家对学的孜孜不倦与对仕的热切企盼密切相关，只有相互观照才能相得益彰：学的内容和宗旨通过仕才能充分发挥出来，仕的目的就是为了彰显所学之道德。儒家之学与仕之间的这种内在关联和理想状态套用《论语》的话语结构即"学而优则仕"。

"学而优则仕"语出《论语·子张》："子夏曰：'仕而优则学，学而优则仕。'"对于优，按照《说文》的解释："优，饶也。"朱熹的解释与此类似："优，有余力也。"子夏的意思是说，当官有余力则学，学有余力则仕。这句话通过仕而学与学而仕的相互印证揭示了儒家之学与仕的密切关系，也反映出当时存在着仕而未学、未学先仕的现象。春秋之时，仕者多为世族，未学而仕者并不鲜见，子夏的"仕而优则学"就是针对这种情况有感而发的。尽管已经当官，按照儒家的从政目的和要求，学必不可免，"仕而优则学"便是为了杜绝仕免于为学提出的。然而，"仕而优则学"还不够，先仕后学只是亡羊补牢的权宜之计，只能算是不得已的无奈之举，最好的方法是"学而优则仕"，即先学后仕。因此，孔子赞成"学而优则仕"即先学后仕而不是先仕后学。他曾明确表示："先进于礼乐，野人也；后进于礼乐，君子也。如用之，则吾从先进。"（《论语·先进》）在这里，与君子对举的野人是对与贵族有别的平民的称谓，野人与君子则用以分别平民与贵族。平民无爵位，必须先学习礼乐然后才有可能步入仕途，故谓之"先进"——先进于礼乐之谓；贵族世袭爵位，先进入仕途，然后才学习礼乐，故谓之"后进"——后进于礼乐之谓。孔子赞成先学习礼乐后步入仕途，故曰"吾从之先进"。先学后仕、"学而优则仕"与先内圣然后外王一脉相承，《论语》中反映孔子先学后仕即只有先内圣才可以外王思想的证据不乏其例：

子使雕漆开仕。对曰："吾斯之未能信。"子说。（《论语·公

冶长》)

　　子路使子羔为费宰。子曰:"贼夫人之子。"子路曰:"有民人焉,有社稷焉。何必读书,然后为学?"子曰:"是故恶夫佞者。"(《论语·先进》)

在这两个例子中,孔子对雕漆开与对子路的态度截然相反——一喜悦,一不满,原因是前者认为自己学未成而不便出仕,符合"学而优则仕"的程序;后者急于做官,并且认为不必从政之前先读书、为学,与"学而优则仕"的思路相左。

　　进而言之,学与仕的内在联系决定了应该先学后仕,"学而优则仕"强调只有内圣者才能外王,外王应该以内圣为前提、是内圣之外王,它们的最高境界和理想状态就是天下是学之大成者——圣人的天下,只有道德完善者才能拥有天下。这使儒家的"学而优则仕"最终凝聚成哲学王情结。基于哲学王情结,儒家主张圣贤在位、仁者执政。天下为公的大同世界就是这样一幅图景:"大道之行也,天下为公,选贤与能,讲信脩睦。"(《礼记·礼运》)可见,大同社会的标志之一就是圣贤在位、尚贤使能。孟子也主张仁人在位,在其政治方案中多次流露出对圣贤的推崇和期待:

　　贤者在位,能者在职。(《孟子·公孙丑上》)

　　尊贤使能,俊杰在位,则天下之士皆悦而愿立于其朝矣。(《孟子·公孙丑上》)

　　儒家之所以具有哲学王情结,认为统治天下的人应该是道德完善者即学之典范——圣人,是因为在他们看来,当官、出仕不仅意味着权利,更重要的是责任和义务。循着这个逻辑,教化万民、拥有天下是最高的责任,只有学之最高的哲学王才能担起这份重任。荀子的话最直接地表达了儒家的这一构想:

　　故天子唯其人。天下者,至重也,非至强莫之能任;至大也,非至辨莫之能分;至众也,非至明莫之能和。此三至者,非圣人莫之能尽,故非圣人莫之能王。圣人者,备道全美者也,是县天下之权称也。(《荀子·正论》)

国者，小人可以有之，然而未必不亡也；天下者，至大也，非
圣人莫之能有也。(《荀子·正论》)

在荀子看来，天子这一位置意味着权利，更意味着责任。只有"备
道全美"的哲学王才能肩负天下的责任而不辜负天下人的重托。因此，
天下必然是王者的；哲学王得天下便可以长久，小人即使侥幸得天下也
会因为其德行的缺失而不能长久。

众所周知，在古希腊哲学家柏拉图描述的理想国中，有智慧的哲学
王统一天下。其实，儒家对哲学王的企盼及其哲学王情结与柏拉图相比
有过之而无不及。所不同的是，由于历史传统和价值旨趣的差异，中西
文化对哲学王的具体理解各有不同：在膜拜知识的西方文化中，哲学王
是智慧之王；在崇尚伦理道德的中国传统文化——特别是儒家思想中，
哲学王主要指道德完善的圣人。这一点正如梁启超所说："我们所谓哲，
即圣哲之哲，表示人格极其高尚。"① 循着这个思路可以看出，受哲学王
情结的驱使，孔子倾慕的圣人从尧舜禹汤到文王武王都是一统天下者：
有天下、是国君，这是他们的政治身份；此外，他们还有一个学术或品
行身份，即哲学王、圣人。孟子的哲学王情结与孔子相比毫不逊色甚
至有增无减，他所讲的以德服人而王天下者就是哲学王——以道德立身
且立国者。在孟子向往的理想国度里，天下理应归于行不忍人之政的仁
者，不行仁义道德即不能得天下。按照他的说法，"三代之得天下也以
仁，其失天下也以不仁。"(《孟子·离娄上》)这更加强调了拥有天下者
与哲学王应该是统一的。不仅如此，孟子还把人类历史说成是"一治一
乱"的递嬗循环，进而宣称每当天下大乱的历史关头，都是王者兴起扭
转乾坤，使天下由乱至治。治乱交错的历史进程体现了王者的作用和意
义。在他的视界中，如果说"穷则独善其身"而"富贵不能淫，贫贱不
能移，威武不能屈"者是大丈夫的话，那么，"达则兼善天下"者则是
拥有天下的哲学王。与此同时，孟子还以"兼善天下"自励，终身为王
天下的事业而呕心沥血、奔走呼号，俨然就是一位无冕的哲学王。

---

① 《梁启超哲学思想论文选》，北京大学出版社 1984 年版，第 491 页。

　　进而言之，哲学王情结直接导致了儒家对先王的膜拜和神化，最终演绎为法先王路线。孔孟都对古代先王表现出浓厚的兴趣和敬意："仲尼祖述尧舜，宪章文武。"（《中庸》）孟子则"言必称尧舜。"（《孟子·滕文公上》）在孔孟的眼中，尧舜文武是道德完善的圣人，又是平天下的贤君，这些人都是哲学王，从事着哲学王的事业。需要说明的是，荀子先王与后王并举，在法先王的同时法后王，这个观点与孔孟似乎有别。其实，荀子所法之王同样是哲学王——兼具内圣与外王，只是时间上分为三代之前后而已。在以哲学王为法这个意义上，他与孔孟的主张别无二致。荀子多次宣称：

　　　　上则法舜、禹之制，下则法仲尼、子弓之义。（《荀子·非十二子》）

　　　　不闻先王之言，不知学问之大也。（《荀子·劝学》）

　　　　王者之制：道不过三代（指夏商周——引者注），法不贰后王（不背离当代的帝王——引者注）。道过三代谓之荡，法贰后王谓之不雅……夫是之谓复古。是王者之制也。（《荀子·王制》）

　　可见，无论孔孟还是荀子所法之王都是内圣与外王的完美结合；先王之所以可法，是因为他们师范百世，具有治国平天下的外王之道，而且以仁义得天下，具有内圣之学。只要符合了内圣和外王这两个条件，先王与后王本无不同，所以才有荀子先王与后王同时并举的做法。在儒家一贯主张的法先王中，所谓先王都是哲学王，法先王路线是哲学王情结的必然结论和具体贯彻，因为所谓法先王就是把哲学王情结提升为思想路线、行为原则和价值取向，是对哲学王情结的肯定和伸张。正是在这一点上，儒家的法先王显示了与墨家迥然不同的思想内涵和价值旨趣：第一，王即道德完善之内圣之王，是道德典范。第二，王以道德手段得天下而治天下，其行政路线是以道德手段进行和谐建构。

四、"礼之用，和为贵"

　　对于学与仕的关系，儒家强调"学而优则仕"——至少是先学后仕而不是先仕后学，这从根本上说是为了保证外王是内圣之外王，并在此基础上确保从政是为了推行仁义之道。这就是说，只有内圣者从政才能避免为官异化为个人谋利的手段或推行力政和暴政。按照儒家的理解，仕就是要把所学"教之万民"，这决定了学的步骤之一就是通过仕来教化万民。儒家的这一设想使礼乐教化成为为政的主要手段，使广播仁义礼智于天下成为从政的根本宗旨和目标。这些构成了儒家的道德主义和谐建构之路：学的内容是孝悌仁义之道德，学的最高境界是通过仕使道德达于天下；仕者应该是学之优者，必须先学而后仕。这使推行道德成为仕的唯一目标。"学而优则仕"是为了确保仕者以仁义礼智达于天下，建构社会和谐。

儒家之学与仕的内在联系表明，无论圣人情结还是法先王主张都可以在"学而优则仕"的哲学王情结中得到解释和说明。归根结底，儒家之所以呼吁"学而优则仕"，渴望由学而极至的哲学王统治天下，就是为了使仁义道德流行天下，使天下臻于和谐。基于道德主义的理想，儒家的和谐理念具有浓郁的道德主义情调，其突出表现即把和谐的建构途径和理想状态说成是依靠为政者礼乐教化的引导而达到的道德和谐。《论语》中不止一次地表达了儒家的和谐理念和对和谐社会的理想建构：

> 齐景公问政于孔子。孔子对曰："君君，臣臣，父父，子子。"公曰："善哉！信如君不君，臣不臣，父不父，子不子，虽有粟，吾得而食诸？"（《论语·颜渊》）

> 有子曰："礼之用，和为贵。先王之道，斯为美，小大由之。有所不行，知和而和，不以礼节之，亦不可行也。"（《论语·学而》）

在上面的两段引文中，如果说前者是对和谐社会的理想状态的描述和向往的话，那么，后者则侧重和谐建构的方法和途径。在这里，不论是对和谐目标的设定还是达到目标的手段都是道德式的，因而，也可以说是儒家式的。这就是说，不仅限于孔子，以道德手段、推及道德的和谐理念是包括孟子和荀子在内的所有儒家的一贯主张，也是孔子之德治、孟子之仁政和荀子之隆礼重法所追求的最高境界。

进而言之，儒家的和谐理念使儒家的学、仕与哲学王统一了起来——都成为和谐建构的具体步骤和组成部分。

首先，理想社会的和谐建构不是凭借法律的强制或诉诸武力，而是依靠道德的感化。在为政的方法和原则上，孔子反对刑罚而依靠道德，因为他坚信"君子之德风，小人之德草。草上之风，必偃。"（《论语·颜渊》）循着这一逻辑，只有统治者自身道德高尚、率先垂范，才能带动百姓从善如流。在孔子的设想中：

> 上好礼，则民莫敢不敬。上好义，则民莫敢不服。上好信，则民莫敢不用情。夫如是，则四方之民襁负其子而至矣。（《论语·子路》）

> 其身正，不令而行；其身不正，虽令不从。（《论语·子路》）

按照孔子的说法，在上者的行为会对在下者产生莫大的榜样引导作用。在上者好礼、好义和好信，百姓会随之上行下效。这表明，只要在上者自正，就能得到老百姓的拥护和爱戴。基于这种认识，孔子将为政者自身的道德表率作用进行到底。其实，崇尚礼乐教化、道德感召是儒家的一贯做法，孟子的以德服人遵循的也是这一理念。接下来的问题是，儒家奉行的这条上行下效的上层路线凸显了上者行为的示范作用和榜样意义，无形之中置在上者于万众瞩目之位置。孔子给政下的定义是"政者，正也"，理由很简单——为政者是万众之师，"子帅以正，孰敢不正。"（《论语·颜渊》）荀子也一再强调：

> 上者，下之仪也。（《荀子·正论》）

> 君者，仪也；民者，影也；仪正而景正。君者，槃也；民者，水也；槃圆而水圆。君者，盂也；盂方而水方。君射而臣决。楚庄王好细腰，故朝有饿人。故曰：闻修身，未尝闻为国也。（《荀子·君道》）

孟子重视统治者的榜样作用，并且用王者、圣人、贤能和俊杰等组成了一个精英集团，在各个环节都以正面形象来示范、教化万民。正是出于教化百姓的目的，他对为政者的考核侧重政治素质，甚至把道德品行视为唯一指标。下面这则故事集中地流露了孟子的这一思想端倪：

> 鲁欲使乐正子为政。孟子曰："吾闻之，喜而不寐。"公孙丑曰：

"乐正子强乎?"曰:"否。""有知虑乎?"曰:"否。""多闻识乎?"曰:"否。""然则奚为喜而不寐?"曰:"其为人也好善。""好善足乎?"曰:"好善优于天下,而况鲁国乎? 夫苟好善,则四海之内,皆将轻千里而来告之以善。夫苟不好善,则人将曰:'讪讪,予既已知之矣。'讪讪之声音颜色,距人于千里之外。士止于千里之外,则谗陷面谀之人至矣。与谗陷面谀之人居,国欲治,可得乎?"(《孟子·告子下》)

在孟子的表述中,善与仁义道德同义,好善即追求仁义道德之谓。循着只有在上者好善才能使国家得治、和谐有望的思路,对于为政者而言,身体素质、智力水平或知识积累等都无关大局,甚至可以忽略不计,最要紧的是人品即道德素质——好善。好善被奉为选择、评价或考察从政人员的最高乃至唯一标准,反映了他试图通过为政者好善的带动使庶民对善驱之若骛的理论初衷。这就是说,既然仁政信凭的是以德服人,那么,德——为政者的政治素质、好善便显得至关重要——只有好善者为政才能具有礼乐教化的感召力。

其次,在信凭上行下效的道德感召进行和谐建构的过程中,礼乐教化成为至关重要的内容和环节。儒家历来重视教化,视之为从政的主要手段和基本途径。有鉴于此,儒家把和谐建构的希望寄托于礼乐教化。教化的推行需要两个条件:第一,百姓有接受教化的可能性和必要性。在这方面,儒家的人性理论对之做了充分的阐释和证明。在某种意义上甚至可以说,儒家对人性论的热衷本质上是出于教化的需要。拿孟子与荀子的人性论来说,一个主性善,一个阐性恶,表面上针锋相对、截然相反,实质上都是为礼乐教化服务的,只是侧重不同而已——一个侧重可能性,一个侧重必要性:在性善说中,孟子从施政与受政的主体双方相互印证了教化的可能性。对于施政的主体——先王来说,"先王有不忍人之心,斯有不忍人之政矣。"(《孟子·公孙丑上》) 由于恻隐之心的驱使,先王不忍心用法律来桎梏人民,于是推出了以礼乐教化为主的不忍人之政——仁政;对于受政的主体——百姓来说,人皆有不忍人之心,在施政者的向善引导下会从善如流。同样,荀子肯定人与人的差异都是后天培养的，究其极是教化使然。对此，他指出："干、越、夷、貉之子，生而同声，长而异俗，教使之然也。"（《荀子·劝学》）更有甚者，荀子断言人性好利的性恶论使教化变得尤其必要和急迫起来。可见，正如对性善的论证坚定了孟子对百姓实施教化的步伐，增加了凭借仁政通往和谐的信心一样，性恶论使教化变得必要和迫切起来，也使礼成为荀子和谐建构的行政措施和依托标准。进而言之，对于儒家以礼乐教化为主要手段的和谐建构之路而言，教化的可能性和必要性缺一不可，这决定了对其可能性与对其必要性的论证一样必不可少，也使孟子与荀子表面上各执一词的人性理论在客观效果上相互补充、珠联璧合。这也是中国的人性理论在后世的发展中不再像孟子或荀子那样断言人性或善或恶，而是或三品、或双重地对孟子和荀子的人性理论兼容并蓄即对人之善恶兼而陈之的根本原因。第二，教化在本质上是一个上行下效的过程，其主动权操诸在上者。"教，《说文》：'上所施下所效也。'"（《集韵·效韵》）所谓教，就是在上者对在下者实施教育和感化。在上者的道德素养和人格感召力直接决定着对百姓如何引导以及教化的效果如何。人性论所揭示的人性内容为在上者对百姓的礼乐教化提供了前提条件，在这个平台上，是否实施礼乐教化以及教化的结果如何完全在于施政者。基于这种认识，儒家设想，从政的秘诀是自正，只有为政者先正己然后才能通过正己而正人。这正如孟子所云：

> 有大人者，正己而物正者也。（《孟子·尽心上》）
>
> 惟大人为能格君心之非。君仁莫不仁，君义莫不义，君正莫不正。一正君而国定矣。（《孟子·离娄上》）

循着这个逻辑，只有在上者才能在上行下效中使天下至于和谐，只有内心道德完满的哲学王才能使仁义道德广播天下。孟子宣称："亲亲，仁也；敬长，义也。无他，达之天下也。"（《孟子·尽心上》）这与梁启超的转述息息相通："孟子说得好：'惟仁者宜在高位，不仁者在高位，是播其恶与众也。'"[①] 同样，荀子认为，人要学于君。君之所以可君，

---

① 《梁启超哲学思想论文选》，北京大学出版社 1984 年版，第 495 页。

前提是君身正德高学广。这表明，出于礼乐教化的需要，儒家对君、在上者提出了更高的要求，对他们的责任界定决定了只有先学后仕才可能具有君临天下的能力和资格——因为只有这样，才能保证其行仁义。为了配合仕的需要，儒家之学的内容侧重道德观念和行为实践，其中包括出而仕的事君之忠，并且蕴涵治国平天下的外王之道。"子曰：'弟子入则孝，出则弟，谨而信，泛爱众，而亲仁。行有余力，则以学文。'"（《论语·学而》）儒家对学的内容、宗旨的如此安排是为了适应仕者以礼乐教化来治国平天下的需要。

再次，为了配合仕的需要，儒家之学不仅在内容上侧重仁义道德，而且将目标设定为塑造圣人。这使儒家所讲的圣人成为仁义道德的典范，因而具有道德教化的魅力和感召力。对此，孟子连篇累牍地指出：

圣人，人伦之至也。（《孟子·离娄上》）

圣人，百世之师也。（《孟子·尽心下》）

充实之谓美，充实而有光辉之谓大，大而化之之谓圣。（《孟子·尽心下》）

舜生于诸冯，迁于负夏，卒于鸣条，东夷之人也。文王生于歧周，卒于毕郢，西夷之人也。地之相去也，千有余里；世之相后也，千有余岁。得志行乎中国，若合符节。先圣、后圣，其揆一也。（《孟子·离娄下》）

在这里，圣人是人伦之师、垂教百姓，并且"大而化之"——以自己之内圣教化万民是其题中应有之义。与孟子的思路如出一辙，荀子多次指出人应该向圣人学习——一面将成为圣人奉为学之目标，一面督促人接近良师益友学为圣人。

总之，在儒家看来，圣人是学之至者，学不仅统知行，而且兼内圣和外王之功；作为学之至者，圣人具有兼善天下的素质和能力，只要有机会施展抱负，就可以行仁义于天下，使社会臻于和谐。

综上所述，学—仕—教构成了儒家和谐建构的关键环节和主要步骤，通过它们的相互作用和层层推进建构社会和谐是儒家的宏观构想。这套构想洋溢着道德主义的主题，贯穿始终的是儒家的仁义道德：学是对道德观念和行为规范的学习，仕是对道德的推行，为政的手段是以礼乐教化为主的和谐建构，和谐建构的理想状态是"君君，臣臣，父父，子子"的道德实现。儒家和谐建构的价值理想和道德主义情怀表明，只有从和谐建构这一最终目标来审视儒家思想，才能更好地理解儒家所讲的学、仕的基本含义以及为什么儒家总是对之乐此不疲。就其哲学王情结而言，伴随着对从政者的道德素质和责任心要求的增高，儒家赋予从政者的权利和期待也随之加大。《中庸》的这两段话集中表达了儒家的这一思想端倪：

> 非天子，不议礼，不制度，不考文。今天下车同轨，书同文，行同伦。虽有其位，苟无其德，不敢作礼乐焉。虽有其德，苟无其位，亦不敢作礼乐焉。子曰："吾说夏礼，杞不足征也。吾学殷礼，有宋存焉。吾学周礼，今用之，吾从周。"

> 其人存，则其政举。其人亡，则其政息。人道敏政，地道敏树。夫政也者，蒲卢也。故为政则人，取人以身，修身以道，修道以仁。仁者，人也；亲亲为大。义者，宜也；尊贤为大。亲亲之杀，尊贤之等，礼所生也。

这些观点就侧重为政者的责任，督促其提高自身的道德自律而言具有警世作用。需要说明的是，儒家赋予天子如此大的权利，是就哲学王治国平天下的理想状态而言的，这本来是权利与责任、自身道德素质与拥有行政权力对等的平衡状态和理想诉求。换言之，天子之所以具有如此大的权利，集礼节、制度、文化大权于一身，是以其哲学王的身份和修养为前提的。离开这一前提，一切都等于零——不仅得不到万民的爱戴，甚至不应该拥有天下、成为天子。但是，不得不承认，儒家基于哲学王的前提赋予天子的特权在宗法社会蜕变为人治传统，为君主专制推波助澜。与此相应，儒家的道德和谐建构思路从西汉董仲舒开始异化为宗法等级的辩护工具，发展到极至便是宋儒的"以理杀人"（戴震语）。

儒家的"学而优则仕"表达的和谐理念和建构方式启示人们，要保持社会秩序的稳定、维护群体和谐，在处理人与人的关系时，道德手段是必要并且有效的，和谐理念及建构的伦理维度不容忽视。在建构和谐社会的过程中，领导者的道德素质和榜样作用至关重要；这要求领导者不仅要以身作则，而且应随着自己手中权力的增大而不断提高自身的道德修养和业务能力，以期不辱使命。

同样，和谐的建构关涉人与自然、人与人、人与内心等诸多维度，是一项伦理、法律、政治和经济等各个领域相互协调、共同促进的系统工程。像儒家那样惟道德是用，必然导致因人而治和道德僭越。这在本质上是与和谐相悖的。

第八章　人性善恶与和谐建构

　　儒家的和谐建构具有深切的人本情怀，无论其和谐理念的提出还是和谐建构的贯彻都植根于对人之本性的反思和对理想人格的模塑。这一点，在儒家关于人性问题的殊途同归中表现得尤为明显。

　　早在先秦，孟子和荀子就提出了系统的人性学说。不过，孟子"道性善"，荀子主性恶，由此拉开了人性的善恶之争。儒家对人性论的热衷与其仕途情结和治国平天下的理想息息相关，探讨人性是为了给治国平天下的政治方案提供人性根基。透过这个思路可以发现，孟子和荀子关于人性的善恶之争是就治国平天下的具体方案而言的，背后隐藏着相同的价值理念和诉求——以礼乐教化来治国平天下。正因为如此，从凭借礼乐教化臻于社会和谐的理想来看，两人的观点不仅不相抵触，反而殊途同归，同样表达了以人性为和谐建构根基的理论初衷，共同印证了儒家推崇礼乐教化、建构社会和谐的价值诉求。

一、人性之判断

　　在先秦，孟子和荀子都企图从人性中寻找和谐建构的根基，在对人性的审视中却对人性作出了不同的判断。孟子主张性善，荀子疾呼性恶。

　　《孟子》曰："孟子道性善，言必称尧舜。"（《孟子·滕文公上》）性善是孟子对人性的基本看法和总体评价。对于自己的性善主张，他从两

164

方面进行了论证。

其一，在逻辑推理上，以同类的东西具有相似性为前提，推出仁义之善为人心所固有的结论。

孟子把先秦流行的类推原则运用于自己的人性论证，使同类相似成为其性善说的逻辑前提。对此，他指出："故凡同类者，举相似也，何独至于人而疑之？圣人与我同类者。"（《孟子·告子上》）这就是说，凡是同类的东西都是相似的，具有相同的属性、特点和功能。这是中国哲学的一贯思路，因而才有墨子乃至荀子等人的类推或推类之说。在此，有别于其他人在认知和逻辑领域的演绎，孟子把同类相似运用于人性领域，并且奉为论证人性善的逻辑前提。正是循着同类相似这个逻辑前提，他得出了圣人与我是同类的结论。言外之意是，圣人与凡人具有相似性。那么，圣人与我所同然者又是什么呢？孟子解释说，虽然众口难调，天下人却都爱吃名厨易牙做的食物，可见天下人之口有相同的嗜好；天下人都爱听师旷演奏的音乐，可见天下人之耳有相同的嗜好；看见子都的人都说他是位美男子，可见天下人之目具有相同的嗜好。既然天下人之口、耳和目都有相同的嗜好，为什么说到心就没有相同的嗜好了呢？这在逻辑上讲不通。唯一合理的解释是，天下人之心与口、耳、目一样具有相同的嗜好。进而言之，这个相同的嗜好是什么呢？那就是：圣人与我都有仁义礼智之心，人心都悦以仁义礼智为核心的理义。于是，孟子断言：

> 口之于味也，有同耆焉；耳之于声也，有同听焉；目之于色也，有同美焉。至于心，独无所同然乎？心之所同然者，何也？谓理也，义也。圣人先得我心之所同然耳。故理义之悦我心，犹刍豢之悦我口。（《孟子·告子上》）

按照孟子的说法，正如天下人之口、耳、目具有相同的嗜好一样，理义是天下人之心的共同嗜好，也是圣凡之心所同然。天下人之心都好仁义表明，人心都有向善的本能，人性是善的。

其二，在行为经验上，通过两个具体例子证明善出自人的先天本能，为人心所固有。

支撑孟子性善理论的两个著名的例子如是：

> 所以谓人皆有不忍人之心者，今人乍见孺子将入于井，皆有怵
> 惕恻隐之心。非所以内交于孺子之父母也，非所以要誉于乡党朋友
> 也，非恶其声而然也。（《孟子·公孙丑上》）

> 舜之居深山之中，与木石居，与鹿豕游，其所以异于深山之野
> 人者几希。及其闻一善言，见一善行，若决江河，沛然莫之能御
> 也。（《孟子·尽心上》）

在第一个例子中，人面对孺子入井自然会产生怵惕之心，不由自主地上前援助。对此，孟子分析说，这种行为的发生绝非与小孩的父母有交情，也不是想在乡里乡亲面前沽名钓誉，更不是讨厌那个小孩的哭声。既然如此，行为背后的动机和真正原因是什么呢？在第二个例子中，常年独居深山老林中的舜在家与土石为伴，出门与野兽为伍，无异于没有经过教化和文明洗礼的野人。可是，当他听一善言、闻一善行时，心中之善就像江河决堤一般势不可挡。这又是为什么呢？按照孟子的说法，这两个问题只有一个答案，那就是：人都有善良的不忍人之心，人的善举没有任何功利之心，完全出于先天本能。

正是在逻辑推理和行为经验的印证下，孟子完成了自己关于人性善的理论阐述和证明。

对于人性，荀子旗帜鲜明地指出："人之性恶，其善者伪也。"（《荀子·性恶》）在此，他申明了两点主张：一是人性是恶，一是善是人为。其实，这两点主张可以归结为一个结论——人性恶，因为善是人为可以理解为对人性恶的补充。荀子之所以在论证人性恶的同时指出善是人为，与人性恶一样是针对孟子的性善说。面对性善说的先声夺人，性恶论的论证显得尤为必要和紧迫。荀子对人性的论证始于概念上对性伪、善恶的界定。对于性与伪，他界定说：

> 生之所以然者谓之性。性之和所生、精合感应、不事而自然谓
> 之性。性之好、恶、喜、怒、哀、乐谓之情。情然而心为之择谓之
> 虑。心虑而能为之动谓之伪。虑积焉、能习焉而后成谓之伪。（《荀
> 子·正名》）

在荀子的视界中，性是生而自然、与生俱来的，属于先天的范畴；伪是人心思虑、选择和作为的结果，属于后天的范畴。性出于自然之本能，伪出于后天之积习。性与伪是两个不同的概念，具有不容混淆的本质区别。同时，他对善恶界定说：

> 凡古今天下之所谓善者，正理平治也；所谓恶者，偏险悖乱也。是善恶之分也已……今当试去君上之势，无礼义之化，去法正之治，无刑罚之禁，倚而观天下民人之相与也；若是，则夫强者害弱而夺之，众者暴寡而哗之，天下之悖乱而相亡不待顷矣。用此观之，然则人之性恶明矣，其善者伪也。（《荀子·性恶》）

按照这个说法，善是符合仁义礼智，维护社会治安，恶是违背仁义礼智，危害社会安定。在此基础上，以性伪、善恶的定义为标准，荀子对性伪、善恶进行了比对，证明善与性这两个概念没有交叉，善只是人为，不属于人性的范畴。按照他对人性进行的分析和鉴定，人性中先天固有的本性如果任其自然、不加节制，势必带来分争，影响社会治安。这说明人性中先天具有为恶的萌芽，故曰人性恶。

至此，通过给性伪、善恶等概念下定义，荀子完成了两方面的论证：第一，人性为恶；第二，善是人为，不属于人性范畴。两方面的结论相互印证，人性恶已成定局。然而，他并没有就此罢手，而是从各个角度反复论证了性恶这一问题。

其一，从人性的具体内容来看，人性中先天包含利欲成分，不加节制会危害社会或冲击仁义之善。对此，荀子指出："饥而欲食，寒而欲暖，劳而欲息，好利而恶害，是人之所生而有也，是无待而然者也，是禹、桀之所同也。"（《荀子·荣辱》）

其二，从人的后天追求来看，相反相求，人对仁义礼智的追求恰好证明了人性中没有这些东西。对此，荀子的表达是：

> 凡人之欲为善者，为性恶也。夫薄愿厚，恶愿美，狭愿广，贫愿富，贱愿贵，苟无之中者，必求于外；故富而不愿财，贵而不愿势，苟有之中者，必不及于外。用此观之，人之欲为善者，为性恶也。今人之性，固无礼义，故强学而求有之也；性不知礼义，故思

虑而求知之也。然则性而已，则人无礼义，不知礼义。人无礼义则乱，不知礼义则悖。然则性而已，则悖乱在已。用此观之，人之性恶明矣，其善者伪也。（《荀子·性恶》）

其三，人性中没有向善的因素，善是圣人后天人为的结果。进而言之，善源于圣人之伪而非圣人之性。为了说明这个道理，荀子举陶匠制造器皿的例子解释说：

夫陶人埏埴而生瓦，然则瓦埴岂陶人之性也哉？工人斲木而生器，然则器木岂工人之性也哉？夫圣人之于礼义也，辟亦陶埏而生之也，然则礼义积伪者，岂人之本性也哉？……然则圣人之于礼义积伪也，亦犹陶埏而生之也。用此观之，然则礼义积伪者，岂人之性也哉？……故人之性恶明矣，其善者伪也。（《荀子·性恶》）

其四，从现实存在来看，圣王、礼义是为了矫正人性之恶的，其存在本身即证明人性中包含为恶的可能性。对此，荀子写道：

直木不待檃栝而直者，其性直也。枸木必将待檃栝烝矫然后直者，以其性不直也。今人之性恶，必将待圣王之治、礼义之化，然后皆出于治、合于善也。用此观之，然则人之性恶明矣，其善者伪也。（《荀子·性恶》）

荀子的层层论述滴水不漏，重重递进，在一步步加固性恶的同时，把善从人性中根本剔除，最终排除了有善存在于人性之中的可能性。

二、人性之认定

在对人性的判断上，或道性善，或言性恶，孟子和荀子的观点显示了不容忽视的差异和对立。究其原因，两人是从不同角度立论的。如果说人既有自然属性，又有社会属性的话，那么，孟子与荀子则分别裁取了其中的一个方面。具体地说，孟子选取了人的社会属性，并由此得出了性善的结论；荀子则选取了人的自然属性，并由此得出了性恶的结论。孟子与荀子切入人性的不同视角归根结底取决于他们对人性或善或恶的不同判断和认定。在这个意义上可以说，人性或社会属性或自然属性的取材是判定人性善恶的延伸和证明材料。另一方面，对人性的不同截取是导致对人性不同判断的原因。如果认为仁义礼智为心中固有的话，势必得出性善的结论，正如把与生俱来的利欲视为走向偏险悖乱的先天可能，必然导致性恶的结论一样。这表明，正是切入点的不同注定了孟子与荀子对人性的不同判断和认定。

孟子指出："人之有是四端也，犹其有四体也。"(《孟子·公孙丑上》)按照这个说法，人之四肢与四端(指仁义礼智之善端，即"四心")一样与生俱来，人应是自然属性与社会属性的结合体。既然四肢与四心一样与生俱来，理应拥有相同的身份证明和来源出处，因而具有同等的天然合理性和意义价值。并且，如上所述，孟子在逻辑上是根据人之口、耳、目等生理器官具有相同性而推导出人心固有理义而得出性善结论的。然而，他却对四肢与四心区别对待：一面对四端寄予厚望，一面漠视四肢的欲望。孟子这样做的结局可想而知：与四端被归结为人性形成强烈反差——或者说伴随着四端成为人性的全部内容，与四端一样与生俱来的四肢被拒之人性之外。可见，他并不把人的自然属性——四体、形色归结为人性的范畴，其人性只指社会属性——仁义礼智而言。对此，孟子强调：

> 口之于味也，目之于色也，耳之于声也，鼻之于臭也，四肢之于安佚也，性也，有命焉，君子不谓性也。仁之于父子也，义之于君臣也，礼之于宾主也，智之于贤者也，圣人之于天道也，命也，有性焉，君子不谓命也。(《孟子·尽心下》)

在此，需要说明的是，孟子有意识地对人性进行了甄别和取舍。正是这种甄别和取舍使他尽管看到了四体与四心一样与生俱来，却始终把四肢排斥在人性之外。正是基于对人之存在的如此甄别和划分，孟子宣称：

> 恻隐之心，人皆有之；羞恶之心，人皆有之；恭敬之心，人皆有之；是非之心，人皆有之。恻隐之心，仁也；羞恶之心，义也；恭敬之心，礼也；是非之心，智也。仁义礼智，非由外铄我也，我固有之也。(《孟子·告子上》)

在此，孟子明确把恻隐之心、羞恶之心、恭敬之心（辞让之心）和是非之心说成是人皆有之的共同本性，致使仁义礼智成为人性的全部内容。尤其与对四肢的冷漠形成强烈对比的是，他对四心如饥似渴，强调四心对于人之为人一个都不能少："无恻隐之心，非人也。无羞恶之心，非人也。无辞让之心，非人也。无是非之心，非人也。"（《孟子·公孙丑上》）按照这个说法，四心都是人之为人的必要条件，不可缺少却不充分，只有四心同俱人才能成为人。不仅如此，孟子把仁义道德说成是天爵，由是，非由外铄、我固有之便成了仁义礼智的题中应有之义。他之所以对人性的内容进行如此界说，是基于对人之存在的有意识的甄别和选取。这正如孟子所言：

> 人之于身也，兼所爱。兼所爱，则兼所养也。无尺寸之肤不爱焉，则无尺寸之肤不养也。所以考其善不善者，岂有他哉？于己取之而已矣。体有贵贱，有小大。无以小害大，无以贱害贵。养其小者为小人，养其大者为大人。（《孟子·告子上》）

进而言之，孟子之所以做如是选择，主要是在人与动物的区别层面上立论的。有鉴于此，他强调仁义礼智是人之为人的本质："仁也者，人也。合而言之，道也。"（《孟子·尽心下》）在孟子看来，作为人的本质规定，仁义礼智对于人至关重要：第一，使人异于禽兽。他宣称："人之有道也，饱食暖衣，逸居而无教，则近于禽兽。圣人有忧之，使契为司徒，教以人伦：父子有亲，君臣有义，夫妇有别，长幼有序，朋友有信。"（《孟子·滕文公上》）第二，是人间正道。这用孟子的话说便是：

> 夫仁，天之尊爵也，人之安宅也。（《孟子·公孙丑上》）

> 仁，人之安宅也；义，人之正路也。（《孟子·离娄上》）

> 仁，人心也；义，人路也。（《孟子·告子上》）

与孟子选取人的社会属性充实人性内容的做法恰好相反，荀子给性下的定义和对人性的论证都是截取人的自然属性进行的。把人性限制在自然属性之内是他的一贯做法。例如，荀子宣称："若夫目好色，耳好声，口好味，心好利，骨体肤理好愉佚，是皆生于人之情性者也，感而自然、不待事而后生之者也。"（《荀子·性恶》）在此，他把耳目口心肢、体和由此而来的物质欲望视为人生而具有的东西，并归为性之范畴。这一规定使荀子对人性的界定着眼于人的自然属性。正由于对人的自然属性和生理欲望的选取，致使利和欲成为人性的主要内容：第一，对于人性之利的成分，他宣称："今人之性，生而有好利焉。"（《荀子·性恶》）这表明，人生来就有好利的本能，对利的追逐是人性的重要方面。第二，对于人性之欲的成分，荀子断言："今人之性，饥而欲饱，寒而欲暖，劳而欲休，此人之情性也。"（《荀子·性恶》）在此，他把贪图物利、饥食渴饮和好逸恶劳说成是人性的基本内容，致使贪利和欲望成为人性的两个重要方面。

三、人性之对待

对人性是什么的回答奠定了对人性做什么的基础，甚至可以说，人性是什么本身就包含着对人性能做什么、应该做什么的回答。同时，如果说对人性是什么的判断和选取还停留在理论层面的话，那么，对人性的态度和作为则贯彻到了操作层面，具有前者没有的实践意义。具体地说，孟子与荀子对人性的不同判断和选材奠定乃至决定了两人对待人性的不同态度和作为：基于对人性为善的判断和对四心的取材，孟子主张保养人性，存心、尽心是其对待人性的总体态度和主要做法；基于对人之性恶的判断和对利欲的取材，荀子主张变化人性，化性起伪、积习臻善成为他对待人性的基本要求和主要作为。

认定人性善的孟子急切呼吁保持天然之善性使之不失，尤其强调后天环境对人之本性的影响。为了突出后天环境对本性的破坏和保持本性的重要性，他以牛山之木为例生动地指出：

牛山之木尝美矣，以其郊于大国也，斧斤伐之，可以为美乎？是其日夜之所息，雨露之所润，非无萌蘖之生焉，牛羊又从而牧之，是以若彼濯濯也。人见其濯濯也，以为未尝有材焉，此岂山之性也哉？虽存乎人者，岂无仁义之心哉？其所以放其良心者，亦犹斧斤之于木也，旦旦而伐之，可以为美乎？其日夜之所息，平旦之气，其好恶与人相近也者几希，则其旦昼之所为，有梏亡之矣。梏之反复，则其夜气不足以存；夜气不足以存，则其违禽兽不远矣。人见其禽兽也，而以为未尝有才焉者，是岂人之情也哉？故苟得其养，无物不长；苟失其养，无物不消。（《孟子·告子上》）

牛山之木尝美，人的本性至善，然而，"尝"只是说本来或曾经如此，并不代表当下。由于处在大国之郊，尽管树木在阳光雨露的滋润下日夜生长，可斧斤之伐、牛羊之牧最终还是使牛山变成了濯濯不毛之地。人性虽然生来本善，可物利的诱惑和环境的熏染使人随时都有丧失本性的可能。正如失去保养，本性会丧失殆尽一样，呵护保养可使本性充实丰沛。如此说来，保养对于人性（本心）至关重要。于是，孟子把"养心"奉为修养方法和人生追求。

与孟子谆谆教导养性有别，荀子一再动员人们改变本性，对性加以后天的人为：第一，荀子揭示了人性自身的缺陷，在他给人性所下的定义中已经包含着利欲的成分和犯上作乱的可能性。第二，通过论证性、伪关系，在性、伪的相互作用中突出"化性而起伪"的重要性。正是在这个意义上，荀子指出：

性者，本始材朴也；伪者，文理隆盛也。无性，则伪之无所加；无伪，则性不能自美。性、伪合，然后成圣人之名，一天下之功于是就也。故曰：天地合而万物生，阴阳接而变化起，性伪合而天下治。（《荀子·礼论》）

在荀子看来，天然的人性是朴素的资质，后天的人为是美丽的华彩；二者不仅相互区别、不容混淆，而且相互联系、缺一不可。正如离开人性，人为由于没有加工的原料而失去用武之地一样，离开人为，人性不能自行完美。正是在朴素的人性与华美的人为的相互结合中成就了圣人。这就是说，在他的视界中，无论是人性自身的欠缺还是性伪关系都证明了改变人性的必要性、迫切性和正当性。所不同的只是，前者是从消极方面说的——人性自身的缺陷使人不得不对之加以改变，后者是从积极方面说的——要想文质彬彬、臻于圣人，就要在"化性而起伪"中使人性日益完善。

　　在确定了对待人性的原则之后，孟子与荀子阐明了对待人性的具体作为。在这方面，如果说孟子突出存心、尽心的内在修养的话，那么，荀子则重视接近良师益友和君上师傅的外在强制。

　　孟子讲人性是针对心而非身而言的，人性具体指四端、四心，因此，保养本性就是养心。具体地说，他养性的方法有积极与消极之分。

　　其一，从积极的方面说，即充分扩大先天的善良本性。在这个意义上，保养本性之善就是存心，存心、养心也就是充分显露先天固有的善良本性，即尽心。按照孟子的说法，人生来就有良知、良能，保持本性、保养本心就是使仁义礼智之善端大而化之。对此，他宣称：

　　　　人之所不学而能者，其良能也；所不虑而知者，其良知也。孩提之童，无不知爱其亲者；及其长也，无不知敬其兄也。亲亲，仁也；敬长，义也。无他，达之天下也。（《孟子·尽心上》）

　　这就是说，仁义礼智是人不待虑而知、不待学而能的本能，通过尽心使先天本能得以充分显露和发挥便可无往不胜。在这个意义上，保持和显露善良本性的过程与尽心、存心是一致的：一方面，养心体现为存心和尽心；另一方面，通过尽心、存心可以使先天的善良本性充分发挥出来，从而达到养心的目的。正因为如此，他自信地宣布：“尽其心者，知其性也。知其性，则知天矣。存其心，养其性，所以事天也。夭寿不贰，修身以俟之，所以立命也。”（《孟子·尽心上》）

　　其二，从消极的方面说，即“求放心”。孟子强调，后天环境的熏染和物质欲望的引诱使人的善良本性随时都有沦陷的可能，万一本性丧失也不能自暴自弃，而应不遗余力地把丢失的善良本性找回来。寻找丢失的善良本性，他称之为“求放心”。总之，为了保护人性之善，孟子把养心、存心、尽心和“求放心”视为对待人性的主要办法。在他看来，对于善良本性的保持来说，消极的方法与积极的方法、“求放心”与存心、尽心一样重要，有时甚至把全部的道德修养都归结为“求放心”。对此，孟子一再断言：

　　　　大人者，不失其赤子之心者也。（《孟子·离娄下》）
　　　　学问之道无他，求其放心而已矣。（《孟子·告子上》）

对人性恶的认定加剧了荀子改变人性的迫切心情，"化性而起伪"的思路和做法更使后天的人为具有了不容置疑的重要性。具体地说，他所讲的人为，一项重要的内容便是学习。荀子一直强调以后天的学习改变先天的性恶，告诫人们一刻也不可以停止学习。《荀子》一书始于《劝学》，该篇的第一句话便是"学不可以已"。他所讲的学习内容是义；目的是远离禽兽，完善人性。这正如荀子所指出的那样："故学数有终，若其义则不可须臾舍也。为之，人也；舍之，禽兽也。"在此，荀子不否认学习的主观自觉性，同时重视外部环境对人的影响和熏染。因此，他强调接近良师益友，在良师益友的影响和熏习下"化性而起伪"。同时，他重视师法的作用，认为"人之生，固小人，无师、无法，则唯利之见耳。"（《荀子·荣辱》）这表明，在荀子那里，学习就是一个在良师益友以及礼法的帮助、影响和威慑下不断"化性而起伪"，臻于性善的过程。

总之，在对待人性的态度上，孟子与荀子的做法一是养——保养本然状态，一是化——改变本来面目。这是两种不同——确切地说相反的思路和做法。正是在相反思路的策划下，孟子寄希望于养心、存心、尽心和"求放心"，荀子着力于后天的学习尤其是良师益友的影响和君上师长的引导。尽管都不排除主观自觉，其间还是呈现出一个诉诸内因、一个渴望外力的差异。在这方面，如果说孟子遵循反省内求路线的话，那么，荀子则踏上了向外求索的征程。

四、人性之调控

人性问题从来都不是纯粹的理论问题，不仅包含着较强的操作性，而且往往牵涉政治哲学和统治方略。在孟子与荀子那里，对人性的作为不仅是个人的道德修养，而且是国家的行政行为；人性完善的目标不仅是个人的超凡入圣，而且是社会的稳定和谐。他们之所以对人性问题兴趣盎然，其理论初衷无非是在人性之中寻找治国平天下的理论根基。在这方面，孟子由性善说引出了仁政王道，荀子从性恶论推出了隆礼重法。

关于治国方案和政治原则，孟子继承了孔子的德治传统，高擎仁政的大旗。如果说在孔子那里由于缺少合理性证明，德治只能停留于一厢情愿的话，那么，在孟子这里，人性的根据和依托使仁政获得了正当性和合理性。进而言之，为仁政的可行性和正当性提供辩护的便是"恻隐之心，人皆有之"的性善说。仁政与人性的内在联系，正如孟子所云："人皆有不忍人之心。先王有不忍人之心，斯有不忍人之政矣。以不忍人之心，行不忍人之政，治天下可运之掌上。"（《孟子·公孙丑上》）在此，他在肯定人性与政治方案之间具有内在联系，把人性说成为政之前提的基础上，用人生而善的本性论证了仁政（不忍人之政）的可能性：第一，从仁政的制定和出台来看，先王的善性决定了其不忍心用残酷的法律桎梏人民，由于心怀恻隐推出了不忍人之政。第二，从仁政的贯彻和执行来看，百姓的善性保证了仁政的贯彻和落实。因为人皆有不忍人之心，不忍人之心并非先王所特有，百姓与先王一样嗜悦仁义，所以愿意听从仁政的引导。关于性善与仁政的一脉相通，韩非的思想是极好的佐证。基于人性自私自利、信凭法术而治的韩非举了这样一个例子：

> 今有不才之子，父母怒之弗为改，乡人谯之弗为动，师长教之弗为变。夫以父母之爱、乡人之行、师长之智，三美加焉，而终不动，其胫毛不改。州部之吏，操官兵，推公法，而求索奸人，然后恐惧，变其节，易其行矣。故父母之爱不足以教子，必待州部之严刑者，民固骄于爱、听于威矣。（《韩非子·五蠹》）

在这个例子中，通过父母、乡邻和师长的教诲与酷吏、官兵和法律的威慑之间的鲜明对比，韩非揭示了道德说教的软弱与法制手段的有效，在表达其推行法制及反道德主义的思想主张的同时，从反面证明了性善说对仁政的理论支持和奠基作用。试想，如果人性诚如韩非所言自私自利、唯利是图的话，那么，以礼乐教化、道德引导等说教手段为主的仁政便显得空洞虚伪、苍白无力，而不如法律的强制来得有力和直接。孟子的性善说对仁政的支持着重从两方面展开，在施治和受治主体的道德素质的相互印证、相得益彰中彰显了仁政的合理性和正当性。

如果说以道德手段治国平天下是儒家的共同主张的话，那么，荀子的思想则带有某种特殊性，其具体表现就是主张隆礼尚法，不仅突出礼的强制性，而且重视法律在治理国家中的作用。其实，他对性恶的判断已经流露出弘扬法律的思想端倪，其对人性具体内容的选取更是为法律的行使提供了广阔空间。最能反映荀子依法而治的是其对待人性的具体做法，"化性而起伪"少不了法礼，法礼与君上、师傅一起成为"化性而起伪"的标准、途径和方法。可见，他对法制的重视与其人性理论休戚相关，在某种程度上可以说，激发荀子法律兴致的主要原因之一便是对人性恶的认定。换言之，性恶论决定了他对礼法的重视和推崇。正因为认定人性中先天包含着利欲成分而不能自行完美，不加节制就可能引起社会混乱，荀子才推崇礼法，把礼法视为调控人性之恶的主要手段。

总之，孟子的性善说引出了仁政的可行性，荀子的性恶论推导出礼法的必要性。在行政理念和价值取向的层面上，仁政与礼法是两种完全不同的统治方案和行政路线，具有崇尚主观自觉与信奉外在强制之异。在具体贯彻和实际操作的层面上，性善说坚信受众基于善性的主观自觉，在施政方针和治国手段上，坚持以道德引导和说教为主，心仪以理服人的王道，蔑视以力服人的霸道。孟子心仪的王道以礼乐教化为本，判断王道与霸道的根本标志之一便是推行仁政还是力政。无论是对王道与霸道的区别还是仁政的具体规划，孟子都一再强调以德服人王天下，并反对以武力威慑为主要手段的暴政。在他看来，王道、仁政以仁得天下，暴政、力政必然由于不仁而失天下。这些看法使孟子始终把礼乐教化、道德引导奉为主要的行政手段。性恶论着眼于受众作恶的可能性，信凭外在的威慑——在荀子的"化性而起伪"中，无论是君上、师傅还是礼法都有强制因素。按照他的说法，除了接近良师益友学习积善之外，君上、师傅的作用不可低估。荀子对君上、师傅和礼义法度的推崇本身就使强制成为题中应有之义。

与对道德自觉、法律强制的不同侧重相联系，从社会效果和实际功用来看，如果说性善说论证了受众（受治主体）接受统治的可能性和统治秩序的可行性的话，那么，性恶论则为受众接受统治及统治秩序的必要性和迫切性做辩护。正如孟子在仁政的产生和推行、施治和受治主体的双重印证中阐明了仁政的可能性和可行性一样，荀子的性恶论使受众接受教育和统治拥有了十足的必要性，师法也成为必不可少的。

对于性善说与性恶论对于统治秩序的可行性与必要性的不同侧重，荀子本人具有清醒的认识和理解。众所周知，正如孟子的性善说是针对告子的人性无善无恶有感而发一样，荀子的人性学说在某种程度上是为了反驳孟子而提出来的。荀子之所以坚决反对孟子的性善说，一个主要理由就是，性善说会导致"去圣王，息礼义"的后果——不仅圣王、礼法变成了多余的，而且淡化百姓接受统治的必要性和迫切性，造成不良的社会影响。按照他的逻辑，檃栝的产生由于弯木的存在，绳墨的兴起由于曲线的存在，君上、师傅和礼义规范的存在是因为人之性恶。这样说来，正如弯木、曲线证明了檃栝、绳墨的价值一样，君上、师傅和礼义法度的价值存在于性恶之中。循着这个逻辑，如果人性真的如孟子所说的那样先天就有仁义礼智之善，能够自觉从善如流的话，那么，圣王、礼义对于这样的人性又何以复加呢？可见，主张性善等于否定了圣王、礼义的存在价值，圣王、礼义成了没有任何必要的虚设。这对于荀子来说显然是无法接受和容忍的；相反，承认了人性恶，也就等于证明了圣王、礼义和法度的必要性。于是，他反复宣称：

　　故善言古者，必有节于今；善言天者，必有征于人。凡论者，贵其有辨合、有符验。故坐而言之，起而可设，张而可施行。今孟子曰"人之性善"，无辨合符验，坐而言之，起而不可设，张而不可施行，岂不过甚矣哉？故性善，则去圣王、息礼义矣；性恶，则与圣王、贵礼义矣。故檃栝之生，为枸木也；绳墨之起，为不直也；立君上，明礼义，为性恶也。（《荀子·性恶》）

　　今诚以人之性固正理平治邪，则有恶用圣王、恶用礼义矣哉？虽有圣王礼义，将曷加于正理平治也哉？今不然，人之性恶。故古者圣人以人之性恶，以为偏险而不正、悖乱而不治，故为之立君上之势以临之，明礼义以化之，起法正以治之，重刑罚以禁之，使天下皆出于治、合于善也。是圣王之治而礼义之化也。（《荀子·性恶》）

五、殊途同归的和谐建构初衷

上述内容显示，孟子的性善说与荀子的性恶论存在诸多差异：在对人性的判定上，一为善，一为恶；在对人性的截选上，一为社会属性，一为自然属性；在对人性的作为上，一为养、一为化，一内求、一外索；在对人性的引导上，一尚仁、一隆法，一可能、一必要。然而，这只是问题的一个方面，问题的另一方面是，他们对人性的探讨具有明显的相同之处。

1. 价值判断而非事实判断

对人性问题的探讨可以是事实层面的，也可以是价值层面的。事实式的探讨围绕人性是如何展开，注重事实之真伪，对客观性情有独钟；价值式的探讨围绕人性应如何展开，关心善恶之价值，洋溢着道德主义情怀。在这方面，孟子和荀子对人性的研究侧重价值判断，无论是对人性的鉴定还是对待都围绕着善恶而展开。

孟子和荀子都是在价值而非事实层面对人性进行探讨的，这主要表现在三个方面：第一，在对人性的认定和判断上，不仅认定人性是什么，而且更热衷于对人性的善恶判断。正如《孟子》书中明确地说"孟子道性善"。把性与善联系在一起一样，荀子明确宣布人性恶，致使"故人之性恶明矣，其善者伪也"成为名言名句。同时，荀子还著有《性恶》篇，直接申明自己的性恶判断和主张，并从各个角度进行了论证。这表明，孟子和荀子对人性的认定和探讨属于价值判断而非事实判断。第二，在理论侧重和言说方式上，对人性的阐释始终围绕着善恶展开。孟子和荀子都有对人性究竟是善还是恶的证明，不仅使性善、性恶成为著名的命题和响亮的口号，而且对之倾注了极大的热情。孟子对性善的论证逻辑推理和行为经验同时进行，两个方面的结论相互印证，可谓用心良苦。荀子对性恶的论证始于性与伪、善与恶的概念界定，又包含对人性的本然状态、后天追求以及圣凡比较等内容，可谓论证缜密。与对性善、性恶的过分关注和热衷相对应，两人对人性具体内容的说明显得单薄，并且很多时候是作为性善或性恶的证明材料出现的，而不是关注的焦点。第三，孟子和荀子没有停留在人性是什么上，而是对人"应是"什么充满期待，通过人性的作为而成为道德完善的圣人是其共同理想。

价值判断与事实判断是两种不同的思路，体现了不同的思维方式和价值取向。显然，孟子和荀子对人性进行的是价值判断，把人性归于善或恶是他们的共识，也代表了儒家的一贯做法。例如，在对人性是什么的认定上，告子所说的"生之谓性"与荀子对性的界定——"生之所以然者谓之性"（《荀子·正名》）同义，都把性归为先天范畴；同时，告子的"食色性也"与荀子所讲的"食，欲有刍豢；衣，欲有文绣；行，欲有舆马；又欲夫余财畜积之富也；然而穷年累世不知不足，是人之情也"（《荀子·荣辱》）都把食色之欲视为人与生俱来的本性。此外，韩非每每指出：

好利恶害，夫人之所有也……喜利畏罪，人莫不然。（《韩非子·二难》）

夫安利者就之，危害者去之，此人之情也……人焉能去安利之道而就危害之处哉？（《韩非子·奸劫弑臣》）

韩非的这些说法与荀子不仅思想一致，而且连话语结构都如出一辙。可见，在把人性的具体内容归结为自然属性上，荀子和告子、韩非同道，与孟子相去甚远。然而，由于对人性进行的是价值而非事实判断，荀子并没有停留在人性是什么的层面上，而是及时地用恶去判断人性，这为其呼吁通过后天的人为改变人性提供了前提。荀子的这一做法与告子、韩非等人大相径庭，在本质上与孟子相契合。荀子的这一做法以及与孟子的一致性，与其建构和谐的道德主义追求一脉相承。也正是受制于这一共同的理论初衷，孟子和荀子对人性进行价值判断，并在此基础上将扬善抑恶视为对待人性的基本原则和人生追求的奋斗目标。

2. 善恶标准的一致性

在孟子和荀子的人性哲学中，善恶比真伪更引人注目，用善恶标准去匡定、衡量人性便成为其人性哲学的相同之处。事实上，出于为治国安民提供依据的目的，他们不仅用善恶来衡量人性，对人性进行价值判断的做法相同，对善恶的认定、理解也别无二致。换言之，被孟子和荀子用以判断人性的善恶标准是一样的，这一点在两人对人性的善恶判断中已经初露端倪：孟子之所以断言人性善，理由是良知、良能与生俱来，人性中包含仁义礼智之萌芽；反过来，理义的与生俱来本身即证明人性是善的。这表明，孟子所讲的善指仁义礼智之道德或符合道德的行为。在荀子对善恶的界定中，善即正理平治，仁义礼智之道德或符合礼义法度的行为为善；恶即偏险悖乱，利欲导致的违背礼义法度或不利于社会安定的观念和行为为恶。可见，在对善恶的理解上，孟子和荀子的看法基本一致——善与仁义道德如影随形，以道德为唯一标准，并且都把欲、利归之于恶。与此相联系，他们都强调欲利与善对立，并在此基础上对耳、目、口、鼻身体器官以及由此而来的生理欲望存有戒心。

孟子对待人性的根本态度和主要做法是保养本心之善，具体方案即摈弃物质欲望、远离物利。在此，他强调人心的最大敌人就是物质欲望，养心就应该减少物质欲望，进而得出了"养心莫善于寡欲"的结论。对此，孟子如是说："养心莫善于寡欲。其为人也寡欲，虽有不存焉者，寡矣；其为人也多欲，虽有存焉者寡矣。"（《孟子·尽心下》）这从一个侧面表明，他之所以尽心是为了加强道德修养，用道德理性来约束人的生理欲望，以免被物欲所蒙蔽而丧失善良本性。

同样，荀子之所以判定人性恶，是因为人性中生来就具有欲、利等成分。在这里，断言人性恶的本身就含有利欲是恶的价值判断。更为明显的证据是，在通常情况下，天然性往往代表着正当性和合理性，荀子却在宣称利和欲为人性所固有的同时，不是对其放任自流，而是一面以死而后已的不倦学习改变人性，一面对利、欲加以道义引导和合理节制。对于欲，荀子指出："故虽为守门，欲不可去，性之具也。"（《荀子·正名》）欲的与生俱来没有作为纵欲的借口，相反，他呼吁用礼来节制和引导之——以礼"养人之欲，给人之求"。同样，对于利，荀子主张先义而后利。这表明，孟子和荀子用以判断和对待人性的善恶标准是儒家式的道德。以这种标准来衡量，利于修身养性、遵守礼义法度的为善，反之为恶。

孟子和荀子对人性进行价值判断的善恶标准的一致性在不同学派的映衬下更加鲜明、清楚。例如，老庄代表的道家也崇尚道德，但其推崇的道德绝非儒家所讲的仁、义、礼、智。相反，庄子认为，儒家的仁义尤其是礼破坏人性之本然，是害生损性和导致虚伪的罪魁祸首。有鉴于此，他强调，善并不是儒家的仁义道德，而是保持天然本性；与善相对应，恶指对天然本性的破坏、损伤或戕害，儒家的仁、义、礼、智当然也包括在内。在这个意义上，庄子把儒家提倡的仁、义、礼、智视为道德之大敌。于是，他不止一次地指出：

> 屈折礼乐，呴俞仁义，以慰天下之心者，此失其常然也。天下有常然。常然者，曲者不以钩，直者不以绳，圆者不以规，方者不以矩，附离不以胶漆，约束不以纆索。故天下诱然皆生，而不知其所以生；同焉皆得，而不知其所以得。（《庄子·骈拇》）

> 吾所谓臧者，非仁义之谓也，臧于其德而已矣；吾所谓臧者，非所谓仁义之谓也，任其性命之情而已矣；吾所谓聪者，非谓其闻彼也，自闻而已矣；吾所谓明者，非谓其见彼也，自见而已矣。

（《庄子·骈拇》）

3．圣人情结

在孟子和荀子那里，探讨人性不是目的，目的是为治国安民提供依据。其实，对人性进行价值而非事实判断本身就意味着他们的兴奋点不在人是什么上，而是饱含着对人"应是"什么的渴望和期盼。接下来的问题是，由于以仁、义、礼、智之道德为善，由于儒家历来视圣人为道德完善的榜样，于是，无论是对人性的判断、选取还是对待都以超凡入圣为鹄的，圣人便成为孟子和荀子对人的最大期待和模塑。

如上所述，孟子和荀子对待人性的态度和方法恰好相反：一个保养，一个改变。尽管如此，他们的目标都是使人臻于善而远离恶，最后成为圣人，可谓殊途同归。孟子对人性的论述始终强化人与动物的界限，这使完善人性还原为远离人的自然本性而成为圣人的过程。正是在这个意义上，他反复指出：

形色，天性也；惟圣人然后可以践形。（《孟子·尽心上》）

从其大体为大人，从其小体为小人……耳目之官不思，而蔽于物。物交物，则引之而已矣。心之官则思，思则得之，不思则不得也。此天之所与我者。先立乎其大者，则其小者弗能夺也。此为大人而已矣。（《孟子·告子上》）

按照孟子的说法，体与心虽然都与生俱来，其功能和作用却截然不同。正是在或为利或为义、或纵体或尽心的作为中，人有了君子与小人之分。面对这两种迥然悬殊的后果，他让人"先立乎其大者"，在尽心中成就大人事业。

荀子把学习的目标锁定在为圣人上，并且呼吁："学恶乎始？恶乎终？曰：其数则始乎诵经，终乎读《礼》；其义则始乎为士，终乎为圣人。"（《荀子·劝学》）他之所以振臂高呼学习的至关重要性，是因为学习是通往圣人之途。在此，与其说荀子是对学习如饥似渴，不如说是对朝圣情真意切。

孟子和荀子不仅表达了自己对圣人的期待和渴望，而且在人性中挖掘人成为圣人的先天资质和潜能。在人成为圣人的资格论证方面，孟子的名言是："人皆可以为尧舜。"（《孟子·告子下》）"涂之人可以为禹"（《荀子·性恶》），则是荀子的座右铭。在孟子那里，因为人生而性善，只要保持本性而不使其丧失，便可以道德完满，于是成为圣人。一切都顺乎自然，成为圣人似乎是先天注定、顺理成章的事。循着这个逻辑，荀子断言人性恶似乎使人远离了圣人。其实不然。在荀子那里，天然的性恶不仅不是成圣的障碍，反而使圣人事业有了切实的下手处和着力点。他认为义与利是"人之所两有"，义为人通往圣人大开方便之门。不仅如此，在对可能性与现实性关系的阐释中，荀子强调人人皆具备成为圣人的资格。他写道：

故小人可以为君子而不肯为君子，君子可以为小人而不肯为小人。小人君子者，未尝不可以相为也，然而不相为者，可以而不可使也。故涂之人可以为禹，则然；涂之人能为禹，未必然也。虽不能为禹，无害可以为禹。（《荀子·性恶》）

在荀子看来，成为君子或小人不仅有客观条件而且有主观条件，不仅有先天资质而且有后天人为。就可能性而言，人人都具备成为圣人的先天条件和资质，之所以没有成为圣人，绝对不是不具备资格。也就是说，普通人之所以没有成为圣人，不是没有先天的条件，而是后天的努力不够。其实，从先天本性和潜能来看，常人与圣人是一样的。圣人并不是天然成就的，圣人的过人之处不是先天的资质而是后天的人为和努力。于是，荀子声称："尧、禹者，非生而具者也，夫起于变故，成乎修，修之为，待尽而后备者也。"（《荀子·荣辱》）如果断定圣人天生就是圣人，也就等于把一部分甚至是大多数人排斥在圣人的门外。在此，荀子之所以不厌其烦地宣布圣人与普通人在先天本性上是一样的，就是为了强调常人与圣人具有相同的资质，以此督人向善、成为圣人。

总之，价值判断、善恶标准、圣人情结构成了孟子和荀子人性哲学的一致性，也是儒家的道德理想和人生追求在人性领域的具体反映。这表明，他们的人性哲学不仅具有差异的一面，而且具有互补、相通的一面，尤其是从和谐建构的角度看，可谓殊途同归——秉承儒家的和谐理念，凭借礼乐教化进行和谐建构。这些是孟子和荀子人性哲学的相同之处，共同凸显了儒家特征。进而言之，儒家和谐建构的方案和途径是道德主义式的，注重道德引导和圣人的榜样作用。孟子和荀子人性哲学的相同点恰好印证了这一基本思路：第一方面为和谐建构提供了人性根基，人性之善恶是修身养性、治国安民的前提。第二方面对善恶的一致界定进一步充实了和谐的道德内涵。第三方面在人皆可以成为圣人中，既突出了圣人的榜样作用，又申明了和谐建构之途是推崇礼乐教化，引导人们进行道德完善。这些构成了儒家和谐理念的建构之路。

六、礼乐教化的和谐建构途径

如上所述，对于孟子和荀子来说，探讨人性是为了推行儒家的政治方案、建构社会和谐，这使其人性哲学与政治哲学密切相关。在他们的思想中，由于人性是治理国家、建构和谐的根基，所以，人性哲学在前，政治哲学紧随其后。同时，和谐建构需要全社会的共同参与，孟子和荀子所投身的圣人事业不限于精英层面而是面向大众的全民式运动，尤其是圣人生来与常人平等使人性只是作为起点存在，只有与后天的学习和教化联系起来才有意义。正因为如此，性善说和性恶论的提出均与统治方案有关。更为重要的是，其对理想人格的模塑和对圣人的成就均需动用后天的人为努力。后天的人为努力从个人来说即自觉加强道德修养，从政治方案来说即推行礼乐教化。

为了配合礼乐教化，也为了证明道德教化的有效性而鼓励人们积极加强道德修养，孟子和荀子对人性的阐发始终立足于加强道德修养的需要，并且突出礼乐教化在建构社会和谐中的决定作用。

1. 以人性生而平等将君子、小人归结为道德教化

无论孟子的性善说还是荀子的性恶论都认为在本性或本能上人是平等的，是后天的作为和引导造就了君子与小人之别。

孟子指出，作为人生而性善的根据和内容，恻隐之心、羞恶之心、辞让之心和是非之心人人同具，无有不同；在人生来就有四体、四心上，人人平等，无一例外。同时，为了强调人在本性上是一样的，没有任何先天差别，他强调，人的一切差异都是后天形成的，与先天的本性无关。这便是："富岁，子弟多赖；凶岁，子弟多暴。非天之降才尔殊也，其所以陷溺其心者然也。"（《孟子·告子上》）

为了突出在本性上人人平等，主张人性恶的荀子宣称人人性恶——普通人如此，圣人也不例外。对此，他再三强调：

> 凡人之性者，尧、舜之与桀、跖，其性一也；君子之与小人，其性一也。（《荀子·性恶》）

> 材性知能，君子、小人一也。好荣恶辱，好利恶害，是君子、小人之所同也。（《荀子·荣辱》）

> 饥而欲食，寒而欲暖，劳而欲息，好利而恶害，是人之所生而有也，是无待而然者也，是禹、桀之所同也；目辨白黑美恶，耳辨音声清浊，口辨酸咸甘苦，鼻辨芬芳腥臊，骨体肤理辨寒暑疾养，是又人之所常生而有也，是无待而然者也，是禹、桀之所同也。可

以为尧、舜，可以为桀、跖，可以为工匠，可以为农贾，在势注错习俗之所积耳。是又人之所生而有也，是无待而然者也，是禹、桀之所同也。(《荀子·荣辱》)

这就是说，君子与小人的生理素质和知识能力都是一样的，君子也有与小人一样的欲望。换言之，圣人之性也含有与常人一样的恶的倾向，圣人与普通人一样具有欲和利。同时，凡人具有与圣人一样的耳目口鼻身体器官及认知能力。这表明，圣人与凡人在本性上完全一样，人与人是生而平等的，绝无任何差异。现在的问题是，既然圣人与凡人生而平等，为什么会有尧舜与桀跖、君子与小人之别呢？在这个问题上，荀子与孟子一样把人与人之间的差别归结为后天的人为：

今将以礼义积伪为人之性邪，然则有曷贵尧、禹，曷贵君子矣哉？凡所贵尧、禹、君子者，能化性，能起伪，伪起而生礼义；然则圣人之于礼义积伪也，亦犹陶埏而生之也。(《荀子·性恶》)

在此，孟子和荀子不约而同地将君子与小人的区别归结为后天的人为和引导。对于和谐建构而言，这一观点在督人向善中以圣人为目标，突出了道德修养和礼乐教化的作用。在他们那里，强调人性的生而平等是为了证明人与人之间的君子、小人之别都是后天的行为造成的，突出道德修养在塑造人格方面的重要作用，进而证明礼乐教化对和谐建构的至关重要。正因为如此，举办各类学校、实施礼乐教化成为孟子和荀子建构社会和谐的共同设想。孟子向往的仁政、王道中有一项重要内容，即在百姓衣食无忧之后设立各种学校，宣讲人伦道德，实行礼乐教化。对此，他不止一次地写道：

不违农时，谷不可胜食也。数罟不入洿池，鱼鳖不可胜食也。斧斤以时入山林，材木不可胜用也。谷与鱼鳖不可胜食，材木不可胜用，是使民养生丧死无憾也。养生丧死无憾，王道之始也。五亩之宅，树之以桑，五十者可以衣帛矣。鸡豚狗彘之畜，无失其时，七十者可以食肉矣。百亩之田，勿夺其时，数口之家可以无饥矣。谨庠序之教，申之以孝悌之义，颁白者不负戴于道路矣。七十者衣帛食肉，黎民不饥不寒，然而不王者，未之有也。(《孟子·梁惠

王上》)

　　设为庠序学校以教之；庠者，养也；校者，教也；序者，射也。夏曰校，殷曰序，周曰庠，学则三代共之，皆所以明人伦也。人伦明于上，小民亲于下。(《孟子·滕文公上》)

正因为对礼乐教化的重视，荀子不仅著有《礼论》，而且著有《乐论》。不仅如此，他对学习的如饥似渴、竭力呼吁显然与道德修养和礼乐教化有关。荀子对礼十分重视，奉之为自己思想体系的核心。其实，他对礼的推崇不仅与礼乐教化密切相关，而且寄托着对和谐的理解和建构。具体地说，由于认为礼的作用是分，荀子试图以礼规范人与天、人与人之间的关系，在别亲疏、等贵贱中建构社会和谐。正是出于这一目的，他不仅阐明了礼的来源、作用和特征，而且强调从个人的日常生活到国家的政治举措都要依礼而行，目的是使礼乐教化落到实处，具体而详尽。

2. 有为而非无为

无论主张性善还是性恶，孟子和荀子对待人性的做法都是有为而非无为，这与强调圣凡在本性上平等一样突出了后天引导的重要性，也从另一个角度伸张了道德教化的作用。

断言人性善的孟子并没有对人性坐享其成，而是呼吁通过养心、尽心、存心和"求放心"来保养善性；宣称人性恶的荀子也没有自暴自弃，而是竭力呼吁通过后天的努力"化性而起伪"。这表明，孟子和荀子没有放任人性，无论是养还是化都以人性可变为前提，本身就包含对人性施加作为的意思。他们对人性的积极作为展示了儒家孜孜不倦、自强不息的一贯作风，流露出不同于道家的价值取向和人生追求。

道家尤其庄子认为，人性的天然素朴状态是真、是善、是美，在对人性的作为上崇尚无为；并且主张为了保持天然本性，必须去知、去情，一切任其自然。在此，无为既是个人的修身养性之方，也是国家的平治之术。与此相联系，庄子也追求和谐，但其和谐不是儒家的亲亲尊尊，而是与万物浑然一体的混沌未分、天然和谐。在这方面，他推崇本性之真，断言素朴为大美，反对戕害本性的行为。在庄子的视界中，善即对天然本性任其自然，恶即改变本性。与无为的处世原则和统治方案密切相关，他要求对百姓实行"天放"。

与庄子的观点不同，孟子和荀子对待人性的态度是有为，保养和改变人性表现在人生追求和政治方案上便是加强道德修养和推行礼乐教化，而不是无为而治。进而言之，孟子和荀子对人性的积极作为凝聚着他们的和谐理念和对和谐建构的设想，都是为了适应礼乐教化的需要。这促使他们对善恶的理解与庄子大相径庭，共同显示了儒家和谐理念的独特精神。孟子和荀子对人性作为的实质是积善去恶，和谐建构之途实质上是推崇礼乐教化之路。正因为如此，他们尽管一个主张保养人性、一个主张变化人性，一个认为善与生俱来、一个认为人性为恶——对人性的作为和切入点不同，对善的追求和对恶的摈弃却是一致的。于是，孟子和荀子不仅讲人性是什么，更在意人性是善还是恶；不仅讲人性为善为恶，更把精力投入到扬善去恶上。这些最后都汇聚成礼乐教化。这一点在荀子与韩非思想的比较中看得更加清楚。

如上所述，在对人性的具体内容是什么的问题上，韩非与荀子的回答别无二致。然而，韩非只讲人性是什么而不对之做善恶鉴定，致使人性的天然性成为自然性和合理性。不仅如此，为了保护人性之私，他推出了奉法而治。其实，认定人皆自为即人都自私自利是法家的传统。例如，慎到指出："人莫不自为也。"（《慎子·因循》）商鞅也说："民之于利也，若水之于下也。"（《商君书·君臣》）韩非认为，人"皆挟自为心也"，人们的所作所为都是为了利己。"自为心"是人的自然本性，不具有"仁"或"贼"的道德意义，并且是不可改变的。人人利己导致人人"异利"，相互以"计算之心相待"，构成赤裸裸的利益关系。在确定人性自私自利的基础上，法家推崇法治。这就是说，不仅限于韩非，法家奉法而治都是基于对人性自私自利的认定。至此可见，韩非等法家人物与荀子的不同之处并不在于对人性是什么的界定，而在于对待人性的态度以及由此引发的和谐理念和政治方案。在这方面，尽管韩非把人的本性和人与人之间的关系描述得如此丑恶和恐怖，然而，他并没有把人性的自私自利视为恶，相反，利、欲作为人性之本然成为正当性的代名词。在某种程度上可以说，"凡治天下，必因人情"的法治思想正是为了迎合人对利欲的追求。与此相联系，法家的和谐建构以功利为诱饵，崇尚暴力，在禁心、禁言、禁行的和谐建构中，武力威慑和利益引诱成为主要手段。与韩非代表的法家迥然不同，荀子根据人性中包含利欲成分和倾向，断言人性恶，进而呼吁通过后天之伪改变人性之恶。

孟子和荀子重视礼乐不是为了"极口腹耳目之欲"，满足感官刺激，而是陶冶人的心灵，达到"同民心而出治道"的境界。进而言之，他们对人性进行价值判断、善恶引导和道德审视注定了其政治哲学的伦理本位，即儒家有别于百家的伦理政治的和谐建构。在这里，政治是伦理、道德的推行和强化。孟子要求统治者与民同乐，荀子强调君人者的榜样作用以及两人的哲学王情结和仕途情结均属于此。在这方面，孟子不仅以救世者自居，发出了"当今之世，舍我其谁"的豪言壮语，而且胸怀"达则兼善天下"的抱负。荀子与孟子一样有周游列国、寻求仕途的经历，而且拥有同样的圣贤在位的期盼。这些归根结底都是为了推行礼乐教化，并在督人向善中成就全民的圣人事业。对于他们来说，不论是对人性的积极有为还是与政治哲学联系起来都是为了推行礼乐教化，在听从统治者上行下效的引导中超凡脱俗。

总而言之，孟子和荀子对人性的不同看法如善与恶的判断、养与化的对待以及道德自觉与法律强制的调控等都基于对人性或社会属性或自然属性的不同截取，是从不同切入点对同一问题的关注，流露出相同的道德追求和价值诉求。这决定了他们的和谐建构始于对人性的甄别，以礼乐教化为手段，中经对人性的去恶扬善，最终在个人的超凡入圣中达到仁政、王道之和谐境界。这表明，孟子和荀子的和谐以道德主义为价值旨趣，和谐建构以礼乐教化为手段，以道德完善为目标，和谐之旅即道德完善之途。

孟子和荀子因循人性而治、从人性中寻找和谐建构根基的思路为后续儒家所继承，无论是汉代董仲舒还是宋明理学家都沿袭了这一思路，并且在因循人性而治上走得更远：一方面，将人性与宇宙本体直接对接，甚至将人性的善恶说成是宇宙本体赋予人的先天命令。另一方面，提升了人性哲学的地位，宋明理学家更是在将人性说成是宇宙本体之显现的同时，通过人性的善恶双重、性命不一，将宗法等级秩序注入人性之中，并在本体哲学、人性哲学、道德哲学的三位一体加固、强化宗法等级秩序。需要说明的是，孟子和荀子对人性进行价值判断时，一方选取人的社会属性，一方选取人的自然属性，而人具有自然和社会双重属性。同时，就对人性的引导和人性对统治秩序的支持而言，专注人的社会属性往往相信人内在的道德自觉，伸张统治秩序的可能性和可行性；执着于人的自然属性常常依赖外在的法律强制，突出统治秩序的必要性和迫切性。对于宗法等级秩序的和谐来说，可能性与必要性同样不可或缺——正如对于统治方案的实施来说，道德引导和武力威慑一个都不能少一样。这使孟子与荀子对人性的各执一词恰成互补之势，后续者对两人的思想不是取一弃一，而是兼而取之。最明显的例子是，秦后对人性的认定不是单一的或善或恶，而是善恶兼备，不论是汉唐哲学的性分品级还是宋明理学的人性双重都是如此。这是对孟子和荀子的致敬，以事实说明了孟子性善说与荀子性恶论之间的理论相通性。同时，也只有从礼乐教化、治国安民入手审视孟子和荀子的人性哲学，才能领会他们热衷人性的秘密以及彼此的异同关系。

第九章　知行观的伦理维度与等级和谐

如果说人性论侧重和谐建构的人性根基的话，那么，知行观则回答了和谐理念如何转换成和谐建构的问题——或者说，和谐建构中的观念认识与躬行践履的关系问题。正因为如此，在古代哲学中，对知行关系的探讨早已有之，知行观成为热点话题则是从宋代开始的。知行观在宋代成为理论焦点并被系统化，与当时道德教化的加强密切相关，直接体现了和谐建构的强化。为了配合道德教化，必须明确道德认识与道德实践的关系问题；为了给宗法等级秩序进行合理辩护，宋明理学家深入探讨了知行关系，致使知行观成为热门话题。在对知行关系的看法上，尽管他们的具体观点各不相同，却流露出相同的理论走势和价值旨趣。那就是，与道德教化和宗法等级秩序相呼应，突显知、行的道德内涵和伦理维度，将知说成是先天固有良知，将行说成是道德躬行。在此基础上，通过诚意、正心、格物、致知，"去人欲，存天理"。在"去人欲，存天理"中，自觉维护宗法等级秩序，推动社会和谐。这决定了宋明理学家的知行观不仅与宋明时期道德教化的加强密切相关，而且对于促进社会和谐具有重要作用。与此相联系，他们将和谐理念注入知、行之中，致使其知行关系在某种程度上成为和谐建构的践履之方。

一、知行内涵的道德意蕴和伦理维度

宋明理学家的知行观是一个系统的理论体系，由概念内涵、关系界定、价值目标和践履工夫等共同构成。然而，不论是他们对知行关系的厘定还是价值目标的设置都是从对知、行内涵的阐释开始的。就对知、行内涵的阐释来说，宋明理学知行观的特色有二：一是对知、行的特定理解，一是强调知、行与格物、致知密切相关。

1．知、行的特定内涵

受制于加强道德教化的社会需要，宋明理学家赋予知、行特定的含义：正如知特指对伦理道德之知一样，行特指对伦理道德之行。这一点在他们对知、行的界定中可以一目了然。

将知视为先天固有的先验之知即代表伦理道德的良知是宋明理学家的一致看法。例如，张载承认"见闻之知"的存在，同时指出"见闻之知"具有自身无法克服的缺陷，进而将克服"见闻之知"缺陷的希望寄托于"德性所知"。他强调，人的"德性所知""不萌于见闻"，是天赋的。正是在这个意义上，张载将之称为"天德良知"。这个做法实际上等于抛弃了"见闻之知"，投靠了"天德良知"。在朱熹哲学中，知在绝大多数情况下并非指人的认识或知识，而是专指先天固有的天赋之知，即所谓的良知或称"天德良知"。在这方面，朱熹有言："知者，吾心之知；理者，事物之理，以此知彼，自有主宾之辨，不当以此字训彼字。"（《朱文公文集卷 44·答江德功》）陆九渊、王守仁所讲的知是吾心先天固有之知更是自不待言。在他们那里，吾心之所以能够成为亘古亘今的宇宙本体，就是因为吾心先天固有良知，吾心之知是超验的，具有绝对的优先性和权威性。正是在这个意义上，王守仁直接把吾心称为良知。更有甚者，他不仅用良知来称呼吾心或天理，而且断言良知"不待学而能，不待虑而知"，是"吾心天然自有之则。"（《王阳明全集卷 7·亲民堂记》）循着这个提示，既然心即良知，那么，心是本原即意味着良知是本原。于是，王守仁屡屡说道：

人的良知，就是草木瓦石的良知。若草木瓦石无人的良知，不可以为草木瓦石矣。岂惟草木瓦石为然，天地无人的良知，亦不可为天地矣。（《王阳明全集卷3·传习录下》）

良知是造化的精灵，这些精灵生天生地、成鬼成帝，皆从此出。（《王阳明全集卷3·传习录下》）

天地万物，俱在我良知的发用流行中，何尝又有一物超出于良知之外？（《王阳明全集卷3·传习录下》）

将理与心说成是良知，然后极力神化之是王守仁哲学的基本特点。这一致思方向使良知成为第一范畴，甚至可以说，其学说的全部秘密都可以归结为良知。正是在这个意义上，他反复宣称：

除却良知，还有甚么说得？（《王阳明全集卷6·寄邹谦之2》）

舍此（指良知、致良知——引者注）更无学问可讲矣。（《王阳明全集卷6·寄邹谦之1》）

宋明理学家对知的阐释，有两点至关重要：第一，在内容上，将知与良知相提并论是宋明理学家的一致做法。被宋明理学家神化、夸大的知，其核心内容是三纲五常、仁义礼智等伦理道德。在这个意义上，知被称为良知。这便是张载、朱熹将知称为"天德良知"的原因。知的这一内涵决定了知与天理具有同等意义。正因为如此，王守仁所说的"心之本体是良知"以及天理、良知与吾心异名而同实等对于宋明理学家来说具有普遍意义。不仅如此，知即良知的说法极大地彰显了知的道德意蕴。第二，从存在方式上看，知即先验之知，具有永恒性和绝对权威。在良知即仁义道德的价值系统中，知是先天固有的而非后天经验的，这预示了知的先天性和神圣性。

宋明理学家关于知即良知、知即先验之知的说法引申出两个必然结论：第一，知的具体内容预示了知的永恒性和道德性。这一点决定了知在严格意义上属于道德范畴而非认识范畴。第二，宋明理学家关于知即天德良知的说法注定了知具有行无可比拟的亘古亘今的绝对权威。事实上，无论是程朱理学对天理还是陆王心学对吾心的推崇都是对知的神化、夸大和膜拜，都为知在知行关系中占据主导地位，成为根本方面提供了前提。受知影响，行具有道德属性和价值，是对伦理道德的践履躬行。这就是说，知、行均属于道德范畴，他们对知、行的理解和对知行关系的界定主要是从伦理维度、在道德领域立论的，始终突出、侧重其道德内涵和伦理维度。

2．知、行与格物、致知

宋明理学家对知、行道德内涵的彰显不仅奠定了知行关系中以知为先、为本的价值旨趣和思维格局，而且决定了其知行观特定的概念、术语和中心话题的表达。可以看到，在他们对知、行的诠释中，围绕着道德教化与践履工夫，诚意、正心、格物、致知以及"去人欲，存天理"变得重要起来。宋明理学家赋予这些概念不同以往的内涵，使其成为知行观的核心范畴和话题。于是，便形成了这样的局面：一方面，对知、行道德内涵的突出使他们在阐释知行关系时重视诚意、正心、格物、致知。另一方面，宋明理学家对这些概念的阐释又反过来将知、行锁定在道德领域。这是一个双向互动的过程。在这里，特别需要说明的是，知、行的道德内涵和伦理维度在其与格物、致知的联系中充分体现出来：一方面，道德意蕴和伦理维度的凸显注定了宋明理学家对知、行内涵的界定与格物、致知密切相关。另一方面，他们对格物、致知的重视是其知行观的延续。随着知行观成为热点话题，格物、致知倍受关注。二程、朱熹、陆九渊和王守仁对格物、致知的见解不尽相同，却都将它们与知、行联系起来，朱熹和王守仁更是强化它们与知、行的内在联系，试图以知、行划分其归属。这种情况表明，格物、致知与知、行具有内在一致性，考察它们的内涵有助于深刻体会宋明理学家所讲的知、行的特定含义。

在朱熹那里，格物、致知都被明确归于知的范畴。他曾经断言："格物者，知之始也；诚意者，行之始也。"（《朱子语类》卷15）与此相一致，对于《大学》的八条目，朱熹分析说，格物、致知属知，诚意之下属行。在他那里，不仅致知属于知，格物也属于知。正因为格物属知，朱熹讲格物时让人接触事物是为了弄懂天理在此一事物上的表现而体悟天理，这套用他本人的话语结构便是"即物穷理"。与此相关，对于如何格物、格物之何，朱熹解释说：

> 又须知如何是格物。许多道理，自家从来合有，不合有。定是合有。定是人人都有。人之心便具许多道理：见之于身，便见身上有许多道理；行之于家，便是一家之中有许多道理；施之于国，便是一国之中有许多道理；施之于天下，便是天下有许多道理。"格物"两字，知识指个路头，须是自去格那物始得。只就纸上说千千万万，不济事。（《朱子语类》卷14）

同时，朱熹将格物、致知皆归于知，也为他的格物、致知是"一本"提供了佐证。所谓格物、致知是"一本"，除了表示两者是一个过程的两个方面、不可截然分开之外，格物、致知都属于知也是其题中应有之义。正是在这个意义上，朱熹一再强调：

> 致知、格物，只是一个。（《朱子语类》卷15）

> 格物，是物物上穷其至理；致知，是吾心无所不知。格物，是零细说；致知，是全体说。（《朱子语类》卷15）

朱熹认为，格物与致知在本质上是一致的，是因为知是先天固有良知，即"天德良知"；致，"推及也"，即扩充到极点；合而言之，致知即"推极吾之知识，欲其所知无不尽也。"（《四书章句·大学章句卷1》）可见，致知就是使心中固有的天理、良知完全显露出来，这与格物在外物上穷理的结果是一样的，只不过是在方法上一个向内、一个向外用工而已。

王守仁对格物的具体看法与朱熹具有明显差异。对于格物，他的解说是："物者，事也……格者，正也。"（《王阳明全集卷26·大学问》）这样一来，格物成了正事——端正行为，便不完全归于知了。因为端正行为不仅涉及端正态度——要有一个认识上的观念问题，关键是行动，这里缺不了行为。从这个意义上说，王守仁所讲的格物应该属于行或侧重于行，至少不再像朱熹那样归于知了。尽管如此，有一点还是不能忘却的，那就是：王守仁以知、行来划分格物、致知归属的致思方向与朱熹别无二致。在王守仁那里，致知即充分显露先天固有良知，固然属于知的范畴，然而，他将格物诠释为正事，偏袒行，与朱熹的看法有别。不过，对于行，王守仁别出心裁地规定说："一念发动处，便即是行了。"(《王阳明全集卷3·传习录下》)沿着这个思路推导下去，既然行不过是知(意念)，那么，正事的行动未必不可以归结为意念上的正事，夸张点说，只在意念上端正行为也算是格物了。正因为如此，才有了"人之善恶，由于一念之间"的说法。正因为格物与知密切相关，王守仁将格物与知联系起来，致使格物、致知合而为一，最终简化为"致良知"。退一步说，即使不对王守仁的格物予以或知或行的硬性归属，同样可以通过他对格物、致知的界定感受它们与知、行的密不可分。

进而言之，宋明理学家对格物、致知的具体界定具有两个明显的一致性，这除了以知、行为归属之外，便是将其诠释为伦理、道德范畴。这表明，在宋明理学中，格物、致知无论属于知还是属于行都是在道德领域立论的。

陆九渊将格物诠释为"减担"——减少物质欲望，即他崇拜的孟子的名言——"养心莫善于寡欲"的"寡欲"。在此，格物的道德意蕴和伦理内涵已经十分明朗。

到了朱熹那里，格物、致知的所知无外乎对三纲五常的体悟或认识；除此之外，别无其他。与此相联系，他强调，格物、致知的目的是"穷天理，明人伦"。天理是什么？朱熹明确指出："理则为仁义礼智。"(《朱子语类》卷1)在他的思想体系中，本原之理又称天理、太极，其实际所指或曰基本内容就是以三纲五常为核心的伦理道德。朱熹强调格物的广泛性是为了在格一草一木一昆虫中"穷天理"，天理的内容又决定了"穷天理"是为了"明人伦"和通过"穷天理"可以"明人伦"。正是围绕着"穷天理，明人伦"的目的，他指出，格物有先后人缓急、本末之序，并且警告说，如果忘了格物中的先后、缓急、本末之序而"兀然存心于一草木、一器用之间……是炊沙而欲其成饭也。"(《朱文公文集卷39·答陈齐仲》)显然，所谓格物中的本、先、急即物中蕴涵的天理，也就是三纲五常代表的伦理道德，决不是万物本身的属性或规律。不仅如此，为了不让人在格物时对草木、昆虫的春生夏长花大力气，朱熹呼吁人在格物之前先存心，以此端正态度，明确格物的宗旨，确立正确的行为路线。这表明，他所讲的格物具有鲜明的伦理意图，或者说，格物的过程就是对天理代表的三纲五常的伦理认同或体悟。下面两段话表达了朱熹这方面的思想：

> 如今说格物，只晨起开目时，便有四件在这里，不用外寻，仁义礼智是也。（《朱子语类》卷15）

> 君臣父子兄弟夫妇朋友，皆人所不能无者，但学者须要穷格得尽。事父母，则当尽其孝；处兄弟，则当尽其友。如此之类，须是要见得尽。若有一毫不尽，便是穷格不至也。（《朱子语类》卷15）

王守仁对格物、致知的理解与朱熹在方式、方法上有别，他本人也多次声称自己的观点是针对朱熹的错误提出来的。对此，王守仁反复强调：

> 朱子所谓"格物"云者，在即物而穷其理也。即物穷理，是就事事物物上求其所谓定理者也。是以吾心而求理于事事物物之中，析"心"与"理"而为二矣。（《王阳明全集卷2·答顾东桥书》）

> 先儒解格物为格天下物。天下之物，如何格得？且谓一草一木亦皆有理，今如何去格？纵格得草木来，如何反来诚得自家意？（《王阳明全集卷3·传习录下》）

上述引文显示，王守仁认为朱熹格物的误区集中在三个方面：第一，朱熹的格物"求理于事事物物"，犯了"析'心'与'理'而为二"的错误，方向不对。按照王守仁的说法，理不在事物而在吾心，"求理于吾心"才是认识和修养的唯一途径。第二，朱熹格物的方法是错误的。朱熹要人格尽天下之物，这是不可能的。对此，王守仁反驳说："要格天下之物，如今安得这等大的力量？……其格物之功，只在身心上做。"（《王阳明全集卷3·传习录下》）第三，朱熹的格物与道德修养脱节，终归解决不了自家诚意的问题。在王守仁看来，朱熹一面把"穷天理，明人伦"作为格物的目的，一面把格一草一木一昆虫之理作为格物的手段，其目的与手段是脱节的。

综观王守仁对朱熹的诘难，与其说是不认同朱熹对格物、致知的解说，不如说是反对朱熹的理本论。前两点都是针对这一问题的，第三点则表明王守仁认同朱熹将格物、致知与"穷天理，明人伦"勾连在一起的致思方向，只是指责朱熹达此目标的方法不当。姑且不论王守仁对朱熹的批评是否恰当，其中流露的格物、致知与"穷天理，明人伦"密不可分的思想主旨昭然若揭，与朱熹完全一致。这从一个侧面表明，王守仁讲格物、致知的动机和宗旨与朱熹并无不同，他们的分歧都是技术上、方法上的。

在此基础上，以朱熹为前车之鉴，王守仁对格物、致知作了自己的新解，其基本精神是把格物、致知纳入"致良知"体系，具体做法是把《大学》的致知说与孟子的良知说结合起来，提出了"致良知"说。对于"致良知"，他的解释是："'致知'云者，非若后儒所谓充广其知识之谓也，致吾心之良知焉耳。"（《王阳明全集卷3·传习录下》）循着这个逻辑，王守仁对格物、致知进行了如下解释：

> 若鄙人所谓致知格物者，致吾心之良知于事事物物也。吾心之良知，即所谓天理也。致吾心良知之天理于事事物物，则事事物物皆得其理矣。致吾心之良知者，致知也。事事物物皆得其理者，格物也。（《王阳明全集卷2·答顾东桥书》）

> 然欲致其良知，亦岂影响恍惚而悬空无实之谓乎？是必实有其事矣。故致知必在于格物。物者，事也。凡意之所发必有其事，意所在之事谓之物。格者，正也，正其不正以归于正之谓也。正其不正者，去恶之谓也。归于正者，为善之谓也。夫是之谓格。（《王阳明全集卷26·大学问》）

在王守仁那里，随着将格物、致知定义为正事、扩充吾心之知，手段与目的合二为一，不会再有格物之手段与"穷天理，明人伦"之目的之间的脱节。与此相联系，他对格物、致知做了顺序上的调整，强调先致知、后格物，以捍卫其心学体系，并且纠正了朱熹向外用工的做法。尽管如此，王守仁关于格物、致知的目的是"穷天理，明人伦"，并且通过显露先天良知而加强道德修养的看法与朱熹的观点在大方向上并无本质区别。

通过上述考察、分析可以看出，宋明理学家对格物、致知的具体解释虽有分歧，但是，在他们视界中，格物、致知包括知、行等无一例外地都是伦理范畴。基于这一共同点，宋明理学家的分歧最终走向了合一。朱熹从理本论出发，把格物解释为"即物穷理"。然而，他所讲的格物并非认识事物本身的规律，而是在格一草一木一昆虫之理的基础上豁然贯通，去把握那个先于天地、先于事物的宇宙之理。对于致知，朱熹解释为推致先天固有良知。对格物、致知的如此界定使程朱理学与陆王心学之间的界线开始模糊。王守仁把格物、致知解释为推及吾心先天固有良知而端正自己的行为——正事。这样一来，格物、致知便成了"正意念"、"去私欲"而回复"灵昭明觉"之心——良知。至此，朱熹和王守仁把格物、致知最终都归结为"去私欲"、"正君臣"的道德说教，最终演绎为"去人欲，存天理"的道德修养工夫。

宋明理学家对格物、致知的阐释至少说明了两个问题：第一，格物、致知属于伦理道德范畴，它们倍受关注与宋明时期加强道德教化的社会需要一脉相承。第二，格物、致知与知、行的内在联系反过来突出了知、行的道德内涵和知行关系的伦理维度。这两点是宋明理学家的共识。也正因为如此，他们讲知、行时念念不忘尽心、存心、诚意、主敬和主静等，并将它们与格物、致知一起奉为道德修养和躬行的基本工夫。

同时，在宋明理学家的思想体系中，格物、致知是知、行的具体化，如果说知、行内涵和知行关系侧重理论形态、形上思辨的话，那么，格物、致知则侧重践履躬行、实践操作。从这个意义上说，他们将知、行具体化为格物、致知，更贴近百姓的日常生活，也更能发挥知人行的教化功能。

二、知行目标

如上所述，宋明理学家之所以探讨知行关系是宋明社会加强道德教化的需要使然，归根结底是为了推动、普及道德修养和道德教化。进而言之，推广、普及道德教化是为了自觉地维护宗法等级制度。特定的历史背景和理论初衷决定了他们所讲的知、行目标非常明确，如果说知侧重于明确天理与人欲之间的善恶分殊的话，那么，行则侧重在"去人欲，存天理"中超凡脱俗而成为圣人。

1. 知之目的——何为天理、何为人欲

与知即良知的特定内涵息息相通，宋明理学家重知、讲知，目的是为了知善知恶；与良知的内涵是三纲五常息息相关，天理、三纲五常等伦理道德及自觉遵守之是善，违背之是恶。这决定了知的目的是"穷天理"，在此基础上明确天理、人欲之辨。

朱熹承认天理与人欲相互依存、相互统一，并以此宣称天理与人欲相互安顿。正是在这个意义上，他断言："有个天理，便有个人欲。盖缘这个天理，须有个安顿处，才安顿得不恰好，便有人欲出来。"（《朱子语类》卷 13）不仅如此，从天理与人欲的统一出发，朱熹得出了"人欲中自有天理"（《朱子语类》卷 13）的结论。循着这个思路，天理与人欲的关系并非各不相干，更非相互矛盾，而是相互依存的。然而，相对于天理与人欲之间的相依、统一而言，他对二者之间的矛盾、抵触用力甚多。在这方面，朱熹强调，天理与人欲"此长，彼必短；此短，彼必长。"（《朱子语类》卷 13）如此说来，天理与人欲不是相得益彰或相互促进的关系，而是相反相克的竞争关系、对立关系。对此，他解释说：

> 天理、人欲相为消长分数。"其为人也寡欲"，则人欲分数少，故"虽有不存焉者寡矣"。不存焉寡，则天理分数多也。"其为人也多欲"，则人欲分数多，故"虽有存焉者寡矣"。存焉者寡，则是天理分数少也。（《朱子语类》卷 61）

进而言之，天理与人欲之间的这种此消彼长、不胜则败的关系决定了二者始终处于高度紧张的矛盾对垒之中，对此，人只能取一弃一，绝无中立、调和的可能。于是，朱熹一再强调：

> 人只有个天理人欲，此胜则彼退，彼胜则此退，无中立不进退之理，凡人不进便退也。（《朱子语类》卷 13）

> 天理人欲相胜之地，自家这里胜得一分，他那个便退一分；自家这里退一分，他那个便进一分。（《朱子语类》卷 59）

循着这个思路，天理、人欲代表两股势力和趋向，其间只有竞争，没有调和。有鉴于此，朱熹把天理与人欲绝对对立起来，宣称天理与人欲不可并存，得出了"天理与人欲，不容并立"的结论。正是在这个意义上，他宣称："人之一心，天理存，则人欲亡；人欲胜，则天理灭，未有天理人欲夹杂者。"（《朱子语类》卷13）不仅如此，鉴于天理与人欲的矛盾对立、不共戴天，朱熹指出，为了成为圣人，为了存天理，就必须灭人欲。

进而言之，在宋明理学家那里，天理、人欲与宗法等级制度规定的上下尊卑息息相关，如果说符合等级名分的是天理——甚至可以说，等级名分本身即是天理的话，那么，不符合等级名分的则是人欲。书中的这则记载表达了朱熹对天理与人欲的区分，也道出了宋明理学家讲天理、人欲之分的枕中鸿秘：

> 问："饮食之间，孰为天理、孰为人欲？"曰："饮食者，天理也；要求美味，人欲也。"（《朱子语类》卷13）

在这里，以饮食为例，朱熹认定饥食渴饮的生理欲望人生来就有，是天理；若对饮食追求精细、饱美，便属于人欲。按照他的说法，欲是对物质生活的正当要求和欲望，人生而有欲是必然的，对欲不能绝对地予以否定。正是在这个意义上，朱熹指出："若是饥而欲食，渴而欲饮，则此欲亦岂能无？"（《朱子语类》卷94）可见，他并不否定人具有维持生存的欲望，并在一定限度内肯定欲的合理性。在这方面，朱熹反对佛教笼统地禁欲、无欲，指责佛教的主张违背了生活常识，简直就是"终日吃饭，却道不曾咬著一粒米；满身著衣，却道不曾挂著一条丝。"（《朱子语类》卷126）

同时，朱熹特别对欲与人欲予以了区分，强调欲与人欲有别，必须将欲限定在宗法等级许可的范围内，以免膨胀为人欲。为了把人的欲望限定在天理允许的界限之内，他以维护等级制度的礼来区分天理与人欲，告诫人"非礼勿视听言动，便是天理；非礼而视听言动，便是人欲。"（《朱子语类》卷40）这个说法证明，知即牢固树立宗法等级观念，按照等级制度规定的上下、尊卑来规范自己的思想和行为，以确保自己的所思、所言、所行符合自己的等级名分。朱熹对格物的解释印证了知的这一目标。对于格物，朱熹的解释是："格物者……须是穷尽事物之理。"（《朱子语类》卷 15）意思是说，格物不是拘泥于草木、昆虫的表面现象，做春生夏长的思考，而是通过它们体会天理在不同事物上的不同表现，从宏观上把握"理一分殊"的等级秩序。按照他的说法，天理只有一个，是万物的共同本原；同一个天理在不同事物上的具体表现迥然不同，显示出差异和分殊。在这个意义上，朱熹断言："万物皆有此理，理皆同出一原。但所居之位不同，则其理之用不一。如为君须仁，为臣须敬，为子须孝，为父须慈。物各具此理，而物物各异其用，然莫非一理之流行也。"（《朱子语类》卷 18）进而言之，天理在不同事物上呈现出差异，这些分殊不是杂乱无章的，而是和谐有序的。具体地说，万物之间的差异和分殊共同组成了等级秩序——"等差"，使整个宇宙处于和谐之中。对此，朱熹论证说：

> 人物并生于天地之间，本同一理，而禀气有异焉。禀其清明纯粹则为人，禀其昏浊偏驳则为物，故人之与人自为同类，而物莫得一班焉，乃天理人心之自然，非有所造作而故为是等差也。故君子之于民则仁之，虽其有罪，犹不得已，然后断以义而杀之。于物则爱之而已，食之以时，用之以礼，不身翦，不暴殄，而既足以尽于吾心矣。其爱之者仁也，其杀之者义也，人物异等，仁义不偏，此先王之道所以为正，非异端之比也。（《四书或问·孟子或问卷 1》）

在对格物作如此规定的基础上，朱熹呼吁通过格物达到致知，并把"明人伦"的希望寄托于"穷天理"。不仅如此，依据他的理解，不论"穷天理"还是"明人伦"归根到底都是对宗法等级秩序的体悟和认同。基于这个前提，朱熹断言：

> 说穷理，只就自家身上求之，都无别物事。只有个仁义礼智，看如何千变万化，也离这四个不得。公且自看，日用之间如何离得这四个。如信者，只是有此四者，故谓之信。信，实也，实是有此。论其体，则实是有仁义礼智；论其用，则实是有恻隐、羞恶、恭敬、是非，更假伪不得。试看天下岂有假做得仁，假做得义，假

做得礼，假做得智！所以所信者，以言其实有而非伪也。更自一身推之于家，实是有父子，有夫妇，有兄弟；推之天地之间，实是有君臣，有朋友。都不是待后人旋安排，是合下元有此。又如一身之中，里面有五脏六腑，外面有耳目口鼻四肢，这是人人都如此。存之为仁义礼智，发出来为恻隐、羞恶、恭敬、是非。人人都有此。以至父子兄弟夫妇朋友君臣，亦莫不皆然。至于物，亦莫不然。但其拘于形，拘于气而不变。然亦就他一角子有发现处：看他也自有父子之亲；有牝牡，便是有夫妇；有大小，便是有兄弟；就他同类中各有群众，便是有朋友；亦有主脑，便是有君臣。只缘本来都是天地所生，共这根蒂，所以大率多同。圣贤出来抚临万物，各因其性而导之。（《朱子语类》卷14）

2.行之目标——"去人欲，存天理"

道德修养的提升和道德教化的普及都不仅表现为道德观念，更主要的体现为道德行为。正因为如此，宋明理学家在探讨知行关系时关注道德修养，重视道德践履，并且不约而同地将知、行、格物、致知聚集在"去人欲，存天理"上。在某种程度上可以说，他们热衷于阐发知行关系，是为了更好地存心、格物、致知，最终目的是在"穷天理，明人伦"的基础上，通过"去人欲，存天理"而超凡脱俗、成为圣贤。与此相关，宋明理学家讲行，目的是在知善知恶的前提下去恶从善。具体地说，由于善即天理、恶即人欲，去恶从善之行转化为"去人欲，存天理"。

朱熹之所以不厌其烦地界定天理与人欲的关系，是为了在明确善恶的基础上"去人欲，存天理"；不仅如此，基于对天理与人欲的对立理解，他提出了"革尽人欲，复尽天理"（《朱子语类》卷13）的口号，让人在去人欲中存天理。在这方面，朱熹要求人对人欲要"克之、克之而又克之"，就像杀敌一样与人欲进行斗争，坚决把人欲消灭干净。他强调，革除人欲要坚决彻底，大的方面固然要克，小的方面也不能放过，尤其要在纤微细小处用力。因此，朱熹宣称："未知学问，此心浑为人欲；既知学问，则天理自然发见，而人欲渐渐消去者，固是好矣，然克得一层又有一层，大者固不可有，而纤微尤要密察。"（《朱子语类》

卷 13）这就是说，只有从一言一行、一举一动、一饮一食上做起，"纤微尤要密察"，"去人欲，存天理"的工夫方能收到成效。循着这个思路，他甚至要求，"吃一盏茶时，亦要知其孰为天理，孰为人欲。"（《朱子语类》卷 36）进而言之，朱熹之所以对人欲的态度如此决绝，不仅是因为人欲与天理势不两立，妨碍了人超凡脱俗，而且因为"人之所以不乐者，有私意耳。"按照他的说法，人一旦"私欲克尽"，"见得那天理分明……不被那人欲来苦楚，自恁地快活。"（《朱子语类》卷 31）如此说来，克服人欲是人的快乐秘方，为了跳出苦海，必须克灭人欲。

其实，"去人欲，存天理"并不是朱熹的专利，在这一点上，宋明理学家大都与朱熹同道而同调。其中，程颐的那句"饿死事极小，失节事极大"（《河南程氏遗书》卷 22 下）对后世尤其是妇女的悲惨处境产生了深远而巨大的影响。此外，还有王守仁。

王守仁对"去人欲，存天理"的执着不仅源于知行目标，而且出于切身感受。多年的戎马生涯使他深切感受到"破山中贼易，破心中贼难"。正是围绕着"破心中贼"的宗旨，王守仁建构了自己的哲学。那么，什么是"心中贼"？对于心中之贼究竟应该怎么破？"去人欲，存天理"是全部答案。按照王守仁本人的解释，"破心中贼"就是"去人欲"，铲除心中的不善之念，其具体途径和方法就是"去人欲，存天理"。正因为如此，他对朱熹"去人欲，存天理"的主张完全赞同，理解也基本一致。唯一不同的是，王守仁将"去人欲，存天理"纳入"致良知"的体系中，致使其又多了一个术语——"致良知"。更有甚者，王守仁对"去人欲，存天理"的重视与朱熹相比有过之而无不及。

与"破心中贼"的理论初衷相呼应，王守仁将知、行、学、格物和致知等所有道德修养的最终目标都设置为"破心中贼"、"去人欲，存天理"而成为圣人。与此相联系，他将通过"去人欲，存天理"而成为圣人视为最高的价值追求和行为目标，并且奉其为教育、为学的唯一内容和根本宗旨。下面的句子在王守仁的著作中绝非个案：

> 学是学去人欲，存天理；从事于去人欲，存天理，则自正。

（《王阳明全集卷 1·传习录上》）

> 学者学圣人，不过是去人欲而存天理耳。(《王阳明全集卷1·传习录上》)

不仅如此，对于如何"去人欲，存天理"，王守仁提出了"静处体悟，事上磨练"等具体修养方法。按照他的要求，"去人欲，存天理"不能只限于事上磨练——仅仅在面对外物诱惑时克灭私欲是不够的，还要在静坐时"省察克治"、不得松懈。更有甚者，为了让人把精力都用于"去人欲，存天理"，避免向外用工，循着心外无知、致知外无学的逻辑，王守仁坚决反对一些人皓首穷年读书明理的做法，以此抵制那种"专去知识才能上求圣人"的想法和做法。在他看来，如果只从知识、才能上求做圣人，结果必然是南辕北辙——离圣人越来越远。这是因为，终日"从册子上钻研，名物上考察，形迹上比拟，知识愈广而人欲愈滋，才力愈多而天理愈蔽。"(《王阳明全集卷3·传习录下》)基于这种认识，王守仁修改了圣贤标准，推出了自己的新方案。对此，他一再指出：

> 圣人之所以为圣，只是其心纯乎天理，而无人欲之杂。犹精金之所以为精，但以其成色足而无铜铅之杂也。(《王阳明全集卷1·传习录上》)

> 所以谓之圣，只论精一，不论多寡。只要此心纯乎天理处同，便同谓之圣。若是力量气魄，如何同得！后儒只在分量上较量，所以流入功利。(《王阳明全集卷3·传习录下》)

按照王守仁的一贯说法，圣人"所以为圣者"，只在"纯乎天理而不在才力也"，这就如同鉴别一块金子是否精纯，"盖所以为精金者，在足色而不在分两，犹一两之金比之万镒，分两虽悬殊，而其到足色处可以无愧。"(《王阳明全集卷3·传习录下》)在此基础上，根据自己的圣贤标准，他提出了一套相应的做圣成贤的方法途径和践履工夫。在这方面，王守仁对圣贤标准的改变使"去人欲，存天理"、"致良知"成为超凡入圣的唯一途径和不二法门，除此之外，别无出路。按照他的说法，良知人人皆有，人人都可以通过"致良知"而成为圣人；超凡入圣的方法是切实进行"去人欲，存天理"、"致良知"的工夫。循着这个思路，王守仁反复申明：

自己良知原与圣人一般，若体认得自己良知明白，即圣人气象不在圣人而在我矣。(《王阳明全集卷2·启问通道书》)

各人尽着自己力量精神，只在此心纯天理上用功，即人人自有，个个圆成，便能大以成大、小以成小，不假外慕，无不具足。(《王阳明全集卷1·传习录上》)

这样，王守仁的道德修养工夫便由"去人欲"、"破心中贼"开始，通过格物、致知而"致良知"，最后在超凡入圣中以"存天理"、"致良知"终。就方向、途径而言，"致良知"省略了向外格物的环节，堵塞了向外穷天理、作圣贤的途径；就宗旨而言，良知成为唯一真知。在此，一切都变得简单、明了，"去人欲，存天理"贯彻始终。

王守仁对"去人欲，存天理"的津津乐道表明，"去人欲，存天理"作为宋明理学知行观之道德意蕴和伦理维度的集中表现和最高目标，并非朱熹一人对此情有独钟。其实，宋明理学家都对"去人欲，存天理"乐此不疲，对于他们来说，这是一个共同关注的公共话题和热门话题。

总之，在宋明理学中，与为道德教化提供理论辩护的知行观注定要重视道德修养和道德实践一样，知、行、格物、致知都被归结为"去人欲，存天理"表明，按照三纲五常的道德要求和等级名分各处其处地各得其得从一开始便是注定的唯一结局。这一切决定了宋明理学家津津乐道的"去人欲，存天理"也就是打消不利于宗法等级的念头，自觉地维护现实社会的等级尊卑秩序，按照宗法等级秩序规定的名分来处理理欲、义利、公私和人我关系，在君臣、父子的人伦日用中将宗法社会的伦理道德落实到行动上。在这里，如果说各处其位、各得其所是存天理的话，那么，克服非分之欲、不存非分之欲便是去人欲。如此说来，正是在"去人欲，存天理"中，宗法名分和等级制度所代表的天理以知的身份发挥着指导作用，行在君臣父子的人伦日用中时时刻刻进行着。

三、知行关系

在宋明理学家那里，对知、行内涵和目标的界定共同彰显了其道德内涵和伦理维度，与探讨知行关系的初衷是为了加强道德教化相呼应，他们对知、行的内涵界定和目标设置都是为了在认同伦理道德、宗法等级的基础上践履之、服从之。这些共同决定了宋明理学家对知行关系的处理强调知对行的指导，于是，以知为先、知先行后成为最高呼声。诚然，综观宋明理学家对知行关系的厘定，各种说法纷至沓来，从知先行后、知本行次、知行互发、知行俱到、以行为重到"知行合一"、不分先后等等，见仁见智、不一而足。这些观点表面上看来并不相同，有些甚至相互抵牾，给人针锋相对或截然对立的感觉。然而，这种嘈杂的现象背后隐藏着相同的精神实质和价值旨趣，那就是：以知为先。

1. 二程的知先行后论

程颐认为，人的行为不善，关键在于不知——终归是不明事理的缘故。基于这种分析，他强调，在处理知与行的关系时必须知先行后——只有让知在前面指导行，才能确保行的正确性。正是在这个意义上，程颐不厌其烦地指出：

人为不善，只为不知。(《河南程氏遗书》卷15)

须是识在所行之先，譬如行路，须得光照。(《河南程氏遗书》卷3)

不致知怎生行得？勉强行者，安能持久？除非烛理明，自然乐循理。(《河南程氏遗书》卷18)

按照程颐的逻辑和设想，正如先有烛光照清路途方能行路一样，欲行必须先知。这就是说，必须先有正确的认识，然后依此而行，才可能有正确的行为；同时，只有知之真切、笃实，才能确保行之持久、安泰。基于这种认识，他主张，知在先、行在后，告诫人们一定要在知的指导下去行。于是，程颐指出：

故人力行，先须要知……譬如人欲往京师，必知是出那门，行那路，然后可往。如不知，虽有欲往之心，其将何之？……到底，须是知了方行得。(《河南程氏遗书》卷18)

不难看出，程颐之所以强调知先行后，除了确保行的方向正确之外，还有以知为行提供信念支持、树立信心之意。在他看来，只有在知的引领下，行动起来才能安然而持久。其实，无论用意如何，在关于知与行的先后次序上，程颐总是毫不迟疑地主张先知后行。不仅如此，循着知先行后的逻辑，二程提出了知本行次、行难知亦难等观点，以此突出知的重要性。从这个角度看，在他们的知行观中，知处于主导地位，因为知先行后的思想主旨是强调知对行的指导，在知与行的相互依赖中侧重行对知的依赖。

2．陆九渊的"博学在先，力行在后"

在知与行的关系上，陆九渊与二程一样主张知先行后。对此，他一再写道：

> 博学、审问、慎思、明辨、笃行。博学在先，力行在后。吾友学未博，焉知所行者是当为、是不当为？（《陆九渊集卷35·语录下》）

> 为学有讲明、有践履……未尝学问思辨，而曰吾唯笃行之而已，是冥行者也……讲明之未至，而徒恃其能力行，是犹射者不习于教法之巧，而徒恃其有力，谓吾能至于百步之外，而不计其未尝中也。（《陆九渊集卷12·与赵咏道2》）

按照陆九渊的说法，只有先明白了道理，行才能有正确的方向；否则，践履便会迷失方向，成为冥行。循着这个逻辑，必须先知后行。可见，在主张知先行后上，陆九渊与二程别无二致，他力主此说的初衷也与二程如出一辙。

3．朱熹的"论先后，知在先"

朱熹认为，在处理知与行之间的关系时，就下手处而言——借用他本人的话语结构即"就其一事之中而论之"，则须知先行后。正是在这个意义上，朱熹一再指出：

> 而就一事之中以观之，则知之为先，行之为后，无可疑者。（《朱文公文集卷42·答吴晦叔》）

> 今就其一事之中而论之，则先知后行，固各有其序矣。（《朱文公文集卷42·答吴晦叔》）

朱熹的这两段话表明，在处理现实的、具体的知行关系时，必须遵守知在先、行在后的次序。正是在就一事而论中，他强调，"论先后，知在先"。进而言之，朱熹知先行后的基本含义是，在处理知行关系时，应该从知下手，知后而行，在知与行之间存在着一个逻辑上的先后顺序和价值上的本末关系。在他的著作中，许多对知行关系的论述都是从这个角度立论的。下举其一二：

> 须是知得，方始行得。（《朱子语类》卷101）

> 先知得，方行得。所以《大学》先说致知。（《朱子语类》卷9）

> 论先后，当以致知为先。（《朱子语类》卷9）

> 故圣贤教人，必以穷理为先，而力行以终之。（《朱文公文集卷54·答郭希吕》）

可见，对于为学的次序和如何处理知行关系，朱熹的看法是，人在为学或修身养性时必须先致知、穷理，然后依照所明之理去行。这里的知行具有一个先后程序，其中隐藏的理由是，凡人作事必定在明白其中的道理之后依此而行，才有可能作出符合规范的行为来。与此相关，知先行后的第二层含义是，知在行先以指导行，行在知后依照知的引领而行。在这个意义上，他再三指出：

> 义理不明，如何践履？……如人行路，不见便如何行？（《朱子语类》卷9）

> 道理明时，自是事亲不得不孝，事兄不得不悌，交朋友不得不信。（《朱子语类》卷9）

> 然去私欲，必先明理……至于教人，当以知为先。（《朱子语类》卷37）

对于朱熹的知先行后而言，如果说第一层含义是技术上、程序上的话，那么，第二层含义则是目的性、价值性的。因为知在先是为了确保行的正确，只有先知后行方可避免行的盲目，以免误入歧途。按照他的说法，只有先明白了道德义理、树立正确的道德认识，才有可能发生正确的道德行为；只有先明晓义理，才能使行为有所规范而合于义理。否则，没有知的指导或不知而行，必然如盲人行路一般，在践行中陷于盲目，甚至是危险境地。与此相联系，知在先还有另一层含义：如果不能知行俱到、不得已作出取舍的话，那么，只能是先知后行，而万万不可先行后知或不知而行。按照朱熹的说法，如果"全不知而能行"，那太不可思议了，也太危险了。基于上述考虑，他选择知先行后。对此，朱熹解释说："切问忠信，只是泛引且已底意思，非以为致知力行之分也。质美者固是知行俱到，其次亦岂有全不知而能行者。"（《朱文公文集卷60·答潘子善》）出于这种考虑，他坚决反对行在知先的做法。例如，朱熹曾说："有以行为先之意，而所谓在乎兼进者，又若致知力行，初无先后之分也，凡此皆鄙意所深疑。"（《朱文公文集卷42·答吴晦叔》）在这里，他不仅反对"以行为先"，而且反对知行"无先后之分"，对这两种观点的反对一起支持了知先行后的观点。

此外，朱熹主张知先行后，是因为坚信真知无有不行者。他认定，只要真知就一定能行，如不能行，只是知之太浅。循着"知得方行得"的思路，朱熹认为，知是行的基础和根据，若行"便要知得到，若知不到，便都没分明，若知得到，便著定恁地做，更无第二著第三著。"（《朱子语类》卷15）这就是说，只要知之真切，就必然能行；只要知在先，行是迟早的事。循着这个逻辑，不论为学还是做人，当然都应该把重点放在知上。

总之，从二程、陆九渊到朱熹都主张知先行后。对于大多数宋明理学家提倡的知先行后，有三个问题亟待澄清：

其一，二程、陆九渊和朱熹等人主张知先行后并不认为离开知就没有行，也不否认没有知也可能发生行；恰好相反，他们承认没有知也能行，并且恰恰因为存在着脱离知的行，或者说，没有知在先也一样可以行，所以才奋力疾呼知先行后。宋明理学家这样做恰恰是为了避免、杜绝不知而行，究其原因，是因为他们认为没有知的指导，便无法保证此行合乎知。与此相联系，宋明理学家将脱离知指导的行称为妄行、冥行，在价值上对这种行为不予认可。更有甚者，在他们看来，脱离知的妄行、冥行不仅没有价值，而且非常危险。由于宋明理学家们不愿甚至害怕冒这个险，因此断言无知之行不若不行。循着这个逻辑，为了完全杜绝此类之行，唯一的办法就是知先行后，以此把行永远锁定在知的指导、监督和控制之下。对于宋明理学家心中的这个秘密，朱熹的话一语破的："行者不是泛而行，乃行其所知之行也。"(《朱文公文集卷32·答张敬夫》) 这表明，朱熹之所以不厌其烦地嘱咐人一定要先知后行，是因为他认可、渴望的行不是宽泛的行，而是在知指导下的行。在这种特定的含义下，知先行后便是不言而喻的了。也正因为这个原因，强调知先行后的并不是朱熹一个人。在这个问题上，大多数宋明理学家与朱熹同道。

其二，为了突出知对行的指导，宋明理学家强调，行必须在知的策划、引领和监督下进行，于是推出了知先行后。其实，从行必须依赖知的指导这个角度看，他们所讲的知先行后与知行不分前后、相互依赖等观点之间并不矛盾，说的是一个意思。因为从目的是为了以知指导行的角度看，知先行后也是一种知行相依、不可分离——至少是相互依赖的一个方面。正因为如此，宋明理学家都强调知行相互依赖、缺一不可，朱熹对知行关系前后看似矛盾的说法恰好证明了这一点。在他的论述中，一方面，知行相互依赖、俱到互发，一定要齐头并进、不可偏废。从这个意义上说，知与行是同时进行的，不可分为先后。另一方面，"论先后，知在先"，一定要先知后行。对于一面齐头并进俱到，一面分为先后，朱熹本人的说辞是前者是本原性的、抽象的，后者是具体的、就一事而论的。其实，一事中的知先行后以知行相互依存为前提，不仅离开知行相依这一原则便没有知先行后，而且知先行后本身就是相依的一种——说明了知行如何相互依存，只不过是侧重行如何依赖知而已。这表明，宋明理学家的知先行后不是在发生论而是在功能论上立论的，他们对抽象的、本原上的知与行孰先孰后、谁产生谁的问题不感兴趣，而是把关注的焦点聚集在具体处理知行关系时二者的相互依赖、相互作用上；尽管在知行的相互依赖中偏袒行对知的依赖，不证自明的前提还是知行相互依赖。

其三，无论对于二程、朱熹还是陆九渊而言，知先行后都不是其知行观的唯一观点，或者说，不能将他们中任何人对知行关系的理解都归结为知先行后。事实上，在他们对知行关系的厘定中，知先行后只是其中的一个环节而不是全部，因而不能将之绝对化。

　　基于上述分析，对宋明理学家所讲的知先行后不能简单地理解为时间上或逻辑上的先后关系，更不存在知行脱节问题，因为这里的知先行后以不证自明的知行相互依赖为前提。这也是朱熹等人为什么一面断言知在先、行在后，一面宣称知行俱到互发，并且强调行为重的秘密所在。明白了这一点便会发现，宋明理学家主张知先行后是为了说明知的价值和作用在于指导行——也只有通过行才能体现出来，原本就没有将知与行断然分作两截的意思。

四、知行分歧

　　提起宋明理学家对知行关系的厘定，给人印象最深的莫过于知先行后：这不仅是因为二程、朱熹和陆九渊等人不约而同地呼吁知先行后，而且因为王守仁竭尽全力地反对知先行后，并且针锋相对地指出"知行合一"、不分先后。

　　诚然，"知行合一"这一命题并非王守仁的首创。在他之前，南宋理学家陈淳就有知行"不是截然为二事"的说法，明代理学家谢复更是明确提出了"知行合一"、"知行并进"的命题。王守仁之所以推崇"知行合一"，是针对当时的社会恶习有感而发的，特别是为了反对朱熹的知行观。按照王守仁的说法，朱熹的知先行后在社会上造成了知行脱节、言行不一的恶劣风气，有些人就是借口先知后行而对伦理道德不肯躬行的。对于自己倡导"知行合一"的良苦用心，他曾经表白说：

　　　　今人却就将知行分作两件去做，以为必先知了然后能行，我如今且去讲习讨论做知的工夫，待知得真了方去做行的工夫，故遂终身不行，亦遂终身不知。此不是小病痛，其来已非一日矣。某今说个知行合一，正是对病的药。（《王阳明全集卷1·传习录上》）

　　王守仁认为，朱熹的知先行后对此难辞其咎的"知得父当孝、兄当弟者，却不能孝、不能弟"的毛病不是"小毛病"，滋长下去将危害整个社会；自己提倡"知行合一"，正是为了以知行不分先后为下手处，抵制知行脱节，以此作"对病的药"来整顿道德，挽救当时的社会危机。正因为如此，王守仁十分重视"知行合一"、不可分离，致使"知行合一"成为其知行观的核心命题。

可见，王守仁是将朱熹的知行观作为批判的靶子——特别是针对其知先行后来阐释"知行合一"的。然而，如上所述，朱熹等人的知先行后在理论上并没有认为知行可以截然分开，而是在知指导行的意义上强调知行依赖。既然如此，王守仁指责朱熹等人的知先行后导致知行脱节是击中要害还是误解？尤其巧合的是，朱熹与王守仁一样反对知行脱节，他强调"知、行常相须"就是针对当时社会流行的知行脱节有感而发的。据朱熹说：

> 大抵今日之弊，务讲学者多阙于践履，而专践履者又遂以讲学为无益。殊不知因践履之实，以致讲学之功，使所知益明，则所守日固，与彼区区口耳之间者，固不可同日而语也矣。（《朱文公文集卷46·答王子允》）

按照朱熹的分析，当时社会上对知行关系的认识和处理存在着两种错误观点，造成了两种流弊。进而言之，这两种错误本质只有一个——知行脱节，形成的原因也只有一个——知行分离。与此相关，要医治这些病痛，方案只有一个——反对知行脱离，强调知行相互依赖。

至此，人们不禁要问，王守仁的"知行合一"与朱熹的知先行后真的如王守仁所说的那样形同冰炭吗？两者之间究竟是何关系？通过"知行合一"，王守仁达到预期效果了吗？要回答这些问题，有必要先弄清王守仁"知行合一"的基本含义。

1."知行合一"的基本含义

作为知行观的核心命题，"知行合一"在王守仁的思想中具有重要意义。对此，他十分重视，从不同角度予以界定和阐释，赋予其多层内含和意蕴。

其一，知行并进、不分先后。

如上所述，王守仁提倡"知行合一"并非突发奇想，也非书斋杜撰，而是为了反对朱熹的知先行后，扭转当时社会上盛行的言行不一的恶劣风气。与这一立言宗旨相呼应，在审视、处理知行关系时，他首先强调，知与行在时间上不分先后、同时并进，并将知与行之间的这种在时间上不分先后的并进关系说成是合一关系。对此，王守仁论证说：

> 故《大学》指个真知行与人看，说"如好好色，如恶恶臭"。见好色属知，好好色属行。只见那好色时已自好了，不是见了后又立个心去好。闻恶臭属知，恶恶臭属行。只闻那恶臭时已自恶了，不是闻了后别立个心去恶。（《王阳明全集卷1·传习录上》）

可见，对于知与行在时间上不分先后的合一并进，王守仁的前提和理由是，"见好色属知，好好色属行"，"闻恶臭属知，恶恶臭属行"；因为"见那好色时已自好了"，"闻那恶臭时已自恶了"。在这里，知与行在时间上不分先后，是同时并进的；既然知与行在时间上不分先后、是并进的，当然就是合一的。至此，不难发现，他对"知行合一"的所有证明都奠定在一个前提之上，这个前提是"见好色属知，好好色属行"，"闻恶臭属知，恶恶臭属行"。按照一般理解，好恶是情感，属于知；王守仁却将之界定为行，成为"知行合一"的前提。其实，他的"知行合一"就是奠基于知、行的特定含义之上的。不仅如此，王守仁对知行关系的全部理解都与对知、行的特殊诠释密切相关，或者说，是从"心外无物，心外无事，心外无理"的心学思路来解释知、行以及知行关系的。具体地说，沿着心是宇宙本体、吾心即是良知、心中包含万理的思路，他断言，知是天赋良知，并非一般的知识、理论或认识。对于行是什么，王守仁一面认定"凡谓之行者，只是著实去做这件事"（《王阳明全集卷6·答友人问》），一面宣称"一念发动处，便即是行了。"（《王阳明全集卷3·传习录下》）可见，他并不是在通常意义上给知、行下定义的，套用王夫之的话语结构便是："知者非知，而行者非行。"（《尚书引义卷3·说命中2》）不过，以宋明理学家的标准来看，如果说知为天赋良知并不奇怪甚至是意料之中，王守仁对知的理解与朱熹、陆九渊基本吻合的话，那么，王守仁对行的理解则与其他人迥异其趣，甚至有些令人匪夷所思了。因为在承认行是"著实去做"的同时，王守仁将意念归于行。这等于抽掉了知与行之间的界线，不仅导致以知代替行的后果，而且使

213

知行同时并进、不分先后、本义合一乃至不分彼此等都成为不言而喻的了。正是循着这个逻辑,他把人的意念、动机称为行,在此基础上宣布"知行合一"、并进。其实,王守仁正是从知、行——特别是行的特定含义出发来解释知行关系的。不了解知、行的特定内涵,便无法理解他对知行关系的认定和"知行合一"的精神实质;有了知、行——特别是行的特定含义,"知行合一"便顺理成章了。

其二,真知、真行本义合一。

王守仁认为,知与行在本义上是合一的。其实,由于有了一念即行的前提,知行的本义合一便可以理解了。除此之外,知行的本义合一还有更多的内容。在上面的引文中,王守仁证明知行不分先后、并进合一的前提是"指个真知行与人看",这里的知与行之所以合一并进是因为它们是"真知行"。这表明,知行并进合一、不分先后不仅是在经验层面立论的,而且是在本真层面立论的。他强调,只有相互合一的真知、真行才是知、行的整体含义和理想状态。换句话说,"知行合一"是知行的本义。知、行本义指完整意义上的知、行,王守仁称之为真知、真行。在他看来,行之方显知之真,知之方显行之真;真知不仅是道理上的知,而且必定能够见之于行;真行不是泛指一切行为、活动,而是特指在知指导下的行。正是在这个意义上,王守仁宣称:"知之真切笃实处即是行,行之明觉精察处即是知。"(《王阳明全集卷2·传习录中》)

基于这种认识,王守仁把"知行合一"视为判断真知、真行的标准,强调知、行只有在与对方的合一中才能成为真知、真行:第一,真知必能行,不行之知即非真知。在这个意义上,他反复申明:

> 未有知而不行者,知而不行只是未知。(《王阳明全集卷1·传习录上》)

> 真知即所以为行,不行不足谓之知。(《王阳明全集卷2·传习录中》)

按照王守仁的说法,真知与行合一包含两方面的含义:一方面,真知一定要转化为真行,只有落实到行动上,才算完结。另一方面,只有经过行才能知之真切、深刻。第二,真行必真知,行过方谓知。对此,他反复指出：

> 如言学孝，则必服劳奉养，躬行孝道，然后谓之孝。岂徒悬空口耳讲说，而遂可以谓之学孝乎？学射则必张弓挟矢，引满中的；学书，则必伸纸执笔，操觚染翰。（《王阳明全集卷1·传习录上》）

> 又如知痛，必已自痛了方知痛；知寒，必已自寒了；知饥，必已自饥了。知行如何分得开？（《王阳明全集卷1·传习录上》）

按照王守仁的标准，行并不都是真行，只有在真知指导下的行才是真行。确切地说，评价一种行为的善恶，不仅视其行为的过程和后果，而且兼顾其动机，应该将知（动机、意图等）纳入评价系统和考察视野。

其三，相互包含、不分彼此。

王守仁认为，知与行不仅在本义上合一，而且在具体程序上合一，这种合一使二者之间呈现出你中有我、我中有你的相互包含关系。对此，他一再解释说：

> 知是行的主意，行是知的工夫；知是行之始，行是知之成。若会得时，只说一个知已自有行在，只说一个行已自有知在。（《王阳明全集卷1·传习录上》）

> 夫人必有欲食之心，然后知食，欲食之心即意，即是行之始矣。食味之美恶，必待入口而后知，岂有不待入口而已先知食味之美恶者邪？必有欲行之心，然后知路，欲行之心即是意，即是行之始矣。路歧之险夷，必待身亲履历而后知，岂有不待身亲履历而已先知路歧之险夷者邪？（《王阳明全集卷2·传习录中》）

按照王守仁的说法，人的行为都带有目的、动机和意图，由这些计划、意图所组成的知就是行的开始。这表明，知本身就包含着行。反过来，因为行是在意志、思想的支配下发生的，是知的践履工夫，可以说是计划、主意的实施和贯彻。这表明，行中包含知，如何行就事先包含在知中。知行之间这种相互渗透、相互包含的关系就是不可分割的合一关系。不仅如此，为了强调知与行之间相互渗透、包含、合一，他强调，"知行不可分作两事"，是"两个字说一个工夫"。更有甚者，在知行相互包含、合一的基础上，王守仁淡化了两者之间的界线，得出了知行彼此相互代替、说到一方即可代替另一方的结论——"只说一个知已自有行在，只说一个行已自有知在"。按照他的设想，若领悟了知行的相互包含、合一，可以只说一方即包含着另一方。这样，知行的相互包含便呈现为知即行、行即知的合一关系。

可见，从反对知先行后开始，王守仁急切提倡"知行合一"，通过对知行关系的阐释，从知行不分先后、相互包含最终得出了知行不分彼此、相互代替的结论。这使知与行的合一变成了同一——对于知与行而言，既然只说一个就包含、代表了另一个，那么，知与行在本质上就成了一个，当然也就完全杜绝了相互脱节的可能。至此，结论与立言宗旨相呼应。在王守仁看来，这样便化解了朱熹知行观的误导。

2. 知行相依的思想主旨

透过"知行合一"——至少，在对知行关系的理解上，"知行合一"与知先行后、王守仁与朱熹等人的观点既呈现出诸多差异，又有相通之处。

其一，行为动机——"知行合一"的独特之处。

通过对"知行合一"内涵的考察不难看出，由于是针对朱熹等人的知行观提出来的补救措施和医病药方，王守仁的"知行合一"确实存在不同于他人的独特之处。其中，最明显的是：将意念说成是行以及由此引申的对行为动机的重视。在他那里，"一念发动处便即是行"，行的这个定义不仅奠定了"知行合一"的理论前提，由此引发了知行不分先后、相互包含乃至相互代替等结论，而且在审视、评价知行关系时动机与效果兼顾且注重动机。

鉴于对当时社会状况的分析，与社会背景和立言宗旨相呼应，王守仁在阐释"知行合一"时既看中后果又强调动机：第一，就强调行、践履而言，他声称："犹如称某人知孝、某人知弟，必是某人已曾行孝行弟，方可称他知孝知弟，不成只是晓得说些孝弟的话，便可称为知孝弟。"（《王阳明全集卷1·传习录上》）在这个意义上，是否实行以及行之效果是检验真知的标准，一个人只有对道德准则躬亲践履，方能证明他对道德准则有正确认识，是有道德的。循着这个思路，王守仁强调，格物、致知、"致良知"和"去人欲，存天理"等等均非一句空话，都必须落实到行动上。第二，就强调知、动机而言，他一再宣称：

> 今人学问，只因知行分作两件，故有一念发动，虽是不善，然却未尝行，便不去禁止。我今说个知行合一，正要人晓得，一念发动处，便即是行了；发动处有不善，就将这不善的念克倒了，须要彻根彻底，不使那一念不善潜在胸中。此是我立言宗旨。(《王阳明全集卷3·传习录下》)

> 彼一念而善，即善人矣……尔一念而恶，即恶人矣；人之善恶，由于一念之间。(《王阳明全集卷17·南赣乡约》)

在王守仁那里，意念即是行；只要有恶的意念，即使没有去行，也不能容忍，也要将其克灭。因此，评价一种道德行为，不能仅视其客观效果或后果，而且要考察其行为动机。不仅如此，王守仁在动机与效果兼顾的同时，特别在意动机，这一点与"知行合一"的立言宗旨就是"不使那一念不善潜在胸中"一脉相承。众所周知，在多年的亲身实践中，王守仁切实感受到"破山中贼易，破心中贼难"。所谓"心中贼"，即潜伏在人心中的恶念。在他看来，与"山中贼"相比，"心中贼"、恶念更可怕，也更危险，对此不仅不能姑息，反而应该提高警惕、彻底铲除。有鉴于此，王守仁的思想建构包括"知行合一"均以"破心中贼"、铲除潜伏在人内心的恶念为初衷。为了唤起人们对不善之念的防范，他强调"知行合一"，并且别出心裁地提出了"一念发动处便即是行"的观点。进而言之，王守仁之所以把"一念发动"称为行，就是为了强调心中的恶念是危险的，目的是严密加强对人的思想统治。在这方面，他曾经说："必欲此心纯乎天理，而无一毫人欲之私，非防于未萌之先，而克于方萌之际不能也。"(《王阳明全集卷2·答陆原静·又》)更有甚者，作为动机论的极端表达和具体贯彻，王守仁修改了圣贤标准，不仅在圣人标准中删除了知识、功绩和著述等方面的内容，而且将道德躬行排除在外，致使圣人标准只剩下了心中意念之善。依照他修改后的新的圣人标准，圣人之所以成为圣人，是因为"其心纯乎天理而无一丝人欲之杂"。这样一来，人只要意念纯正，没有私心杂念，便是圣人；做圣人只需要意念纯正，不必真正去行。这一结论与"人之善恶，由于一念之间"如出一辙。王守仁的圣人标准隐藏的知行关系的误区同样显而易见，其突出表现便是用知代替了行，以动机遮蔽了后果。

可见，如果说二程、朱熹和陆九渊主张以知为先是为了确保行之正确，注重行为后果的话，那么，王守仁的"知行合一"则对行之动机予以考察，在关注后果的同时兼顾动机。由此可以看出王守仁"知行合一"的独特之处，那就是：与他人相比，王守仁对行为善恶提出了更高的要求和标准——不仅行为的后果要善，而且动机也要善。"知行合一"所包含的这种动机与效果之间的张力是王守仁对善与恶提出的不同要求。从善恶的双重标准可以看出，王守仁把意念说成是行可谓用心良苦。对于这一点，梁启超的解释可以作为参考："善而不行，不足为善……仅恶念发，已足称为恶。"（《德育鉴·知本》）

其二，精神实质——宋明理学知行关系的相同点。

尽管注重动机，然而，与其他宋明理学家一样，王守仁关注道德教化，始终不改提高社会道德水平的初衷。与此相关，王守仁与朱熹的知行观——包括"知行合一"与知先行后流露出相同的精神实质。

首先，王守仁"知行合一"的三个方面都是对知行相互依存、不可分离的强调，可以归结为知行相互依赖。从这个意义上说，他的"知行合一"与包括朱熹在内的其他理学家主张知先行后的精神实质是一致的。

朱熹讲知先行后是就具体事件而言的，就知行关系的理想状态而言，知行俱到，不分先后。更能说明问题的是，他虽然没有提出"知行合一"，却强调知行相须、互发，这与王守仁的思想倾向基本一致。在讲述知行关系时，朱熹指出，知与行相互依赖，谁也离不开谁；正像走路一样，只有眼睛没有脚走不了，只有脚没有眼睛也走不好。他同样以走路为例解释说，知与行之间的相互依赖、相互作用就像两条腿走路一样，必须一齐用力才能做好。基于这种认识，朱熹强调，知行相依，不可分离，必须"俱到"，决不可以对二者厚此薄彼。不仅如此，鉴于知与行的相互依赖，他反对知至后行。"若曰必俟知至而后可行，则夫事亲从兄，承上接下，乃之所不能一日废者，岂可谓吾知未至而暂辍，以俟其至而后行哉?"（《朱文公文集卷42·答吴晦叔》）在此基础上，朱熹进一步指出，知与行不仅相互依赖，而且相互促进。正如知之明会促进行之笃一样，行之笃反过来也会促进知之明。在这个层面上，知与行的相互依赖表现为二者相互提高、相互促进，这套用他本人的话语结构便是"知行互发"。基于这种认识，朱熹劝导人们，对知、行不可偏废，知未至就着力于知，行未至就着力于行，在知、行各项"俱到"的前提下，使知行"互发"。书中的很多记载表达了他这方面的思想。例如：

> 问："南轩云：'致知、力行互相发。'"曰："未须理会相发，且各项做将去。若知有未至，则就知上理会，行有未至，则就行上理会，少间自是互相发。"（《朱文公文集卷42·答吴晦叔》）

鉴于知与行的相互依赖和相互提高，也为了防止人对知、行举一弃一或厚此薄彼，朱熹强调，在为人、为学的过程中，知、行必须齐头并进、不可偏废。正是在这个意义上，他一再声称：

> 知与行，工夫须著并到。知之愈明，则行之愈笃；行之愈笃，则知之盖明。二者皆不可偏废。如人两足相先后行，便会渐渐行得到。若一边软了，便一步也进不得。（《朱子语类》卷14）

> 知与行须是齐头做，方能互相发……不可道知得了方始行。

（《朱子语类》卷117）

在朱熹看来，知行并进、相互促进，两者必须一齐去做，才能收到成效；相反，如果只偏向一边，必然导致失败——无论偏向知或行哪一边都一样。有鉴于此，他一再强调：

> 致知力行，用功不可偏，偏过一边，则一边受病。（《朱子语类》卷9）

> 且《中庸》言学问思辨，而后继以力行。程子于涵养、进学亦两言之，皆未尝以此包彼，而有所偏废也。（《朱文公文集卷33·答吕伯恭》）

可见，对于知行关系，朱熹始终强调二者的相互依赖，知与行相互促进、俱到互发，说的都是这个意思。这是他审视知行关系的大方向、大原则，更是知行关系的理想状态。显然，朱熹的这个观点与王守仁所讲的知、行本义相互映衬。不仅如此，在实践操作上，与抵制知、行脱节相一致，朱熹反对"知至而后可行"的做法，将知、行视为不可分离、相互促进的。与此相关，他要求人们在为学、为人中做到知行齐头并进、知行相长。在这个意义上，朱熹对知行关系的理解可以视为不分先后。这不禁使人想起了王守仁"知行合一"的第一层含义。不仅如此，朱熹从各个角度界定知行关系，为的就是将二者统一起来。具体地说，他对知行关系的总看法是："知、行常相须，如目无足不行，足无目不见。论先后，知在先；论轻重，行为重。"（《朱子语类》卷9）可见，朱熹所理解的知行关系包括三个方面，即知行相依、知先行后和以行为重。这三个方面各有侧重，是从不同角度立论的。同时，它们相互联系，共同构成对知行关系的整体考察。因此，对于任何一方面都不可绝对化。这就是说，这三个方面不是对知行关系的横向考察或静态审视，而是对知行关系的动态考察。因此，对三个方面的理解应该相互参照。此外，朱熹对知行关系有一段概括，可以与上述对知行关系三个方面的论述相互参照。现摘录如下：

> 力行其所已知，而勉求其所未至，则自近及远，由粗至精，循循有序，而日有可见之效矣。（《朱文公文集·续集卷6·答卢提翰》）

在此，朱熹勾勒了知行关系的动态轨迹，也可以视为对知行三方面关系的总结和概括。在这个轨迹和程序中，行为重，但行不是妄行，是行其所已知，这里有个知在先的问题。然而，无论知还是行都不是一劳永逸的。知、行均不是一日之功，而是一个长久的过程。具体地说，知、行都有远近、精粗之分，每一次由近及远、由粗至精都是在知而行、行而知的相须、互发中完成的。与此相关，朱熹所讲的知行关系的三个方面均不是孤立的，只有在相互参照中才能避免其片面性。于是，可以看到，在他那里，知行相互依存、不可偏废，必须齐头并进一起做是在抽象意义上讲的，并且是一种理想状态。一旦落实到现实生活和实际操作中，反对"知而后行"的朱熹讲知行互发俱到并不妨碍他强调知先行后。与此相联系，刚说到"知、行常相须"，马上就出现了"论先后，知在先"。同样，与知行相互依赖、互发俱到一样，知先行后是朱熹关于知行关系的另一种主要观点。

至此可见，知与行相互依赖是王守仁"知行合一"的理论宗旨和价值取向，也是王守仁与程朱等人的相同之处，甚至可以说代表了宋明理学知行观的共同特征。在这个大同的前提下，如果说还有小异的话，那便是：王守仁将知与行的相互依赖进一步夸大，由相互依赖上升为不分彼此、完全合一乃至相互代替。

其次，王守仁对真知必能行的论证重申了行的重要性。在他那里，由于行为知中固有，不再是外在的强制而具有了本能的意味，更显自然和正当。王守仁所讲的"行是知的工夫"、"只说一个知已自有行在"无非是督促人们将知落实到行动上。此外，他宣称"致良知"不是一句空话等也是在知必须落实到行动上立论的，其中流露的重行、强调践履的价值旨趣显而易见。作为儒家的一贯原则，这一点同样为二程、陆九渊和朱熹所恪守。

尽管以知为先、为本，二程同样以行为重，强调知必须最终落实到行上；如果不落实到行上，知的价值便无从谈起，知也等于不知。在知务必落实到行这个层面上，程颐指出，没有行，知将流于空谈，因为知的价值体现于行。正是在这个意义上，他一再断言：

> 君子之学贵乎行，行则明，明则有功。（《周易程氏传》卷4）

> 夫人幼而学之，将欲成之也；既成矣，将以行之也。学而不能成其学，成而不能行其学，则乌足贵哉？（《河南程氏遗书》卷25）

陆九渊认为，所谓博学并非"口耳之学"，而是"一意实学，不事空言"；学是为了用，知是为了行。由此，他得出了如下认识：

> 孟子曰："幼而学之，壮而欲行之。"……少而学道，壮而行道者，士君子之职也。（《陆九渊集卷2·与朱元晦2》）

鉴于这种认识，陆九渊反对只说不做、只学不用的作法，强调学道是为了行，坚持将道德修养落实到践履上。他的这种看法反映在知行关系上就是，认定真知必须通过实行表现出来，肯定真知即包含着行的自觉；否则，知而不行，便称不上真知。对此，陆九渊解释说："自谓知非而不能去非，是不知非也。自谓知过而不能改过，是不知过也。真知非则无不能去，真知过则无不能改。"（《陆九渊集卷14·与罗章夫》）按照他的逻辑，正如知非必能在行动上去非、知过必能在行动中改过一样，一切知最终都应该通过行表现出来。这就是说，知而不去行，知便没有意义，知的价值只有通过践履才能最终体现出来。

在偏袒知的同时重行并不止于二程和陆九渊，朱熹也是一样。他宣称："德者，行之本……言德，则行在其中矣。"（《朱子语类》卷69）这就是说，道德的重要品格是实践性，行对于德至关重要。按照他的说法，只有通过行才能使我与善合一，使善成为我之善；不去行，善与我毫不相干，对于我便毫无意义。所以，朱熹一而再、再而三地宣称：

善在那里，自家却去行他。行之久，则与自家为一；为一，则得之在我。未能行，善自善，我自我。（《朱子语类》卷13）

学之之博，未若知之之要；知之之要，未若行之之实。（《朱子语类》卷13）

又问真知。曰：曾被虎伤者，便知得是可畏，未曾被虎伤底，须逐旋思量个被伤底道理，见得与被伤者一般方是。（《朱子语类》卷15）

亲历其域，则知之益明，非前日之意味。（《朱子语类》卷9）

在这里，朱熹着重阐明了行对知的促进，强调只有经过亲历诸身之行，才能知之真切、笃实；践行越深，获得的认识也就越多。基于这一理解，他对行非常重视，刚讲到"论先后，知在先"，马上让"论轻重，行为重"紧随其后。以行为重是朱熹的一贯主张。在他看来，仅仅有知是不够的，还要把知落实到行动上。因为只有经过行，才可使知更真切、更深刻。譬如要知道果子的酸甜滋味，"须是与他嚼破，便见滋味。"（《朱子语类》卷8）有鉴于此，朱熹反复强调：

致知力行，论其先后，固然以致知为先；然论其轻重，则得之以力行为重。（《朱文公文集卷50·答程正思》）

论轻重，当以力行为重。（《朱子语类》卷9）

进而言之，朱熹之所以断言"论轻重，行为重"，是因为行是检验知的标准。这包括两个方面的含义：第一，知之是非必须通过行来检验。这便是所谓的"必待之皆是，而后验其知至。"（《朱子语类》卷15）对父之孝、对兄之悌的认识是否正确，只有通过其事父、事兄的行为才能检验出来。第二，知之真切要通过行表现出来，得以验证。这便是所谓的"欲知知之真不真，意之诚不诚，只看做不做如何。真个如此做底，便是知至、意诚。"（《朱子语类》卷15）在他看来，考查一个人知是否真、意是否诚，只有一条标准——力行。这就是说，仅仅知理而不去实行，这样的知便没有价值，知也等于不知。正是在这个意义上，朱熹一再断言：

> 苟徒知而不行，诚与不学无异。（《朱文公文集卷59·答曹元可》）
>
> 既致知，又须力行。若致知而不力行，与不知同。（《朱子语类》卷115）

在此基础上，朱熹进而指出，力行是明理之终。之所以要知，目的是行。于是，他再三强调：

> 为学之功，且要行其所知。（《朱文公文集卷46·答吕道一》）
>
> 夫学问岂以他求，不过欲明此理，而力行之耳。（《朱文公文集卷54·答郭希吕》）
>
> 书固不可不读，但比之行，实差缓耳。（《朱文公文集卷48·答吕子约》）

再次，王守仁"知行合一"中的"知是行的主意"、"知是行之始"以自己的方式重申了知对行的指导，都是在知指导行的意义上说的，与其他宋明理学家的观点惊人相似。尤其是朱熹之所以在就一事而论时念念不忘知在先，就是为了以知指导行，在知的监督下进行。不仅如此，王守仁的"只说一个知已自有行在，只说一个行已自有知在"强化了知对行的指导，使知指导行从朱熹等人的自觉行动、理性选择变成了无意识的行为"本能"，甚至是行与生俱来的"先天本性"。

综合以上情况，王守仁的"知行合一"与朱熹等人的知先行后并无本质区别，其理论意图和精神实质基本相同。具体地说，二程、陆九渊、朱熹对知先行后的陈述出于相同的意图和动机，那就是：若行，要先明白做什么、如何做；所以，必须知在先。同样，为了反对脱离知而冥行，必须知在先、行在后。这表明，他们讲知先行后是为了以知指导行。其实，这也是王守仁断言知行不分先后、合一并进的题中应有之义，他的名言"知是行的主意，行是知的工夫"已经把行牢牢地锁定在知的计划之内，目的是将行永远控制在知的主意之下。尤其是在知行的相互依赖上，朱熹等人的知先行后与王守仁的"知行合一"别无二致。在某种程度上可以说，正是知指导行将宋明理学家的知先行后、知行相依和"知行合一"统一了起来，因为从知、行相互依赖的角度看，知先行后与知行相依、"知行合一"以及不分先后等等观点之间并无本质区别，只是侧重不同而已。在这个视界中，宋明理学家对知行关系的种种界说——知先行后、知本行次、行难知亦难、知行相依、以行为重、"知行合一"和不分先后等等原来说的是一个意思，这个共同的思想主旨既可以概括为知先行后，也可以表述为知行相依；当然，表达为以行为重或"知行合一"也未尝不可。因为这些说法都是技术性的，充其量只是表达方式或侧重不同，其思想主旨未尝有别。同样，在这个思维框架中透视王守仁对知行关系的看法则会发现，原来他所讲的"知行合一"也不是单向的，既包括行合于知，又包括知合于行；知与行之间的这种双向性的合一既是为了避免行脱离知，也是为了避免知落空。既然这样，"知行合一"与知先行后或知行相依之间还有什么不可逾越的鸿沟呢？换言之，宋明理学家关于知行关系的分歧只限于具体表达或侧重，具有异曲同工、殊途同归的思想实质。

这一点也是审视朱熹与王守仁知行观分歧的一个参考系数。王守仁的"知行合一"与其他人的知先行后之间既有相同点又有差异性；前者是大同，后者是小异。

五、知行定位

宋明理学家知行观的所有特征和精神实质，一言以蔽之即道德内涵和伦理维度。由于将知认定为道德观念和道德体认，将行认定为道德躬行和道德践履，于是才有了以知为本、知先行后的认识，才有了对行的强调以及"知行合一"的结论。这些主张出于迎合宋明时期加强道德教化、维护等级秩序的社会需要，也反过来使他们的知行观注重道德修养方法，成为建构社会和谐的一部分。

1. 以知为本

在宋明理学家的意识中，建构社会和谐必须加强道德教化，道德教化的目的是认识三纲五常等道德观念和行为规范，然后按照这些伦理规范的要求，服从既定的等级名分。这决定了道德教化的核心问题是如何处理道德认识与道德实践——知与行的关系问题。由于有了这个理论初衷，无论是否在时间上分先后，宋明理学家对知行关系的认定都强调行以知为指导——道德实践一定在道德观念和行为规范的指导下进行。究其原因，是为了强调只有在领悟道德原则和行为规范的前提下避免行动上的盲目性，才能保证所行符合道德要求，进而将行限定在等级名分的许可之内。这使以知为本成为宋明理学家的一致观点，也成为其知行观的精神实质。在某种程度上可以说，他们对知行关系的所有表述——从知先行后、知行相依到"知行合一"等等本质上都可以归结为以知为本。

以知为本是二程明确提出的，他们将之表述为知本行次。对此，程颐反复强调：

> 君子以识为本，行次之。今有人焉，而识不足以知之，则有异端者出，彼将流宕而不知反。（《河南程氏遗书》卷25）
>
> 学以知为本……行次之。（《河南程氏遗书》卷25）

程颐认为，人若不知而行，便可能在异端、邪说的蛊惑下陷入歧途。如此说来，要保证行之正确，必须以知为本。可见，知本行次论与前面的知先行后论之间具有相通性——都有以知指导行，以此确保行之正确的含义和意图。此外，程颐还从知对行之安危的决定作用方面阐明了知本行次的道理。对此，他举例子说，人即使饥饿难忍，也不去吃有毒的食物，因为知道那样做会危害生命；人不往水火里走，因为知道那样做危险。这些都证明，是知在保证着行的安全，使人远离危险。循着这个逻辑，若事先不知，懵懂而为，后果十分可怕。

　　程颐之所以主张知本行次，除了上面提到的只有先知才能保证行动的正确之外，还基于如下考虑：只要真知，便能行；只要知得深，便能无所不行。正是在这个意义上，他说："须以知为本。知之深，则行之必至，无有知之而不能行者，知而不能行，只是知得浅。饥而不食乌喙，人不蹈水火，只是知。"（《河南程氏遗书》卷15）按照程颐的说法，行以知为本，因为知中潜藏着行；只要知之深，自然能行。循着这个逻辑，若知而不行，那只是知之太浅或不知的缘故。正是出于这种考虑，他断言："未有知之而不能行者。谓知之而未能行，是知之未至也。"（《河南程氏粹言》卷1，《论学篇》）这表明，知愈明白，行愈果断；反之，不知则不能行。可以作为反证的是，如果"力行"而不知，则会流于异端。有鉴于此，程颐明确指出，在知与行的关系中，知为本，行次之，知比行更重要。

　　不仅如此，为了更加突出知的价值和作用，针对《尚书·说命》的"知之非艰，行之惟艰"之语及由此而来的知易行难说，二程强调知亦难。对此，程颐指出，行固然难，然而，承认行难并不意味着知就不难。其实，行难知亦难。正是在这个意义上，他一再断言：

　　　　非特行难，知亦难也。（《河南程氏遗书》卷18）

　　　　古之言"知之非艰"者，吾谓知之亦未易也。今有人欲之京师，必知所出之门，所由之道，然后可往。未尝知也，虽有欲往之心，其能进乎？后世非无美材能力行者，然鲜能明道，盖知之者难也。（《河南程氏粹言》卷1，《论学篇》）

　　在此，程颐反击知易行难的理由无非是不知即不能行，与知本行次确保行之方向异曲同工。这再次证明，他强调知亦难无非是为了在知与行都难的前提下提升知的重要性，在这个层次上，行难知亦难与知本行次在思想内涵和理论宗旨上完全相同。此外，知难还有另一层含义，即脱离明道之行——不以知为指导的行不具有道德价值。二程认为，从根本上说，知的目的是为了行，正如进行道德认识和修养的最终目的是要有正确的道德行为一样，行一定要以道德观念和行为规范为标准，符合其要求。通过强调知难，程颐旨在告诉人们，行为的本身并不难，难的是使行具有意义和价值。这正如美才能力行者有之，之所以行而无功，在于道不明一样。从这个意义上说，行并不难，难的是行而有功——所行符合等级名分的要求。这就是说，要说行难，难的也是明道、是知。可见，行难知亦难不是从行为的发生角度立论的，而是侧重行为的效果——是否符合知。二程对行必须符合知的要求决定了行对知的依赖，并由此得出了知亦难的结论。

总之，二程的知行观突出知的地位，从知先行后、知本行次到行难知亦难，一言以蔽之，都是以知为本。不仅如此，他们对知行关系的界定指引了宋明理学的学术导向，致使以知为先、以知为本成为宋明理学知行观的基本原则。此后，无论朱熹还是陆九渊、王守仁，不管提倡知先行后还是"知行合一"，在审视、处理知行关系时都明显地偏向知的一边。例如，断言"论轻重，行为重"的朱熹不厌其烦地强调以知为本、为先。在他的著作中，这样的句子并不难找到：

既知则自然行得，不待勉强。却是"知"字上重。（《朱子语类》卷18）

"穷理之要，不必深求"，此语有大病，殊骇闻听。行得即是，固为至论。然穷理不深，则安知行之可否哉？……则凡所作为，皆出于私意之凿，冥行而已，虽使或中，君子不贵也。（《朱文公文集卷40·答程允夫》）

力行而不学文，则无以考圣贤之成法，识事理之当然。而所行或出于私意，非但失之于野而已。（《四书章句·论语章句卷1》）

在宋明理学家重知这个问题上，尤其能说明问题的是朱熹和王守仁的分歧。如上所述，朱熹与王守仁一个主张知先行后、一个宣布"知行合一"，其思想实质都是重知。对于这一点，明清之际的早期启蒙思想家王夫之、颜元的看法具有借鉴价值。

王夫之透视了朱熹与王守仁知行观的异同：第一，对于朱熹与王守仁的分歧，王夫之指出，朱熹知行观的核心命题是知先行后，这一观点"立一划然之次序，以困学者于知见之中。"（《尚书引义卷3·说命中2》）意思是说，朱熹的错误在于强调先知后行，由于知无止境而最后抛弃了行——"先知以废行"，"先知后行，划然离行以为知者也。"（《尚书引义卷3·说命中2》）王守仁知行观的核心命题——"知行合一"违反常识，是"知者非知，而行者非行也。"（《尚书引义卷3·说命中2》）意思是说，王守仁所讲的知并不是通常意义上的知，而是天赋良知；行并不是主观见之于客观的活动，而是意识活动。王守仁的错误在于"以知代行"，乃至"销行以归知"，即以知吞并了行，从而取消了行。基于这种分析，王夫之反复断言：

> 以知为行，则以不行为行……是其销行以归知，终始于知，而杜足于履中蹈和之节文，本汲汲于先知以废行也。（《尚书引义卷3·说命中2》）

> 不知其各有其功效而相资，于是而姚江王氏知行合一之说籍口以惑世；盖其旨本诸释氏，于无所可行之中，立一介然之知曰悟，而废天下之实理，实理废则亦无所不包忌惮而已矣。（《礼记章句卷31·中庸》）

第二，对于朱熹和王守仁思想的相同点，王夫之指出，两人的主张表面看来截然对立——一先后、一合一，其精神实质和思维方式却别无二致，在对知行关系的认定上"异尚而同归"。这里所讲的"同归"即先知废行、以知代行。可见，致使朱熹与王守仁殊途同归的是尚知、以知为本的价值旨趣和精神实质。

颜元不同意宋明理学家对知行关系的论述，并就朱熹的知先行后指出："朱子知行竟判为两途，知似过，行似不及。其实行不及，知亦不及。"（《存学编卷3·性理评》）在此基础上，他进一步强调，宋明理学家对知行关系的看法简直就是自欺欺人，犹如以看路程本代替走路一样，"观一处又观一处，自喜为通天下路程人。人亦以'晓路'称之，其实一步未行，一处未到。"（《颜习斋先生年谱卷下》）按照颜元的说法，宋明理学家表面上既讲知又讲行，其实是知而不行、以知代行，让人始终在知这里兜圈子。这种评价与王夫之的观点非常相似，也印证了宋明理学家们以知为本的价值旨趣。

2．知、行的多重内涵和向度

上述介绍显示，对于宋明理学家的知行观来说，有了加强道德教化和维护宗法等级制度的立言宗旨，便有了对知、行道德内涵和伦理维度的彰显；有了知、行皆指对伦理道德之知、行，便出现了在以知为先、为本的同时强调以行为重这种貌似矛盾的做法：一方面，以知为先、为本是为了突出伦理道德的神圣性和权威性，在此基础上以知为指导，保证行的正确——所行即符合等级名分、维护等级秩序之行；另一方面，以行为重是因为只明白道德观念和行为规范是什么还不够，更为重要的是把所知落实到行动上，以三纲五常规范自己的行为，自觉地按照等级名分的规定为人处世。同时，宋明理学家以知为本也是由知、行的特定内涵决定的，在某种程度上可以说是基于知、行内涵的必然结论和不二选择。在他们那里，知的先验性或良知的与生俱来否定了知源于行的必要性，知的良知内涵决定了行的是非、荣辱完全取决于知。两方面共同决定了宋明理学家在审视、处理知与行的关系时对知格外重视。这就是说，他们之所以如此推崇知，归根到底取决于他们所讲的知、行不是对自然事物的认识或改造世界的活动，而是道德认识和道德实践。而要保证所行符合道德要求，最基本的一点是先明白道德准则和行为规范是什么。于是，便有了知先行后、以知为本之说。需要说明的是，他们所讲的知先行后是就如何在现实生活中处理知行关系而言的，不是发生论而是实践论——并且主要是道德论层面上的。即使在实践领域，知先行后也不是事实层面而是价值层面的。在事实领域，宋明理学家们不否认行先知后的可能性，承认没有知也可以行，存在着不知而行的现象。然而，他们认为这种行属于冥行、妄行，是危险或不善的，在价值上不予认可。所以，在价值领域，只有知先行后，决不允许不知而行。换言之，不知而行只存在于事实领域，价值领域的行一定要在知的指导下进行，只能知先行后；一定要行其所知，只能以知为本。

从客观效果来看，宋明理学家的知行观在社会上产生了重大影响，不论是知先行后还是以知为本，抑或是知行相互依赖都有效地维护了宋明社会的和谐稳定，尤其是在督促人们自觉加强道德修养、严格按照等级名分处理各种关系方面发挥了重要作用。

从理论层面来看，宋明理学家对知、行道德意蕴的挖掘和伦理维度的观照具有积极意义和永恒价值。抛开宋明特定的历史环境不谈，不论何时何地，不管对于知还是对于行，道德意蕴和伦理维度都不可或缺；离开了这一点，知、行残缺，人也将由于远离理想、高尚而变得庸俗不堪，甚至堕落而变得畸形。历史以雄辩的事实昭示人们，人的价值理性内涵在知、行的道德意蕴和伦理维度中，并且通过它们彰显出来。在这方面，宋明理学家对知、行和知行关系的道德意蕴、伦理维度的关注具有永恒的启迪意义，对于提高人的生活品位、净化人的心灵功不可没。同时，由于突出道德意蕴和伦理维度，他们的知行观也成为中国古代哲学和传统文化伦理本位的典型形态之一。

同时，就知、行的道德内涵和伦理维度而言，宋明理学家对知先行后的强调和对以知为先、为本的执着具有无可辩驳的合理性。一个最简单的事实是，道德行为的发生不是随意的，也不是懵懂的，它需要道德选择的引导、道德理念的支持、道德舆论的监督和道德规范的评价。所有这些显然都是知所承载或给予的。知在道德领域的这种无可比拟的重要性与在其他领域的情形不可同日而语。例如，在认识或实践领域，往往是通过行而突破原有的认识，甚至是带来由无知到有知的飞跃。有鉴于此，科学研究、科学实验鼓励开拓和创新，允许存在某种程度的猜测、假设、探索或冒险成分。这种情况决定了行在这里有时具有决定性的意义，在这些领域不必一定要知在先。特别是在本体领域，从发生学的角度看，一定是先行后知。之所以具有如此差异，根本原因在于，在道德领域，行的后果是善或恶，而行为后果的善恶评价系统是由知提供的，或者说，是知事先预设的。除此之外，是否应该行，应该怎么行，也是知所给予的。这就是说，在道德领域，行的各个环节——从计划、实施到结果都是在知的策划、监督和评价中进行的。这一切决定了离开知的参与，就无法行。与道德领域的情况有别，在认识或实践领域，行的结果是成功或失败，而不再是善或恶。与此相关，在这些领域，知的作用是保证行的功效，侧重实用效果和使用价值，而不是意义或价值本身。在道德领域，知变得举足轻重，由道德观念、道德选择、道德目标、道德原则、道德条目和道德规范等组成的价值系统直接决定了行的意义和后果。如果不明白什么是对，什么是错，不知道是非藏否，分不清真善美与假恶丑，便没有行动上的方向和尺度。在这种情况下，绝对无法保证行为的高尚和行动的正确。宋明理学家对知行关系的认定道出了这一真理。

当然，道德内涵和伦理维度不可缺少，决不意味着这些是知、行的全部内涵和知行关系的唯一维度。正如知可以分为感性的、理性的、道德的、功利的等不同层次一样，行有存在的、认知的、审美的、实践的等诸多意蕴。宋明理学家在界定知、行内涵和处理知行关系时关注道德意蕴、侧重伦理维度没有错，甚至可以说，这是他们的理论特色和优长之处。宋明理学家的错误在于，由于将道德意蕴和伦理维度无限夸大、膨胀，进而遮蔽、隐去了知、行的其他内涵和知行关系的其他维度，致使知、行的内涵变得狭隘而残缺不全，知行关系也成为单向度的伦理关系。在这方面，王夫之、颜元等早期启蒙思想家对宋明理学知行观的批判具有借鉴价值，对知行向实践和认知领域的拓展具有积极意义。

此外，宋明理学家的知行观在以最完整、最典型乃至最极端的形式彰显中国古代哲学和传统文化的伦理本位的同时，也像一面最澄澈的镜子折射出伦理本位的长短得失。上述透视显示，如果说对伦理本位的凸显优点是张扬人的价值理性或实践理性，进而提升人的生存品位的话，那么，它的缺点则是漠视与价值理性相对应的工具理性和人的物质需要。这既是价值天平的失衡，也是对人的阉割——与价值观上极度偏袒价值理性相呼应，宋明理学家的知行观具体到人生意义和行为追求上便是用精神追求、道德完善淹没人的生理欲望和物质追求。

第十章　和谐理念的践履方法和
修养工夫

　　如果说知行观侧重于和谐理念向和谐建构的转换的话，那么，践履方法和修养工夫则主要是和谐建构的具体操作和践履工夫。事实上，宋明理学家探讨知行关系是出于加强道德教化、建构宗法和谐的需要，这决定了他们对知、行内涵和知行关系的厘定与宗法等级秩序息息相通；不仅限于理论认识，关键在于躬行践履。有鉴于此，宋明理学家注重道德修养工夫，一面把对知、行以及知行关系的理解推进到操作层面，一面在实践领域将知、行蕴涵的等级观念践履出来。在这方面，他们极其重视诚、敬、存心、格物、致知等躬行践履和道德实践，形成了系统的道德修养工夫论。在当时，无论是程朱的"格物致知"说、"主敬"说还是陆九渊的"自存本心"、"先立其大"说、王守仁的"致良知"说均有很大的社会影响，都对道德教化的深入和宗法等级秩序的加强起到了推动作用。宋明理学家的道德修养工夫出于维护宗法等级秩序的需要，植根于以宗法等级制度为依托的和谐理念，作为和谐理念的操作方法、践履躬行反映出他们对和谐操作进路的设计和构想。

一、二程的敬诚、格物和致知

　　为了突出道德教化和道德实践的作用，二程强调后天学习的重要性。对此，程颐反复指出：

232

人初生，只有吃乳一事不是学，其他皆是学。(《河南程氏遗书》卷19)

生而知之固不待学，然圣人必须学。(《河南程氏遗书》卷19)

只有肯定后天学习的重要性才能突出道德教化的可能性、可行性和必要性。正是由于这个原因，二程非常重视后天的学习和修养，并且提出了道德教育和道德修养的根本方针。对此，程颐概括为"涵养须用敬，进学则在致知。"(《河南程氏遗书》卷18)

对于敬，二程极为重视。他们说："识道以智为先，入道以敬为本……故敬为学之大要。"(《河南程氏粹言》卷1，《论学篇》)这就是说，敬是入道的关键，无敬则不能入道。这使敬作为道德修养的第一步显得非常重要。对于敬是什么以及如何敬，程颐是这样解释的：

所谓敬者，主一之谓敬。所谓一者，无适之谓一。(《河南程氏遗书》卷15)

主一者谓之敬，一者谓之诚。(《河南程氏遗书》卷24)

一心之谓敬。(《河南程氏粹言》卷2，《心性篇》)

有为不善于我之侧而我不见，有言善事于我之侧而我闻之者，敬也，心主于一也。(《河南程氏粹言》卷2，《心性篇》)

可见，所谓敬，与主一、诚或无适说的是一个意思，是指在接受道德教育和从事道德修养的过程中，在识道、入道等各个环节使心收敛专一、不分散、不二用，"不敢欺"、"不敢慢"。在此，二程强调，释、老让人形如槁木是错误的，因为"人者生物也，不能不动，而欲槁其形；不能不思，而欲灰其心；心灰而形槁，则是死而后已也。"(《河南程氏粹言》卷2，《心性篇》)按照他们的说法，敬并非释、老之静——既不是道家的"绝圣弃智"，也不是佛家的坐禅入定。因为人心"如明鉴在此，万物毕照"，断"不能不交感万物，亦难为使之不思虑"。释、老因为"患其纷乱"而让人"屏去思虑"，这是行不通的。二程强调，要想免除纷乱，正确的方法只有一个——"唯是心有主"。在他们看来，一旦用敬使心有主，便可做到"邪不能入"，这才是最高明的办法。

二程不仅以诚释敬，而且将敬与诚并提，进而对诚十分重视。对于何为诚，程颐解释说："真近诚，诚者无妄之谓。"（《河南程氏遗书》卷21下）这就是说，诚即真实不欺。不仅如此，他强调，真实不欺之诚是道德修养以至一切事业成败的关键；缺少诚，道德修养必将流于空伪。基于这种认识，程颐断言：

> 学者不可以不诚，不诚无以为善，不诚无以为君子。修学不以诚，则学杂；为事不以诚，则事败；自谋不以诚，则是欺其心而自弃其忠；与人不以诚，则是丧其德而增人之怨。（《河南程氏遗书》卷25）

在"涵养须用敬"的同时，二程更重视和强调致知，因为致知是为学之道，更是道德修养的根本工夫。进而言之，他们所讲的致知是以"知者吾之所固有"为前提的。二程认为，仁、义、礼、智信即吾德，为吾心所固有。这表明，人人心中皆有一种"不假见闻"的德性之知。然而，这固有之知却时时为物欲所迷惑而"迷而不知"；要使吾心之知显现出来，必须下一番工夫——致。对此，程颐解释说："知者吾之所固有，然不致则不能得之，而致知必有道，故曰'致知在格物'。"（《河南程氏遗书》卷25）他认为，欲致知必须格物，格物是致知的手段和途径。对于格物，程颐作了自己的解释："格犹穷也，物犹理也；犹曰穷其理而已也。穷其理，然后足以致之，不穷则不能致也。"（《河南程氏遗书》卷25）格物便是穷理。作为致知的手段和途径，格物的方式是多种多样的，这用程颐的话说便是："穷理亦多端：或读书，讲明义理；或论古今人物，别其是非；或应接事物而处其当，皆穷理也。"（《河南程氏遗书》卷18）基于这种认识，他要求人通过各种途径格物而穷理。程颐强调，穷理从本质上说并不是认识事物本身固有之理，而是领悟天理在各种事物上的不同体现，因为格物的目的是致知，穷理归根结底是明吾心固有之理。同时，他认为，格物、致知是一个逐渐积累的过程，"须是今日格一件，明日又格一件，积习既多，然后脱然自有贯通处。"（《河南程氏遗书》卷18）这就是说，通过不懈的格物致知，内外印证，逐渐便能豁然贯通，使我心之理大明。当然，在此过程中，还必须按照孟子的教导而不断地寡欲和求放心。

二、朱熹的存心、格物和致知

为了配合、推进道德教化，朱熹提出了一套道德实践和修养方法，其核心便是存心、格物和致知。他把人的命与性都分为两种，并要人正确对待，是为了通过践履天理、超凡入圣，这使其人命论与人性论最终都汇聚为"去人欲，存天理"。其实，在朱熹哲学中，不论是"去人欲，存天理"还是对待性命的方法在现实生活和道德修养中都具体转化为存心、格物和致知等践履工夫。

朱熹认为，天命人以命就是使天理体现为人之性命，而这是通过心完成的。对于天命人以命的方式，他做了如下比喻和说明：

命，便是告札之类；性，便是合当做底职事，如主薄销注，县尉巡捕；心，便是官人；气质，便是官人所习尚，或宽或猛；情，便是当听处断事，如县尉捉得贼。情便是发用处。（《朱子语类》卷4）

心固是主宰底意，然所谓主宰者，即是理也。不是心外别有个理，理外别有个心……"人"字似"天"字，"心"字似"帝"字。（《朱子语类》卷1）

在朱熹看来，天命人以命即把天理注入人心，命好比告命公文，吩咐人所应当做的事，这使命在实践操作层面转化成了性和心。如此说来，既然心中包含的是天赋予人的性命，那么，通过存心便可知性、尽性、尽命、待命。同时，他指出，人禀理而生，生来即具仁、义、礼、智之善，这使人心至灵，宇宙万物之理都被包容于人的一心之内。对此，朱熹反复宣称：

心包万理，万理具一心。（《朱子语类》卷9）

盖人心至灵，有什么事不知，有什么事不晓，有什么道理不具在这里。（《朱子语类》卷14）

基于这种认识，朱熹呼吁存心。对于存心的重要性，他声称："人只一心为本。存得此心，于事物方知有脉络贯通处。"（《朱子语类》卷14）朱熹认为，存心是尽性、穷理、至命的前提和必要条件：心包含理，理就存在于心中；只有存心，才可能尽性、穷理。同时，他强调，对于穷理、尽命来说，仅有存心还不够，必须在存心的同时，把存心与格物、致知结合起来，才能达到预想之目的。这是因为："心之所主，又有天理人欲之异。二者一分，而公私邪正之涂判矣。"（《朱文公文集卷13·辛丑延和奏札2》）格物、致知就是要保存人心的善良本性而"去人欲，存天理"。

朱熹强调，人心本来是善良而全知的，这种至善的心却被气禀所蒙蔽，因而不能得到充分的体现和发挥。对此，他断言："人心莫不有知，所以不知者，但气禀有偏，故知之有不能尽。所谓致知者，只是教他展开使尽。"（《朱子语类》卷14）这就是说，要使人的至善之心充分发挥出来，就必须涤除物欲，拨开气禀所拘。这个过程或工夫就是格物、致知。

朱熹认为，存心就是不失本心，人心是至善的，因为人生来都具有至善的天命之性，是后天物欲的引诱、蔽障使之不断地丧失了。对此，他指出："人性无不善，只缘自放其心，遂流于恶。"（《朱子语类》卷12）循着这个逻辑，要抵制物欲的诱惑必须进行道德修养，而道德修养的具体方法便是从存心做起。因此，对于存心，朱熹十分重视，并且每每断言：

> 圣人千言万语，只要人不失其本心。（《朱子语类》卷12）

> 能存得自家个虚灵不昧之心，足以具众理，可以应万事，便是明得自家明德了。（《朱子语类》卷14）

在朱熹看来，存心的目的是"不失其本心"，一旦本心丧失就要把已经放失的心"收拾回来"。在这个意义上，存心即"求放心"。按照他的说法，"求放心"的工夫要不间断地去做，才能收到良好效果，"只是此心频要省察，才觉不在，便收之尔。"（《朱子语类》卷59）

朱熹进而指出，对于道德修养来说，存心、"求放心"只是第一步，还要在此基础上做格物、致知的工夫，后者较之前者更为重要。出于对格物、致知的重视，他指出，在《大学》八条目中，格物、致知是"源头上工夫"，是诚意、正心、修身、齐家、治国和平天下的基础。

鉴于格物、致知的极端重要性，朱熹对之展开了深入的论述和阐释。关于致，他界定说："致者，推至其极之谓。"（《朱子语类》卷62）知，则是吾心固有之知。所谓致知，就是把吾心固有之知推广、扩充到极至。对此，朱熹解释说："人于仁义礼智……此四者皆我所固有，其初发时毫毛如也。及推广将去，充满其量，则广大无穷。"（《朱子语类》卷53）这决定了人进行道德修养必须自觉地做致知的工夫。进而言之，既然致知如此重要，人应该如何从事致知呢？朱熹强调"致知在格物"，与二程一样将格物视为致知的根本方法。关于格物，他将格诠释为"至"、"尽"，认定物即事物，致使格物成为穷尽事物之理。于是，朱熹再三指出：

> 格物者，格，尽也，须是穷尽事物之理。（《朱子语类》卷15）
>
> 所谓格物，便是要就这形而下之器，穷得那形而上之道理而已。（《朱子语类》卷62）
>
> 格物，是穷得这事当如此，那事当如彼。如为人君，便当止于仁；为人臣，便当止于敬。又更上一著，便要穷究得为人君，如何要止于仁；为人臣，如何要止于敬，乃是。（《朱子语类》卷15）

可见，格物就是要彻底弄懂、弄通事物之理。按照朱熹的理解，彻底弄懂事物之理就是深刻体悟天理在不同事物上的表现。与此相关，他强调格物的广泛性，要求人最大限度地接触外界事物，格一草一木一昆虫之理。对此，朱熹解释说，眼前凡所应接的都是物，宇宙中的事物各有其理，格物时一定要一一格过。基于这种认识，他指出：

> 上而无极、太极，下而至于一草、一木、一昆虫之微，亦各有理。一书不读，则阙了一书道理；一事不穷，则阙了一事道理；一物不格，则阙了一物道理。须著逐一件与他理会过。（《朱子语类》卷15）

这就是说，对于格物来说，一物不格，便缺了一物的道理；一书不读，便缺了一书的道理。格物就是"今日格一件，明日格一件，格得多后，自脱然有贯通处。"（《朱子语类》卷104）换言之，格物的方法和过程是先接触各类事物，进行量的积累；积累多了豁然贯通，进而穷得天理。正是在这个意义上，朱熹又云：

> 世间之物，无不有理，皆须格过。古人自幼便识其具。且如事君事亲之礼，钟鼓铿锵之节；进退揖逊之仪，皆目熟其事，躬亲其礼。及其长也，不过只是穷此理，因而渐及于天地鬼神日月阴阳草木鸟兽之理，所以用工也易。今人皆无此等礼数可以讲习，只靠先圣遗经自去推究，所以要人格物主敬，便将此心去体会古人道理，循而行之。如事亲孝，自家既知所以孝，便将此孝心依古礼而行之；事君敬，便将此敬心依圣经所说之礼而行之。——须要穷过，自然浃洽贯通。（《朱子语类》卷15）

朱熹进而指出，是否能够通过格物达到致知的目的，取决于格物时是否存心。为了真正在格物中"穷天理"，他强调，存心是格物的前提，格物前一定要先存心；不仅如此，格物以致知为目的，格物应该始终围绕致知这一目的展开。有鉴于此，在强调格物要广泛、不能遗漏一物的前提下，朱熹指出，格物"须有缓急先后之序"，不应在广泛格物的过程中"泛然以观万物之理"。这是因为，格物就是领会体现在一草一木一昆虫之中的天理而非真的要以草木、昆虫本身为对象，如果在格物时忘了其中的先后、本末、缓急之序，而"兀然存心于一草木、一器用之间……是炊沙而欲其成饭也。"（《朱文公文集卷39·答陈齐仲》）这就是说，格物的目的是"穷天理，明人伦"，格物的主要意图是让人在应事接物中晓得采取何种正确的道德行为，真正弄懂为什么要这样做的道理，知"至善之所在"而把握天理。这一初衷决定了格物要始终围绕着致知展开，否则就会像炊沙成饭一样劳而无功。这再次表明，在他的意识中，格物是致知的一个步骤、一种手段，其真正目的不是穷尽事物本身之理，而是"穷天理，明人伦"。与此相关，从本质上说，朱熹所讲的格物是对伦理道德的体悟。下面两段话都证明了这一点：

> 如今说格物，只晨起开目时，便有四件在这里，不用外寻，仁义礼智是也。（《朱子语类》卷15）

> 君臣父子兄弟夫妇朋友，皆人所不能无者，但学者须要穷格得尽。事父母，则当尽其孝；处兄弟，则当尽其友。如此之类，须是

要见得尽。若有一毫不尽，便是穷格不至也。(《朱子语类》卷15)

不仅如此，基于对格物的特定理解，朱熹主张，格物以致知为归宿，格物与致知是"一本"。在他看来，格物与致知讲的是一回事，只是侧重和视角不同——格物就主体作用于认识对象而言，致知则就认识过程在主体方面引起的结果而言。因此，格物与致知决无本质之别，且"无两样工夫"。正是在这个意义上，朱熹再三宣称：

> 格物，以理言也；致知，以心言也。(《朱子语类》卷15)

> 致知，是自我而言；格物，是就物而言。(《朱子语类》卷15)

> 致知、格物，只是一事，非是今日格物，明日又致知。(《朱子语类》卷15)

基于这种认识，朱熹进而指出，格物与致知同时进行，在时间上是同步的，甚至是同一过程。致知与格物并不是截然分开的两个过程：一方面，致知是目的，格物是手段；通过格物，可以达到致知的目的。另一方面，格物、致知不仅在时间上同步，而且在内容上同一，都是使良知、天理逐渐显露而豁然开朗的过程。这表明，格物与致知不仅在本质上一致、在内容上相通，而且在时间上同步。对于这个与格物无别，并且作为格物目的的致知究竟是什么，朱熹指出，致，"推极也"，即扩充到极点之义；知主要指人内心先天固有的天赋之知即良知，或称"天德良知"。致与知合而言之，即"推极吾之知识，欲其所知无不尽也。"(《四书章句·大学章句卷1》)简言之，致知就是彻底扩充、显露内心先天固有的天理良知。这借用他本人的话说就是："致知工夫，亦只是且据所已知者，玩索推广将去。具于心者，本无不足也。"(《朱子语类》卷15)这个说法使致知与格物一样成为一个伦理范畴。事实上，朱熹每每都在人伦日用间、围绕伦理道德来理解致知。据载：

> 问："致知莫只是致察否？"曰："如读书而求其义，处事而求其当，接物存心察其是非、邪正，皆是也。"(《朱子语类》卷15)

进而言之，朱熹所讲的格物、致知不仅是认识方法和道德修养，更重要的是明天所命、尽性至命的功夫。因此，无论格物还是致知都是体悟上天赋予人的、作为人之性命的天理——仁、义、礼、智。不仅如此，他确信，通过存心、格物和致知等一系列的修养工夫，人完全能够明天所命，进而通过穷理、明命、明德而尽性、至命。正是在这个意义上，朱熹说道：

> （明德、明命——引者加）便是天之所命谓性者……自人受之，唤做"明德"；自天言之，唤做"明命"。今人多鹘鹘突突，一似无这个明命。若常见其在前，则凛凛然不敢放肆……人之明德，即天之明命。虽则是形骸间隔，然人之所以能视听言动，非天而何……天岂曾有耳目以视听！只是自我民之视听，便是天之视听。如帝命文王，岂天谆谆然命之……若一件事，民人皆以为是，便是天以为是；若人民皆归往之，便是天命之也。（《朱子语类》卷16）

在重视格物、致知的同时，朱熹强调诚意，指出诚意是从事道德修养的工夫，是为善去恶的关键。在他那里，诚意就是"表里如一"、"不自欺。"人只有做到诚实无欺，才算过了善恶关。鉴于诚意的重要性，朱熹把之与致知一起说成是学者的两个关，强调此两关对于学者至关重要。因此，他再三指出：

> 透得致知之关则觉，不然则梦；透得诚意之关则善，不然则恶。（《朱子语类》卷15）

> 格物是梦觉关，格得来是觉。（《朱子语类》卷15）

> 过此一关，方是人，不是贼。（《朱子语类》卷15）

朱熹认为，致知乃梦与觉之关，诚意乃恶与善之关；只有过了这两道关，方是人。他进而指出，从存心、格物到致知，"敬"字贯穿道德修养的全程，乃是道德修养的根本态度和基础工夫。于是，朱熹一再强调：

> "敬"字工夫，乃圣门第一义。（《朱子语类》卷12）

> "敬"之一字，直圣门之纲领，存养之要法。（《朱子语类》卷12）

有鉴于此，朱熹对敬非常重视，从诸多方面界定了敬的内涵：第一，敬是"主一"，"主一只是专一。"（《朱子语类》卷96）在这个意义上，敬是心志专一，"整齐纯一"。第二，"敬是戒慎恐惧之义。"（《朱子语类》卷 69）在这个意义上，敬是"身心收敛，如有所畏"，"不敢放纵"，"整齐严肃"，"内无妄思，外无妄动。"（《朱子语类》卷 12）第三，敬是"常敬"，不可间断。在这个意义上，敬须持之以恒，不论有事无事都要敬——"无事时敬在里面，有事时敬在事上。有事无事，吾之敬未尝间断也。"（《朱子语类》卷 69）

三、陆九渊的"自存本心"、"先立其大"

陆九渊认为，对于宗法等级秩序的和谐建构而言，"正人心"即整顿、强化道德是为政的根本。因此，他对道德修养和道德教化十分重视，提出了一套系统的道德修养方法，其核心就是所谓的"自存本心"、"先立其大"。

陆九渊"自存本心"、"先立其大"的理论基础是良心、正性与生俱来，人人皆有完整无缺的道德意识和判断是非善恶的能力。因此，只要此心不受蒙蔽、不使丧失，便可"当恻隐时自然恻隐，当羞恶时自然羞恶，当宽裕温柔时自然宽裕温柔，当发强刚毅时自然发强刚毅。"（《陆九渊集卷 35·语录下》）这就是说，在善良本心的支配下，人自然会作出符合伦理道德的反应和行动来。所以，他再三宣称：

> 良心正性，人所均有。不失其心，不乖其性，谁非正人？纵有乖失，思而复之，何远之有？（《陆九渊集卷 13·与郭邦瑞》）

> 心苟不蔽于物欲，则义理其固有也，亦何为而茫然哉！（《陆九渊集卷 14·与傅齐贤》）

> 苟此心之存，则此理自明……是非在前，自能辨之。（《陆九渊集卷 34·语录上》）

陆九渊认为，许多人之所以"为愚为不肖"是善良的本性受到了蒙蔽和伤害，"气有所蒙，物有所蔽，势有所迁，习有所移"，因而"迷而不解。"（《陆九渊集卷 19·武陵县学记》）如此说来，人之大患在于不知保养本心而使之被戕贼、被放失。正是在这个意义上，他反复声称：

> 此心之良，人所均有，自耳目之官不思而蔽于物，流浪辗转，

戕贼陷溺之端不可胜穷。(《陆九渊集卷5·与徐子宜》)

> 人孰无心，道不外索，患在戕贼之耳、放失之耳。(《陆九渊集卷5·与舒西美》)

有鉴于此，陆九渊极其重视存心在道德修养中的作用，以至把自己的书斋命名为"存斋"。按照他的说法，存心是进行道德修养的根本方法和途径，存心的工夫是"为学之门，进德之地。"(《陆九渊集卷5·与舒西美》)进而言之，为了更好地存心，陆九渊大力宣传孟子"先立其大"的观点，指出人的耳目口鼻("小体")都是受心("大体")支配的，只有"先立其大"、做存心养心的工夫，使此心清明端正，耳目口鼻才不致被物欲所引诱、所蒙蔽；也只有在此心的支配下，耳目口鼻的一切反应才能符合伦理道德的要求。由于一再教人"先立其大"，"先立其大"简直成了陆九渊的口头禅。对此，他本人直言不讳地说："近有议吾者云，除了'先立乎其大者'一句，全无伎俩，吾闻之曰：诚然。"(《陆九渊集卷34·语录上》)对于怎样才能"自存本心"、"先立其大"，陆九渊的回答是：

> 将以保吾心之良，必有以去吾心之害。何者？吾心之良，吾所固有也；吾所固有而不能以自保者以其有以害之也。有以害之而不知所以去其害，则良心何自而有哉？故欲良心之存者，莫若去吾心之害。(《陆九渊集卷32·养心莫善于寡欲》)

按照陆九渊的理解，存心就是养心，其根本原则和方法在于清除戕害吾心的种种因素。为了说明这个道理，他常引用《孟子》牛山之木的例子一再告诫弟子说："'牛山之木尝美'，以下，常宜讽咏。"(《陆九渊集卷34·语录上》)陆九渊之所以反复讲牛山之木这一章，旨在说明要想保持"吾心之良"就必须像严防"斧斤之伐"和"牛羊之牧"那样"去吾心之害"，确保吾心无所损伤；同时，还要进一步保养吾心，使心像树木得到"雨露滋润"一样"日以畅茂条达"、"光润日著。"(《陆九渊集卷3·与刘深父》)如此说来，"保吾心之良"与"去吾心之害"是一个问题的两个方面，可以说，"保吾心之良"的关键在于"去吾心之害"。那么，吾心之害究竟是什么呢？对此，陆九渊援引孟子的观点宣称：

夫所以害吾心者何也？欲也。欲之多则心之存者必寡，欲之寡
则心之存者必多。故君子不患夫心之不存，而患夫欲之不寡。欲
去，则心自存矣。(《陆九渊集卷32·养心莫善于寡欲》)

基于这种分析，陆九渊的结论回到了孟子的"养心莫善于寡欲"——
一旦通过寡欲而无欲，则"天理自全"。为此，他要求人放弃对外物的
追求，主动清除潜入吾心之中的物欲。陆九渊解释说，人心本自清明，
如同一面没有染尘、生锈的镜子，是晶莹透亮的；此心"才一逐物，便
昏眩"了，就如同镜子染尘、生锈不再明亮了。为了使心恢复清明，必
须清除物欲，做除尘、去锈的工作。这就是"剥落"的工夫。对此，他
宣称："人心有病，须是剥落。剥落得一番即一番清明。后随起来又剥
落，又清明。须是剥落得净尽方是。"(《陆九渊集卷35·语录下》)陆
九渊进而指出，主动清除物欲的过程就是把已经放失的本心收拾回来的
过程。为了把物欲清除干净，人必须按孟子的教导，像"饥之于食，渴
之于饮，焦之待救，溺之待援"一样，增强"求放心"的紧迫性，把自
己放失的善良之心收拾回来。进而言之，存心、寡欲、剥落和"求放
心"落到实处就是"切己自反，改过迁善。"(《陆九渊集卷34·语录上》)
在他看来，恢复本心的过程就是改过迁善的过程，一旦知非，则"本心
即复"。因此，陆九渊一再告诫人们，对过错要"猛省勇改"。

值得注意的是，在道德修养的方法上，陆九渊与朱熹存在巨大分
歧，这用陆九渊的话说就是：前者"简易"，后者"支离"。在南宋和后
来，人们曾经将陆九渊与朱熹之间的分歧归结为陆九渊"尊德性"，朱
熹"道问学"。对此，他们本人也是同意的。存心之说来自孟子，陆九
渊对此推崇备至。尽管朱熹也十分强调存心，但他一面讲存心，一面大
讲格物，主张从外面的事物上体认天理，并泛观圣贤之书，通过逐渐积
累的方法去领悟天理。陆九渊指责说，朱熹的这套方法显然是"道在迩
而求诸远，事在易而求诸难。"(《陆九渊集卷35·语录下》)不仅做起
来舍近求远、支离破碎，而且在效果上收效甚微，容易让人舍本逐末，
忽略根本问题而走向迷途。按照陆九渊的说法，天理即是吾心，"非由
外铄"，只要存得心，"则此理自明"，是十分简易的。相反，如果"必

求外铄，则是自湮其源，自伐其根。"（《陆九渊集卷12·与赵咏道4》）对此，他进一步解释说，向外求道便是"精神在外"，而"精神在外至死也劳攘"，是徒劳无益的。基于这种认识，陆九渊把前者称为"内入之学"，把后者称为"外入之学"，并把"从里面出来"视为唯一正确的方法，坚决反对"外入之学"。按照陆九渊的划分，朱熹的方法显然属于"外入之学"，因而他坚决予以反对。与此相联系，陆九渊偶尔也讲格物，但与朱熹的理解大相径庭。陆九渊把格物解释为"减担"，进而指出：

> 圣人之言自明白。且如弟子入则孝、出则弟，是分明说与你入便孝、出便弟，何须得传注？学者疲精神于此，是以担子越重。到某这里，只是与他减担，只此便是格物。（《陆九渊集卷35·语录下》）

陆九渊所谓的"减担"就是不让人疲精神于外，劳精神于书本，从而去掉因精神在外造成的负担。可见，这样的格物属于"简易工夫"，在本质上依然是反省内求、存心养心的工夫，依然属于"内入之学"。

四、王守仁的"致良知"

如上所示，程朱讲道德修养时极其重视格物、致知，并将其视为道德修养的根本途径。王守仁对程朱理学特别是朱熹哲学发生怀疑正是从格物开始的。有鉴于此，他屡屡批判朱熹的格物说，其主要论点如下：

> 朱子所谓"格物"云者，在即物而穷其理也。即物穷理，是就事事物物上求其所谓定理者也。是以吾心而求理于事事物物之中，析"心"与"理"而为二矣。（《王阳明全集卷2·答顾东桥书》）

> 先儒解格物为格天下物。天下之物，如何格得？且谓一草一木亦皆有理，今如何去格？纵格得草木来，如何反来诚得自家意？（《王阳明全集卷3·传习录下》）

可见，王守仁是从三个方面反对朱熹对格物的理解的：第一，指出朱熹的格物"求理于事事物物"，犯了"析'心'与'理'而为二"的错误，方向不对。按照王守仁的说法，理不在事物而在吾心，"求理于吾心"才是认识和修养的唯一途径。第二，指出朱熹格物的方法是错误的。朱熹要人格尽天下之物，这是不可能的。王守仁认为，朱熹"要格天下之物，如今安得这等大的力量？……其格物之功，只在身心上做。"（《王阳明全集卷3·传习录下》）第三，宣布朱熹的格物与道德修养脱节，终归解决不了自家诚意的问题。在王守仁看来，朱熹一面把"穷天理，明人伦"作为格物的目的，一面把"格一草一木一昆虫之理"作为格物的手段，其目的与手段是脱节的。

从此出发，王守仁对格物、致知作了自己的新解，其基本精神便是把格物、致知完全纳入其"致良知"体系。于是，对于格物、致知，他一再界定说：

> 若鄙人所谓致知格物者，致吾心之良知于事事物物也。吾心之良知，即所谓天理也。致吾心良知之天理于事事物物，则事事物物皆得其理矣。致吾心之良知者，致知也。事事物物皆得其理者，格物也。（《王阳明全集卷2·答顾东桥书》）

> 然欲致其良知，亦岂影响恍惚而悬空无实之谓乎？是必实有其事矣。故致知必在于格物。物者，事也。凡意之所发必有其事，意所在之事谓之物。格者，正也，正其不正以归于正之谓也。正其不正者，去恶之谓也。归于正者，为善之谓也。夫是之谓格。（《王阳明全集卷26·大学问》）

在这里，王守仁把《大学》的致知说与孟子的良知说结合起来，提出了"致良知"说。他指出："'致知'云者，非若后儒所谓充广其知识之谓也，致吾心之良知焉耳。"（《王阳明全集卷26·大学问》）在此基础上，王守仁把致知解释为致吾心之良知，致知成为充分显露、发挥心中先天固有的良知。与此同时，他把物训为事，把格训为正；如此一来，格物便成了"正事"——端正自己的行为，严格按照道德准则行事。至此，致知、格物都成了伦理范畴，也从根本上堵塞了向外求理的可能性和必要性。从这个意义上说，格物、致知就是"致良知"。依据王守仁的说法，良知万善具足，万理具备，"完完全全"，只要忠实地将良知作为"自家底准则"和"明师"，"实实落落地依着他做去"，便能存善去恶，知是知非，"无有不是处"，"稳当快乐"。因此，他把"致良知"

奉为求理明道的唯一门径和求贤入圣的不二法门。对此，王守仁自鸣得意地说："吾平生讲学，只是'致良知'三字。"（《王阳明全集卷26·寄正宪男手墨二卷》）

王守仁的格物致知说集中反映在"王门四句教"中："无善无恶是心之体，有善有恶是意之动，知善知恶是良知，为善去恶是格物。"（《王阳明全集卷3·传习录下》）他认为，心之本体无善无恶，由心所生的意念却有善有恶。因为"意之所发必有其事"，由意所生的事亦即人的行为也有善有恶。为了使事即人的行为符合天理，必须克服意念中的不善，致吾心之良知。充分显露、发扬吾心之良知，便是致知。遇事在良知的指导下自觉地为善去恶，"正其不正以归于正"，使我之行为时时处处合于天理，便是格物。在这里，格物成为道德修养的方法。同时，要保证格物的正确，必须先致知。换言之，只有在充分显露吾心之良知的前提下，用良知"正其不正以归于正"，才能达到"正事"的目的。有鉴于此，对于格物与致知之间的关系和顺序，王守仁一改《大学》先格物、后致知的惯例，而主张先致知，后格物。他的这个说法体现在话语结构上便是把格物致知称为"致知格物"，与朱熹的"致知在格物"、"格物所以致知"的先格物、后致知顺序相反。

王守仁强调，致知不是一句空话，而"必实有其事"，必须落到实处，即体现在行动上。正是在这个意义上，他说："致知必在于格物。"这就是说，只是知善知恶还不够，更重要的是切实地在行动上为善去恶；只是对善好之、对恶恶之是不够的，更重要的是在行动上"实有以为之"，"实有以去之。"（《王阳明全集卷26·大学问》）这表明，只有切实端正自己的行为，在事上为善去恶，致知才能落到实处。基于这种认识，王守仁不仅把致知落实到格物上，而且把"致良知"的手段和工夫最终都归结为格物，强调"致良知"应该"在格物上用功"。（《王阳明全集卷3·传习录下》）

进而言之，王守仁对格物的重视以及对致知必须在事上磨练的强调是为了让人在道德实践上下工夫，把对伦理道德的认识最终落实到行动上。正是出于这一目的，他把德育放在首位，甚至将通过"去人欲，存天理"而成为圣人视为教育的唯一内容和根本宗旨。下面的句子在王守仁的著作中俯拾即是：

> 古圣贤之学，明伦而已……人伦明于上，小民亲于下，家齐国治而天下平矣。是故，明伦之外无学矣。外此而学者，谓之异端；非此而论者，谓之邪说。（《王阳明全集卷7·万松书院记》）

> 学是学去人欲，存天理；从事于去人欲，存天理，则自正。（《王阳明全集卷1·传习录上》）

> 学者学圣人，不过是去人欲而存天理耳。（《王阳明全集卷1·传习录上》）

> 学校之中，惟以成德为事。（《王阳明全集卷2·答顾东桥书》）

至此，格物、致知等都被王守仁归结为"去人欲，存天理"而成为圣人。他认为，"良知之在人心，无间于圣愚"，人人同具。由于人欲的障碍，每个人的良知保存或显露程度大不一样——如果说良知是日、人欲是云的话，那么，圣人如晴天朗日，万里无云，阳光普照；贤人如浮云蔽日，阳光随时照耀；常人如阴霾天日，阳光透射不出来。这就是说，一方面，在可能性上，人人都有成为圣贤的可能性，因为人有良知，正如太阳永远光芒万丈一样。另一方面，大多数人成不了圣贤，因为良知被人欲遮蔽了。结论不言而喻，只要——也只有肯下一番致的工夫，自觉清除人欲，才能成圣成贤。至此可见，所谓致知、格物、"致良知"，其具体内容都可以归结为"去人欲，存天理"、"破心中贼"。于是，王守仁坚信，只要不断改过迁善，"胜私复理"，逐渐做到"此心纯乎天理而无人欲"，便可使良知充分显露出来，便修成了圣人。

对于如何"去人欲，存天理"，王守仁提出了"静处体悟，事上磨练"等具体的修养方法。他说："初学时心猿意马，拴缚不定，其所思虑多是人欲一边，故且教之静坐、息思虑。久之，俟其心意稍定，只悬空静守如槁木死灰，亦无用，须教他省察克治。"（《王阳明全集卷1·传习录上》）王守仁指出，静坐的目的是使此心清静收敛，而不是让人形若槁木、心如死灰。有鉴于此，他反对"入坐穷山，绝世故，屏思虑"的修养方法，认为这样不仅沦于空寂，而且"临事便要倾倒"；相反，只有在应事接物上切实"致良知"，才能收到实效。正是为了与佛、老的修养方法划清界限，王守仁自我标榜："吾儒养心，未尝离却事物。"（《王阳明全集卷3·传习录下》）按照他的说法，在静坐时，必须痛下决心"省察克治"，向人欲发起主动进攻。于是，王守仁写道：

> 省察克治之功，则无时而可间，如去盗贼，须有个扫除廓清之意。无事时，将好色好货好名等私逐一追究，搜寻出来，定要拔去病根，永不复起，方始为快。常如猫之捕鼠，一眼看着，一耳听着，才有一念萌动，即与克去，斩钉截铁，不可姑容与他方便，不可窝藏，不可放他出路，方是真实用功，方能扫除廓清。（《王阳明全集卷1·传习录上》）

王守仁强调，对好色、好货和好名等人欲要不间断地主动进攻，坚决彻底地把之消灭于萌芽状态。为了达到这个要求，无事时对人欲决不姑容，逐一追究搜索、加以克治，关键还要在事上磨练。正是在这个意义上，他指出："人须在事上磨练做功夫，乃有益。若只好静，遇事便乱，终无长进。"（《王阳明全集卷3·传习录下》）

在王守仁那里，就具体内容、方法途径和根本宗旨而言，"致良知"就是"去人欲，存天理"、"破心中贼"。为了强调"致良知"是道德修养唯一正确的方法途径，也为了切实磨练"去人欲，存天理"、"破心中贼"的工夫，他提出了"心外无学"的主张。对此，王守仁一再断言：

> 圣人之学，惟是致此良知而已……是故致良知之外无学矣。（《王阳明全集卷8·书魏师孟卷》）

> 良知之外，更无知；致知之外，更无学。外良知以求知者，邪妄之知矣；外致知以为学者，异端之学矣。（《王阳明全集卷6·与马子莘》）

循着心外无知、致知外无学的逻辑，王守仁得出了两点重要认识：第一，与陆九渊一样轻视读书对道德修养的作用和意义。从吾心之良知即是天理的认识出发，王守仁比喻说，天理好比财宝，吾心乃是装满财宝的仓库，六经则是记载财宝的帐本；由于"六经之实则具于吾心"，读经的作用充其量只是印证吾心之良知而已。正是在这个意义上，他断言："万理由来吾具足，六经原只是阶梯。"(《王阳明全集卷20·林汝桓以二诗寄次韵为别》)有鉴于此，王守仁坚决反对一些人皓首穷年读书明理的做法。第二，为了引导人向内而不是向外用功，切实做"致良知"的工夫，他修改了圣贤标准，坚决反对那种"专去知识才能上求圣人"的想法和做法，指出如果只从知识、才能上求做圣人，结果必然是南辕北辙，不仅成不了圣人，反而离圣人越来越远。这是因为，终日"从册子上钻研，名物上考察，形迹上比拟，知识愈广而人欲愈滋，才力愈多而天理愈蔽。"(《王阳明全集卷3·传习录下》)基于这种认识，王守仁提出了自己的圣贤标准。对此，他一再如是说：

> 圣人之所以为圣，只是其心纯乎天理，而无人欲之杂。犹精金之所以为精，但以其成色足而无铜铅之杂也。(《王阳明全集卷1·传习录上》)

> 所以谓之圣，只论精一，不论多寡。只要此心纯乎天理处同，便同谓之圣。若是力量气魄，如何同得！后儒只在分量上较量，所以流入功利。(《王阳明全集卷3·传习录下》)

在这里，王守仁一再表示，圣人"所以为圣者"，只在"纯乎天理而不在才力也"，这就如同鉴别一块金子是否精纯，只看其成色而不在其分量一样。这是因为，"盖所以为精金者，在足色而不在分两，犹一两之金比之万镒，分两虽悬殊，而其到足色处可以无愧。"(《王阳明全集卷3·传习录下》)

更为重要的是，王守仁不仅提出了一套自己的圣贤标准，而且提出了一套与此对应的做圣成贤的方法途径和践履工夫。正是他对圣贤标准的改变使"去人欲，存天理"、"致良知"成为超凡入圣的唯一途径和修养工夫。在这方面，王守仁主要做了两方面的工作：第一，宣称人人都可以通过"致良知"而成为圣人。为了说明"致良知"既可能又必要，王守仁坚信良知是人心中所固有，并且再三指出：

> 个个人心有仲尼。(《王阳明全集卷20·咏良知四首示诸生》)

> 人胸中各有个圣人。(《王阳明全集卷1·传习录上》)

> 人皆可以为尧舜。(《王阳明全集卷1·传习录上》)

鉴于良知人人皆有，鉴于只要"致良知"就可以成为圣人，人人都有成为圣贤的先天条件。于是，王守仁一再勉励人在道德修养中树立自信心，坚信圣人可学而至。于是，他反复申明：

> 自己良知原与圣人一般，若体认得自己良知明白，即圣人气象不在圣人而在我矣。(《王阳明全集卷2·启问通道书》)

> 各人尽着自己力量精神，只在此心纯天理上用功，即人人自有，个个圆成，便能大以成大、小以成小，不假外慕，无不具足。

(《王阳明全集卷1·传习录上》)

第二，宣布超凡入圣的方法是加强道德修养和实践工夫，只有切实进行"去人欲，存天理"、"致良知"的工夫，才能臻于圣人。王守仁强调，在道德修养和道德实践的过程中，仅仅树立信心是不够的，还要培养主观自觉性，切切实实地践履伦理道德。在他看来，只有时时处处自觉磨练，才能在修养中有所成就。其实，良知不分圣愚，人人皆同；人与人所以有圣愚之分，关键在于是否自觉地从事"致良知"。正是在这个意义上，王守仁不止一次地说：

> 圣人之学，惟是致此良知而已。自然而致之者，圣人也；勉然而致之者，贤人也；自蔽自昧而不肯致之者，愚不肖者也。(《王阳明全集卷8·书魏师孟卷》)

> 良知良能，愚夫愚妇与圣人同，但惟圣人能致其良知，而愚夫愚妇不能致，此圣愚之所由分也。(《王阳明全集卷2·答顾东桥书》)

这样，王守仁的道德修养工夫便由"致良知"开始，通过格物、致知，最后在超凡入圣中以"致良知"终。就方向、途径而言，"致良知"省略了向外格物的环节，堵塞了向外穷天理、作圣贤的途径；就宗旨而言，良知成为唯一真知。

五、和谐的不同层次和逻辑推进

综上所述，为了配合道德教化，宋明理学家重视道德修养和践履方法，提出了系统的道德修养工夫论。这些道德修养工夫是对知行观的贯彻、落实和具体化，不仅与知行观一起证明了道德实践和道德教化的可行性、必要性，而且从实践上回答了知、行的具体操作问题。其实，他们提出的修养方案、践履工夫不仅是重行的表现，而且本身即是行的方法和方式。不仅如此，正如知是对三纲五常、宗法等级的认识一样，行是对这种观念的服从和身体力行。这使宋明理学家的道德修养工夫成为和谐理念的具体操作和践履躬行，它的特殊地位决定了其在和谐建构中的不可或缺。

进而言之，宋明理学体系的逻辑框架是本体、工夫与境界三位一体，其和谐理念和建构便是这种三位一体的层层推进。在这个本体、工夫、境界三位一体的逻辑结构中，作为联结本体与境界的中介，工夫具有举足轻重的意义：一方面，上承本体，将宇宙本体中的和谐理念凸显出来；另一方面，下启境界，展开出至善的理想境界。对于宋明理学家的和谐建构而言，这个理想境界包括两个相互作用、不可缺少的方面：就个人而言，促进身心和谐，成为道德完善、超凡脱俗的圣人；就群体而言，促进整个宗法社会的和谐，将宇宙秩序社会秩序化、家庭秩序化。至此，本体哲学转化为道德哲学。这就是说，他们的和谐理念及建构是多层次的，至少包括三个层面：第一，本体浓缩着和谐。天理是对宗法等级制度的形上化，其实际内容是仁义礼智、三纲五常。作为其具体化，仁与天地万物为一体，一体之中分厚薄。这是宇宙秩序，也是一种形上和谐。第二，本体将其蕴涵的等级秩序赋予人性，使人与生俱来地拥有不同名分。这种差异来自宇宙本体的注定，不可改变，是宇宙和谐在人类社会乃至家庭中的表现。第三，道德领域践履宇宙本体，完成宇宙本体的预定和谐。

可见，为了维护宗法等级制度、建构社会和谐，宋明理学家提出了系统的道德修养工夫论。在此过程中，他们不仅要回答为什么和怎么样进行道德修养的问题，而且要回答这些修养方法的合理性、可行性问题。换言之，宋明理学家的道德修养工夫不仅要与社会现实相呼应，而且要依托厚重的哲学根基。前者受制于加强道德教化的目的，后者出于提供合理性证明的需要。就后者而言，他们的辩护涵盖本体论、认识论、人性论、价值论、知行观、理欲观和义利观等诸多方面。同时，应该看到，鉴于本体、工夫、境界三位一体的逻辑架构，宋明理学家道德修养工夫的哲学依据主要集中在本体和人性领域：第一，在本体领域，对以三纲五常为核心的伦理道德予以夸大和神化，进而奉为宇宙本原。第二，在人性领域，对人性的阐释到宇宙本体中寻求依据，一面伸张道德践履的可行性，一面夸大信凭这些修养工夫成圣成贤的有效性。这使本体哲学和人性哲学一起成为道德修养工夫最基本的哲学依据。在此，需要特别注意的是，在宋明理学的思维框架中，人性哲学与本体哲学一脉相承，人性的内容和属性是宇宙本体先天赋予或注定的。这使人性哲学不单属于人性领域，而且承载着宇宙本体的信息，具有浓郁的本体哲学意蕴。从这个意义上说，人性哲学是道德修养工夫最重要也最切近的哲学依据。事实上，与维护宗法等级秩序相呼应，宋明理学家在讲人性时始终注重其与践履工夫的协调一致。

1. 人性善恶与修养工夫的可行性、必要性

要引导人们自觉、主动地进行道德修养，必须对道德修养的可行性和有效性作出说明。对此，宋明理学家通过强调人性至善，将践履仁义道德说成是人与生俱来的先天本性和行为本能，以此论证道德修养的可行性。在这方面，张载宣称天地之性至善，是人与万物的共同本性。朱熹认为，天命之性人人相同，皆正皆善。按照他的说法，人皆禀天理而生，作为天理体现的天命之性人人皆善，其具体内容就是仁、义、礼、智。对此，朱熹说道：

> 仁义礼智，性也。然四者有何形状？亦只是有如此道理。有如此道理，便做得许多事出来，所以能恻隐、羞恶、辞逊、是非也。譬如论药性，性寒、性热之类，药上亦无讨这形状处。只是服了后，却做得冷做得热底，便是性，便只是仁义礼智。（《朱子语类》卷4）

在宋明理学家那里，人性之善是超凡入圣的先天条件，表明了人具有躬行道德的可能性。这一点非常重要，然而还不够，尚需对加强道德修养的迫切性予以论证。与此相联系，尽管宋明理学家都承认人具有至

善的共性，然而，他们又声称，人与人的气质之性相差悬殊、有善有不善。例如，张载一面宣称天地之性人人皆同乃至人、物无异，作为宇宙本体——气之整体是至善的，一面认定气的粗精、厚薄和清浊之分决定了人与人的气质之性迥然相异。朱熹更是用气突出人性的参差不齐。他强调，气禀有清浊偏正之殊，不仅使人与天地万物相去甚远，而且决定了每个人的气质之性有善有不善。正因为如此，朱熹一再指出：

> 天命之性，非气质则无所寓。然人之气禀有清浊偏正之殊，故天命之正，亦有浅深厚薄之异，要亦不可不谓之性。（《朱子语类》卷4）

> 天命之性，本未尝偏……然仁义礼智，亦无缺一之理。但若恻隐多，便流为姑息柔懦；若羞恶多，便有羞恶其所不当羞恶者……谓如五色，若顿在黑多处，便都黑了；入在红多处，便都红了。却看你禀得气如何，然此理却只是善。既是此理，如何得恶！所谓恶者，都是气也。（《朱子语类》卷4）

基于这种认识，朱熹一面强调天命之性无有偏塞，人人皆善；一面宣称气禀有通有塞，人之不善皆气禀所拘。这就是说，对于现实生活中的人而言，究竟行善还是做恶、器量是大还是小，完全取决于气禀之性。可见，在用理和气共同说明人性善恶时，朱熹没有对理与气一视同仁，而是念念不忘其间的差异——理至善纯一，气有善有恶。理至善纯美，作为理之显现的天命之性也是至善的，此善人人无异，乃至人物皆同；人之所以有恶，是因为先天禀气的性质不好，与理无关——"人之所以有善有不善，只缘气质之禀各有清浊。"（《朱子语类》卷4）现在的问题是，既然人人皆禀正气，为何又分出善恶呢？对此，他的回答是："人所禀之气，虽皆是天地之正气，但衮来衮去，便有昏明厚薄之异。盖气是有形之物。才是有形之物，便自有美有恶也。"（《朱子语类》卷4）

众所周知，宋明人性论的特征是人性善恶双重，从二程、张载到朱熹都秉持这种观点。在这种理论框架中，作为共性的至善本性规定了人生的终极轨迹和尽命目标，那就是追求天理、扩充良知而成为圣贤——

这侧重道德修养的可行性；善恶混杂的气禀——个性指示了人通向圣贤的具体道路和方法，那就是变化气质，在日常生活中锻炼道德意志，自觉加强道德修养——这侧重道德修养的必要性。同时，气禀的善恶之差也决定了人用功磨炼的程度——气禀愈下，其工愈劳。这就是说，对于那些先天气禀差的人而言，只有"人一己百、人十己千"地在自身努力上下工夫，才能真正变化气质。可见，正是气质之性的参差不齐突出了加强道德修养的迫切性，甚至为刑法介入提供了辩护。这是宋明理学家的一致思路，在朱熹那里表现得最为明显。在区分天命之性与气质之性，并进行善恶判定之后，他指出，至善的天命之性与有善有不善的气质之性在少数人身上是统一的——由于禀得气好，天命之性与气质之性皆善，这样的人便是圣贤。对于大多数人来说，天命之性与气质之性是矛盾的——尽管其天命之性与圣贤的天命之性一样是善的，然而，由于所禀之气成分不好，气质之性却是恶的。这样一来，天命之性决定他向善，气质之性又决定他做恶，结果陷入善恶的矛盾挣扎之中不能自拔。要解决这个矛盾，挣脱善恶的冲突，唯一的途径就是变化气质。具体地说，朱熹所讲的变化气质就是改造恶的气质之性，使之日臻于善，从而达到气质之性与天命之性的统一。正是在这个意义上，他反复断言：

> 性只是理。然无那天气地质，则此理没安顿处。但得气之清明则不蔽锢，此理顺发出来。蔽锢少者，发出来天理胜；蔽锢多者，则私欲胜，便见得本原之性无有不善……只被气质有昏浊，则隔了，故"气质之性，君子有弗性者焉。学以反之，则天地之性存矣。"故说性，须兼气质说方备。（《朱子语类》卷4）

> 人之为学，却是要变化气禀，然极难变化……若勇猛直前，气禀之偏自消，功夫自成，故不言气禀。看来吾性既善，何故不能为圣贤，却是被这气禀害。如气禀偏于刚，则一向刚暴；偏于柔，则一向柔弱之类。人一向推托道气禀不好，不向前，又不得；一向不察气禀之害，只昏昏地去，又不得。须知气禀之害，要力去用功克治，裁其胜而归于中乃可。（《朱子语类》卷4）

在此基础上，为了变化气质，达到气质之性与天命之性的和谐，朱熹提出了一套以存心、格物、致知为核心的修养功夫和践履之方。这表明，宋明理学家的道德修养工夫出于变化气质的目的，本质上就是彰显天理之善、去除气质之恶的修养方案。

2. 性命不一与等级名分

对于宋明理学家而言，气质之性非常重要——如果说其有不善突出了道德修养的紧迫性和必要性的话，那么，其参差不齐则预示了等级名分的与生俱来、天然合理。其实，与加强道德修养的初衷是维护宗法等级秩序息息相关，道德修养工夫的最高目标和境界是在自觉服从宗法等级名分中超凡脱俗。于是，为了证明等级名分与生俱来、天然合理，他们不仅讲性，而且讲命，并且用性命不一伸张宗法等级秩序的合理性。

朱熹指出，命就是天付予人的性，以此强调命与性的内在联系。不仅如此，他一再指出：

> 只是这理，在天则曰"命"，在人则曰"性"。(《朱子语类》卷5)
> 性则命之理而已。(《朱子语类》卷4)

这就是说，命与性都是理的表现，在本质上是一致的，只是侧重不同而已。与此相关，在讲命的过程中，朱熹用气说明命的迥然不同。由于生动活泼，具有"凝聚"、"造作"等特点，气能在与理的结合中赋万物以形，天地万物之所以生都离不开气的造作。基于这种认识，他强调人之命由理和气共同决定、缺一不可，并用二者共同解释人之性命。对此，朱熹比喻说：

> 尝谓命，譬如朝廷诰敕；心，譬如官人一般，差去做官；性，譬如职事一般，郡守便有郡守职事，县令便有县令职事。职事只一般，天生人，教人许多道理，便是付人许多职事。气禀，譬如俸给。贵如官高者，贱如官卑者，富如俸厚者，贫如俸薄者，寿如三两年一任又再任者，夭者如不得终任者。朝廷差人做官，便有许多物一齐趁……如禀得气清明者，这道理只在里面；禀得昏浊者，这道理也只在里面，只被昏浊遮蔽了。譬之水，清底里面纤毫皆见，浑底便见不得。(《朱子语类》卷4)

按照朱熹的说法，所谓命，就是理与气在生人之初先天赋予人的道理，命即命人应该如此。人之命都是由理和气决定的，理对于每个人乃至万物未尝有别，是理和气的结合造就了人与万物以及人与人之间命的参差不齐。沿着这个思路，在分析、阐释人物之命时，他指出"命有两种"，并把人与物、人与人之命的悬殊不齐归结为气。对此，朱熹解释说，气生万物的过程如磨盘一样运转不止，磨出之物定然有粗有细。由于所禀之气有粗有细，万物禀受不同之气致使其命有别便是顺理成章的了。同样的道理，在人、物禀气而生的过程中，气的运动、聚散、造作使人、物所禀之气具有厚薄精粗、偏正清浊之不同也在情理之中。正因为如此，他总是不厌其烦地在气禀中申明人命之迥异、参差和不齐。下仅举其一斑：

> 天之所命，固是均一，到气禀处便有不齐。看其禀得来如何。（《朱子语类》卷4）

> 气，是那初禀底；质，是成这模样了底。如金之矿，木之萌芽相似……只是一个阴阳五行之气，滚在天地中。精英者为人，渣滓者为物；精英之中又精英者，为圣，为贤；精英之中渣滓者，为愚，为不肖。（《朱子语类》卷14）

> 都是天所命。禀得精英之气，便为圣，为贤，便是得理之全，得理之正；禀得清明者，便英爽；禀得敦厚者，便温和；禀得清高者，便贵；禀得丰厚者，便富；禀得久长者，便寿；禀得衰颓薄浊者，便为愚、不肖，为贫，为贱，为夭。天有那气生一个人出来，便有许多物随他来。（《朱子语类》卷4）

> 有人禀得气厚者，则福厚；气薄者，则福薄。禀得气之华美者，则富盛；衰飒者，则卑贱；气长者，则寿；气短者，则夭折。此必然之理。（《朱子语类》卷4）

循着这个逻辑，既然气是人的构成质料，那么，所禀之气的性质必然要在人之命上有所反映和体现。人与人所禀之气的性质不同，其性命也就各不相同。如此看来，是气注定了人与人之间的寿夭、贵贱、贫富和圣愚之别。

进而言之，以朱熹为代表的宋明理学家所讲的贫富、贵贱、圣愚之命，其实是对宗法等级名分的神化和包装。为了使人自觉、自愿地恪守等级秩序，即为了让人安命、顺命，朱熹强调命的随机莫测、不可改变。按照他的说法，气禀之命完全是随机的，根本没有固定的因果关系或必然法则可寻。例如，有人问，一阴一阳，宜若平均，则贤不肖宜均。何故君子常少，而小人常多？朱熹曰：

> 自是他那物事驳杂，如何得齐！且以扑钱譬之：纯者常少，不纯者常多，自是他那气驳杂，或前或后，所以不能得他恰好，如何得均平！且以一日言之：或阴或晴，或风或雨，或寒或热，或清爽，或鹘突，一日之间自有许多变，便可见矣。（《朱子语类》卷4）

在这里，气禀之命是如此随机而飘忽不定，乃至与扑钱一样，与阴晴一般；气禀之命如此随机莫测、飘忽不定，却又是先天注定的。朱熹之所以这样回答，道理很简单：既然是先天禀气所致，一切即为命中注定、不可改变。循着这个思路，他连篇累牍地断言：

> 富贵、死生、祸福、贵贱，皆禀之气而不可移易者。（《朱子语类》卷4）

> 死生有命，当初禀得气时便定了，便是天地造化。（《朱子语类》卷3）

> 命者万物之所同受，而阴阳交运，参差不齐，是以五福、六极，值遇不一。（《朱子语类》卷4）

> 人之禀气，富贵、贫贱、长短，皆有定数寓其中。禀得盛者，其中有许多物事，其来无穷，亦无盛而短者。若木生于山，取之，或贵而为栋梁，或贱而为厕料，皆其生时所禀气数如此定了。（《朱子语类》卷4）

朱熹把气禀之命视为"不可移易者"，目的是让人安命、认命。为此，他告诉人们："只人心归之，便是命。"（《朱子语类》卷14）具体地说，朱熹把人之命分为贫富、贵贱、死生、寿夭之命与清浊、偏正、智愚、贤不肖之命两种类型，一面指出这是两种不同性质的命——一个出于气、一个出于理，一面让人对二者都视为正命而安之、顺之。尤其是对于贫富贵贱、死生寿夭之命，朱熹一再让人在知命的前提下安于既定的安排，对命不做强求。正是在这个意义上，他指出：

> "不知命"（即"不知命无以为君子"之命——引者注）亦是气禀
> 之命，知天命知其性中四端之所自来。如人看水一般，常人但见为
> 水流，圣人便知得水之发源处。（《朱子语类》卷4）

朱熹认为，人往往计较自己的命不如别人，其实，你的命之所以会夭、会凶，别人的命之所以会寿、会吉，完全是先天禀气决定的，怪不得别人，只能怪自己运气不佳。有鉴于此，他反复强调：

> 以此气遇此时，是他命好；不遇此时，便是有所谓资适逢世是
> 也。如长平死者四十万，但遇白起，便如此。只他相撞着，便是
> 命。（《朱子语类》卷4）

> 人之生，适遇其气，有得清者，有得浊者，贵贱寿夭皆然，故
> 有参错不齐如此。圣贤在上，则其气中和；不然，则其气偏行。故
> 有得其气清，聪明而无福禄者；亦有得其气浊，有福禄而无知者，
> 皆其气数使然。（《朱子语类》卷1）

这就是说，人的社会地位和生死寿夭之所以不同，在于禀赋了性质不同的气。对于这种气禀之命，朱熹让人任其自然、不去改变。进而言之，由于把贫富、贵贱归于此命之中，他的这个说法实际上是把等级制度规定的上下、尊卑奉为先天所禀之命，进而让人对此知之、认之，不去计较现实社会的等级名分之殊。从这个角度看，气禀之命从本体论的高度为人提供了安时处顺、听命任命的安身立命原则。同时，为了使人真正安于等级之命，朱熹把超出宗法等级名分的欲望称为人欲，判斥为恶，致使人安于气禀之命的过程成为去人欲的过程。至此，他所讲的性和命都落实在修养实践上，从先天禀赋转化为道德实践。与此相应，朱熹的性命论也转换成认识论、实践论即功夫论。

综上所述，为了维护宗法等级秩序，宋明理学家重视道德教化。为此，他们提出了"成善以教"的命题，从理论上阐明道德教化、道德躬行和后天实践的必要性，形成了系统的道德修养工夫论。不仅如此，为了给道德修养工夫提供哲学依据，宋明理学家从各个角度展开论证，特别是对人性展开深入挖掘，并在双重人性的思维框架中以人性之善恶印

证道德修养工夫的可行性和必要性。同时，与维护宗法等级制度的立言宗旨一脉相承，通过强调气质之性的差异以及性命的参差不齐，宋明理学家将尊卑贵贱说成是人与生俱来的"天命之性"，以期让人在现实生活中各处其处、各安其位。这表明，他们的道德修养工夫是为了在建构宗法和谐的过程中使人们将恪守宗法等级名分、维护等级秩序转化为自觉的认识和行动。由于既有理论根基，又有躬行践履，他们的道德修养工夫以及和谐建构发挥了巨大作用。

第十一章　宗法和谐建构的秘密

　　儒家的和谐理念被宋明理学家以天理的形式表达出来而拥有了前所未有的神圣性和至上性，上下尊卑的宗法等级秩序也通过天理的落实得以贯彻到社会和家庭之中。其实，被他们神化为宇宙本原的天理，其主要内容就是以三纲即"君为臣纲"、"父为子纲"和"夫为妻纲"为核心的伦理道德。在宋明理学家的论述中，作为天理的实际内容，三纲拥有相同的出处和合法性，于是拉近了"君为臣纲"与"父为子纲"和"夫为妻纲"之间的距离。进而言之，三纲对应规范的分别是社会秩序（"君为臣纲"）和家庭秩序（"父为子纲"和"夫为妻纲"）。从这个意义上说，天理既表现为社会秩序中的君义臣忠，又表现为家庭秩序中的父慈子孝、夫礼妻顺；作为天理的表现，社会秩序与家庭秩序之间具有可通约性。甚至可以说，天理不仅浓缩着宇宙秩序，而且本身即代表着宇宙秩序、社会秩序与家庭秩序的相互通约。在宋明理学中，宇宙秩序、社会秩序与家庭秩序的相互通约至关重要，可以说是宋明理学家和谐建构的秘密所在。由于有了这一点，在对宗法等级秩序的论证和建构中，宋明理学家一面将社会秩序说成是宇宙秩序的体现，一面将社会秩序转化为家庭秩序。需要说明的是，借助宇宙秩序、社会秩序与家庭秩序的相互通约，他们在以宇宙秩序突出社会秩序神圣性的同时，把社会秩序家庭秩序化；在将社会秩序家庭秩序化的过程中，把宗法社会的尊卑、贵贱说成是基于血缘关系的家庭内部分工。这种做法和说法在为宗法秩序披上温情脉脉的亲情面纱的同时，为等级制度下的阶级压迫、经济剥削和

260

政治统治提供合理辩护。

为宗法等级秩序辩护是宋明理学家共同的理论初衷，其中的代表人物是张载和王守仁。张载的"民胞物与"说和王守仁的"天下一家，中国一人"说以典型形态极好地表达了宇宙秩序、社会秩序与家庭秩序相互通约的理念，也更直观地展示了宋明理学和谐建构的思维向度和逻辑框架。

一、"民胞物与"说

张载的"民胞物与"说集中反映在著名的《西铭》一文中。熙宁三年（1070 年），他回归故里，专事著书立说，撰《砭愚》和《订顽》两篇分别悬挂于书房的东、西两牖，作为自己的座右铭。程颐见后，将《砭愚》改称《东铭》、《订顽》改称《西铭》。《西铭》由此得名，并被张载收入自己的代表作《正蒙》的尾篇——《乾称》中，成为该篇的首章。极负盛誉的《西铭》全文如下：

> 乾称父，坤称母；子兹藐焉，乃混然中处。故天地之塞，吾其体；天地之帅，吾其性。民吾同胞，物吾与也。大君者，吾父母宗子；其大臣，宗子之家相也。尊高年，所以长其长；慈孤弱，所以幼吾幼。圣其合德，贤其秀也。凡天下疲癃残疾，茕独鳏寡，皆吾兄弟之颠连而无告者也。于时保之，子之翼也；乐且不忧，纯乎孝者也。违曰悖德，害仁曰贼；济恶者不才，其践形，唯肖者也。知化则善述其事，穷神则善继其志。不愧屋漏为无忝，存心养性为匪懈。恶旨酒，崇伯子之顾养；育英才，颍封人之锡类。不驰劳而底豫，舜其功也；无所逃而待烹，申生其恭也。体其受而归全者，参乎！勇于从而顺令者，伯奇也。富贵福泽，将厚吾之生也；贫贱忧戚，庸玉女于成也。存，吾顺事；没，吾宁也。

通读《西铭》可以看到，全文共分六个层次和方面：

第一个层次是："乾称父，坤称母；子兹藐焉，乃混然中处。"《西铭》的开篇之语是"乾称父，坤称母。"这是全文立论的高度和根基，开宗明义且高屋建瓴，在宇宙秩序、社会秩序和家庭秩序的相互通约中，依托于宇宙秩序，奠定了把社会秩序视为家庭秩序的恢宏基调和本体前提。张载是一位气本论者。正是基于天地万物同本于气的本体框架，他提出并阐发了"民胞物与"说。按照他的理解，"天人一气"，气是宇宙本体，万物与人类都是气聚之形。作为气变化的结果，人与万物一样处于天地之间，与万物具有共同的存在根基和本原，原本是一体的，天地是人和万物共同的父母。这是对人在宇宙中的位置的定位。

第二个层次是："故天地之塞，吾其体；天地之帅，吾其性。"在人由本体层面进入存在层面、成为现实之人的转向中，"乾父坤母"的本体框架决定了人之为人的本质规定，人的本质规定也就是人与万物共同具有的天地之性。张载认为，宇宙本体——气是人与万物共同的祖先和存在根基，都禀气而生决定了人与万物拥有相同的本性——天地之性。具体地说，人与万物同具的天地之性源于气的本然状态——太虚，太虚之气的性质决定了天地之性的性质。太虚之气湛一纯净、至静无感，是善的，体现太虚之气的天地之性也是善的。在此，他以至善的天地之性作为人与万物和人与人的共性，证实并加剧了人与万物的亲近感。这个观点在定位人之为人的本质规定的同时，把人生的意义、价值和追求定位在追求至善的天地之性上。张载的这种做法不仅加固了宇宙秩序与社会秩序之间的联系，而且预示了人生的意义、价值和追求就是将宇宙秩序贯彻到社会秩序和家庭秩序之中。

第三个层次是："民吾同胞，物吾与也。""乾父坤母"的宇宙背景和天地之性的先天本性规定了人与宇宙万物和人与人之间割舍不断的亲缘关系，致使以民为同胞、以物为朋友成为人先天注定而无法逃避的行为追求和交往方式。张载认为，人与万物一于气，人在天地之中一方面与万物"混然中处"，一方面又"得其秀而最灵"。这种特殊情况不仅决定了人与万物的亲密无间，而且决定了人有责任而且有能力处理好人与人、人与物的关系，把他人当作自己的兄弟姐妹和同胞，视万物为自己的亲密朋友和伙伴。至此，理论重心向人类社会倾斜。

第四个层次是："大君者，吾父母宗子；其大臣，宗子之家相也。尊高年，所以长其长；慈孤弱，所以幼吾幼。圣其合德，贤其秀也。凡天下疲癃残疾，茕独鳏寡，皆吾兄弟之颠连而无告者也。""乾父坤母"的宇宙背景和"民胞物与"的交往原则具体到人类社会和人与人之间的关系上便是彼此相爱、和睦相处，整个社会俨然一个洋溢着仁爱、充满着温馨的大家庭。在这个相亲相爱的大家庭中，每个成员都尊敬长辈、慈爱孤幼，同情、帮助身体有残疾或鳏寡孤独的人。其中，君主是家中的长子，大臣是辅助长子、管理家业的"家相"，家庭成员理当服从他们的管理；在这个大家庭中，气质生来合于天地之性的是圣人，能变化气质而使之与天地之性一致的杰出者是贤人，他们应当受到尊重。总之，这个大家庭既弥漫温馨、充满仁爱，又上下有序、秩序井然，完美理想，令人梦寐以求。然而，这并不是问题的关键所在；问题的关键是，大家庭中的仁爱和秩序是以划分管理与被管理、被他人尊重与尊重他人的上下、尊卑界限来完成和实现的。这不仅论证了宗法等级制度的合理性，而且使上下、尊卑的残酷统治在不经意之中被隐藏在亲情之下，变得温情脉脉，随之天经地义起来。显然，这部分的重点是社会秩序，侧重社会秩序与家庭秩序的相互通约。通过将社会秩序家庭秩序化，张载不仅论证了宗法等级的合理性和合法性，而且使其变得容易接受和便于实行起来。

第五个层次是："于时保之，子之翼也；乐且不忧，纯乎孝者也。违曰悖德，害仁曰贼；济恶者不才，其践形，唯肖者也。知化则善述其事，穷神则善继其志。不愧屋漏为无忝，存心养性为匪懈。恶旨酒，崇伯子之顾养；育英才，颖封人之锡类。不弛劳而底豫，舜其功也；无所逃而待烹，申生其恭也。体其受而归全者，参乎！勇于从而顺令者，伯奇也。"沿着社会秩序与家庭秩序可以通约的逻辑，张载将家庭的和谐视为社会（大家庭）和谐的落脚点，坚信社会和谐从家庭和谐做起。基于这一构想，为了臻于人人相亲相爱、井然有序的理想境界，使大家庭的理想变为现实，他把希望寄托于加强道德修养、塑造理想人格上。在此，张载援引申生宁被烹杀也不外逃、伯奇被父亲逐放就顺令而去等著名的历史事例示意人们对父母无怨、无违地尽孝。推而广之，做人应该责己无怨，即使蒙受了不白之冤，也自认是命中注定的劫难而不是以牙还牙，报复对方。在他看来，以自己的委曲求全"使不仁者仁"才是真正的"爱人"。以这种"使不仁者仁"的爱人原则处理父子、君臣关系，便会无论父母、君主如何都要尽孝尽忠而绝对服从。在这里，基于将社会秩序家庭秩序化的思路，张载将社会和谐归结为孝道的发扬光大。

第六个层次是："富贵福泽，将厚吾之生也；贫贱忧戚，庸玉女于成也。存，吾顺事；没，吾宁也。"在家尽孝、绝对服从父母，推而广之，便绝对服从君上和等级名分，即安于自己在大家庭中的位置。这是确保家庭和谐而对每个成员的具体要求；更为重要的是，每个人只有安于在大家庭中的位置，才能找到自己的安身立命之所，实现自己的价值和使命。为了保障大家庭的和谐，也为了确保道德践履的高度自觉和积极主动，张载劝导人们树立豁达的人生观：在领悟了人的富贵贫贱皆由禀气而定、不可改变之后，贫贱者把困境看作是上天安排自己培养道德、磨练意志的机会，虽苦无怨地安于自己的位置、听从命运的安排。在他看来，这不仅有利于大家庭的和谐、稳定，而且更为重要的是，如果人栖身于大家庭中而安于自己的位置就等于找到了最佳的安身立命之所，获得精神上的自由和道德上的满足，达到理想的人生境界：活着的时候顺天听命，心甘情愿地受苦受难；临死的时候内心宁静，无所怨恨。这便实现了人生的价值和意义，最终与"乾父坤母"的宇宙境界和"民胞物与"的天地境界合而为一。至此，家庭和谐定格为个人的内心和谐。在这里，张载从道德修养的角度让人安于自己在大家庭中的位置，根据自己的身份来处理与他人的关系。这是确保大家庭和谐的前提，也是大家庭中每位成员义不容辞的义务和责任。

总之，"民胞物与"说反映了张载试图通过提倡传统孝道把社会秩序说成是家庭秩序来整顿社会道德、稳定社会秩序的愿望。围绕着这一宗旨，《西铭》将社会秩序视为家庭秩序，整个论证由宇宙秩序到社会秩序，再到家庭秩序一脉相承，其中的第一、二层面侧重宇宙秩序，第三、四层面侧重社会秩序，第五、六层面侧重家庭秩序。在这个环环相扣、层层推进的逻辑结构中，先从宇宙秩序讲起，由宇宙秩序进而社会秩序和家庭秩序；前者是原则、蓝本，后者是贯彻、落实。在这六个方面的推进和论证中，贯穿其中的思维方式和逻辑框架是宇宙秩序、社会秩序与家庭秩序的相互通约。

就思想内涵和理论宗旨而言，《西铭》表达了爱的主题。通过乾父坤母——→民胞物与——→仁民爱物——→无怨无违的依次推进，致使爱贯穿其间。爱是《西铭》的逻辑线索和思想主题，从宇宙境界、天地境界、人性境界、人生境界最终落实到伦理、道德境界。在这里，如果说宇宙、天地、人性和人生境界是背景、是前提的话，那么，人生和道德境界则是结果、是重心。正因为如此，在表达爱之主题的时候，张载把重心放在了人与人之间的关系上，通过宣称人与人同禀一气而生、皆是同胞兄弟，进而让人"立必俱立"、"爱必兼爱。"（《正蒙·诚明》）必须指出的是，《西铭》所论之爱是一种等差之爱。为此，他曾明确表示："夷子谓'爱无等差'，非也。"（《张载集·张子语录上》）仁之等差性的现实表现即宗法等级，维护宗法等级的前提是每个人恪守自己的等级名分。这就是说，爱的等差性迫切需要顺，即绝对服从。于是，孝顺成为《西铭》的另一个主题。具体地说，在家绝对服从父母，外出绝对服从君上。进而言之，通过提倡孝道之所以能达到促进社会和谐的目的，在家孝顺父母之所以一定能外出服从君上，是因为家庭秩序与社会秩序相互通约，社会就是一个大家庭。《西铭》的主要目的是把宗法等级社会美化为一个大家庭，将社会地位的不同说成是家庭成员内部的分工。为了使这个大家庭得以安宁，家庭内部所有成员都必须服从社会的整体规划；尤其是处于社会底层的低贱、卑幼者更应该发扬顺德，无论面对何种境遇都安于现状，无怨无违。

《西铭》的理论根基——宇宙秩序、社会秩序与家庭秩序相互通约是理学家的共识，其中提倡的人人友爱、和睦相处，让社会充满温暖亲情的设想反映了多数宋明理学家的共同愿望。正因为如此，《西铭》受到二程、朱熹等一批宋明理学家的充分肯定和高度评价。程颢对《西铭》大加赞赏："《订顽》一篇，意极完备，乃仁之体也。"（《河南程氏遗书》卷2上）此后，"程门专以《西铭》开示学者。"南宋朱熹专门作

《西铭解》，对《西铭》的思想予以阐发。此后的陈亮、叶适和王夫之等人也对《西铭》特别关注。不仅如此，二程和朱熹都肯定张载的《西铭》深藏"理一分殊"之精旨，对之赞不绝口。经由他们的宣传，《西铭》及"民胞物与"说的影响进一步扩大。

二、"天下一家，中国一人"说

《西铭》的中心思想是将社会秩序视为一种家庭秩序，在宇宙秩序、社会秩序与家庭秩序相互通约的前提下抒发社会秩序家庭秩序化的理想和信念。在某种程度上可以说，众多人对《西铭》的赞扬恰好印证了将社会秩序视为家庭秩序是宋明理学家的共识，或者说，宇宙秩序、社会秩序与家庭秩序的相互通约是他们和谐理念和建构的共同的思维方式和逻辑框架。

对于《西铭》的宇宙秩序、社会秩序和家庭秩序的相互通约，王守仁的"天下一家，中国一人"说以自己的方式作出了回应，与张载的"民胞物与"具有异曲同工之妙。"天下一家，中国一人"一语始见于《礼记·礼运》，但未作详论。对此作展开论述、并赋予这一命题以崭新内容的则是王守仁。

王守仁认为，"天下一家，中国一人"是仁心发泄的结果，也是理想的社会秩序。在他看来，天地万物与我原本是一体的，因为对于人来说，"其心之仁本若是"。对此，王守仁论证说，在仁的支配、驱使下，人"见孺子之入井而必有怵惕恻隐之心"，"见鸟兽之哀鸣觳觫而必有不忍之心"，甚至见"草木之催折"、"瓦石之毁坏"也有"悯恤"、"顾惜"之心。这样，在仁的沟通下，人把仁爱之心撒向天地之间，与他人以至与鸟兽、草木、瓦石连为一体，达到与天地万物为一体的境界。王守仁认为，人们一旦达到"以天地万物为一体"，便能"视天下犹一家，中国犹一人焉。"（《王阳明全集卷26·大学问》）这就是说，"天下一家，中国一人"是人人具有的"其心之仁"发用、流行的结果。

进而言之，怎样才能通过仁者与天地万物为一体而实现"天下一家，中国一人"的理想呢？王守仁从正反两方面进行了论证：第一，在消极方面，他坚信，只要没有"私意间隔"，人人都可以达到天地万物与我一体的理想境界；只是小人"间形骸而分尔我者"，"自小之耳。"（《王阳明全集卷 26·大学问》）循着这个逻辑，为了臻于理想境界，人必须从事道德修养、克服"私意"。第二，在积极方面，王守仁提出了显露吾心之仁的观点，同时发挥了《大学》"明明德"和"亲民"等主张。他写道："明明德者，立其天地万物一体之体也。亲民者，达其天地万物一体之用也。"（《王阳明全集卷 26·大学问》）按照王守仁的说法，彰明吾心之仁德（"明明德"）是"以天地万物为一体"的根本和实质，亲民是达到"以天地万物为一体"的手段和途径，二者合起来就是把吾心之仁德推广于天下。正因为如此，通过"明明德"和"亲民"，人可以成为推行吾心之仁的仁者；作为一个仁者，人会把吾心之仁推广于天下的每个人以至每一物，使一人一物无不沐浴在仁爱之下。在这个意义上，他断言："仁者以天地万物为一体，使有一物失所，便是吾仁有未尽处。"（《王阳明全集卷 1·传习录上》）毫无疑问，当天地万物无一所失地沐浴在仁爱之下时，天地万物与我一体的理想便真的实现了。

王守仁所讲的天地万物与我一体的仁之境界是一个爱的世界，更是一种人间秩序。对于这种理想境界，他多次展望道：

> 夫圣人之心，以天地万物为一体，其视天下之人，无外内远近，凡有血气，皆其昆弟赤子之亲，莫不欲安全而教养之。（《王阳明全集卷 2·答顾东桥书》）

> 视民之饥溺犹己之饥溺，而一夫不获，若己推而纳诸沟中者。（《王阳明全集卷 2·答聂文蔚》）

王守仁用仁爱之心编织的与天地万物为一体的境界始于世界秩序，这种秩序的最终实现是人与人建构的社会秩序。其实，植根于与天地万物为一体的"天下一家，中国一人"就是他为了挽救当时的社会危机开出的药方，也是他把社会秩序家庭秩序化的理论构想。这套思想具有泛爱色彩，仁爱是贯穿始终的主线，是手段似乎也是目的。然而，在本质上，这套理论以维护上下、尊卑的宗法等级制度为出发点和目的地。与此相联系，王守仁一面鼓吹"万物一体"、"天下一家"和"中国一人"，一面强调"一体"、"一家"之中的厚薄之分。这使与天地万物为一体之仁爱成为一种等差之爱。请看下面这段记载：

> 问："大人与物同体，如何《大学》又说个厚薄？"先生（指王守仁——引者注）曰："惟是道理，自有厚薄。比如身是一体，把手足捍头目，岂是偏要薄手足，其道理合如此。禽兽与草木同是爱的，把草木去养禽兽，又忍得。人与禽兽同是爱的，宰禽兽以养亲，与供祭祀，燕宾客，心又忍得。至亲与路人同是爱的，如箪食豆羹，得则生、不得则死，不能两全，宁救至亲，不救路人，心又忍得？这是道理合该如此……《大学》所谓厚薄，是良知上自然的条理，不可逾越，此便谓之义；顺这个条理，便谓之礼；知此条理便谓之智；终始这个条理，便谓之信。"（《王阳明全集卷3·传习录下》）

在这里，王守仁不仅把人与万物、人与人之间的关系定位于洋溢着爱的"一体"、"一家"的秩序之中，而且着重强调"一体"、"一家"乃至"一身"之中的等级之分。在他看来，人与天地万物是一体的，然而，一体之中的条理使人对人类、禽兽与草木的爱显示出厚薄，进而分别对待：在"与万物同体"中——"人与禽兽同是爱的，宰禽兽以养亲，与供祭祀、燕宾客"；在"天下一家，中国一人"中，人与人都是被爱的对象，"一家"、"一人"之中的厚薄又使爱先由至亲后推及路人——"至亲与路人同是爱的，如箪食豆羹，得则生、不得则死，不能两全，宁救至亲，不救路人"。在此，王守仁强调，人在与天地万物为一体中，对天地万物分别对待，完全是自然而然、天经地义的，正如一身之中手足与头目同是爱的，遇到危难时自然"把手足捍头目"一样。这就是说，因为"一体"、"一家"之中的厚薄同样是天然合理、天经地义的，所以，"一体"之中，草木养禽兽，禽兽养人，小人养大人；"一家"之中，先至亲后路人；"一身"之中，手足捍卫头目。这种关系和位置不可颠倒或改变。如此一来，通过把人与禽兽、草木之间的宇宙秩序与人与人之间的社会秩序相提并论，并在此基础上将社会秩序说成是基于血缘关系的家庭秩序乃至生理秩序而使宗法等级秩序具有了天然性，王守仁论证了上下、尊卑的合理性，进而为宗法等级制度张目。

可见，王守仁的"天下一家，中国一人"说循着仁与天地万物为一体的思路，从宇宙秩序讲起，进而将社会秩序家庭秩序化。经过如此一番包装和处理之后，宗法等级社会中的上下尊卑、劳心劳力的关系统统变成了家庭内部的分工，甚至如同一身之中生理器官的自然分工一样与生俱来、天然如此。循着这个逻辑，人应该像"目不耻其无聪"、"足不耻其无执"那样安于劳苦卑贱的地位。当然，统治阶级成员更应该安于自己已有的地位，不做非分的追求。基于这种考虑，在"拔本塞源论"中，他对理想社会的秩序进行了这样的安排：其才能高者，"出而各效其能"，"其才质之下者，则安其农工商贾之分，各勤其业。"在此，王守仁要求人皆"不以崇卑为轻重，劳逸为美恶"，特别是才质下者要"终身处于烦剧而不以为劳，安于卑琐而不以为贱。"（《王阳明全集卷 2·答顾东桥书》）至此可见，与所有理学家一样，王守仁宣传"天下一家，中国一人"，目的是让人把宗法等级制度视为天然合理的，从而心安理得地安于自己所处的社会地位，以保持宗法等级社会的和谐和安宁。他设想的与天地万物为一体的途径就是建构宗法和谐的途径。例如，按照王守仁的分析，人之所以不安于自己的名分，是因为"间于有我之私，隔于物欲之蔽"的缘故；要摈弃非分之想，就必须"克其私，去其蔽，以复其心体之同然。"（《王阳明全集卷 2·答顾东桥书》）与此相联系，他提倡"拔本塞源"，就是要拔去私欲之根，堵塞私欲之源，彻底去人欲，致良知，破心中贼。王守仁坚信，人一旦克私去蔽，"则自能公是非，同好恶，视人犹己，视国犹家。"（《王阳明全集卷 2·答聂文蔚》）如果人人如此，到那时，"求天下无治不可得矣"。

上述介绍显示，王守仁的"天下一家，中国一人"说与张载的"民胞物与"说具有惊人的相似之处，都在宇宙秩序与社会秩序、家庭秩序的相互通约中，彰显社会秩序的天然合理、神圣有效。所不同的是，如果说张载的论述由宇宙本体——气开始，由宇宙秩序向社会秩序、家庭秩序层层推进的话，那么，王守仁则把重心放在了人类社会，在论证中将社会秩序说成是家庭秩序甚至延伸为人的生理秩序。理论重心的转变使王守仁对社会秩序的关注更密切，与现实社会的宗法等级制度的联系也更直接。

三、宇宙秩序、社会秩序与家庭秩序的相互通约

宋明社会是中国宗法社会的完备形态。在这一时期，等级制度森严，中央集权极度加强。为了论证宗法等级制度的合理性，维护、巩固宗法社会的等级和谐，张载的"民胞物与"说、王守仁的"天下一家，中国一人"说应运而生。作为宗法和谐建构的途径和方式，"民胞物与"说和"天下一家，中国一人"说内涵着他们对和谐的理解和追求，不仅隐藏着相同的思维方式，而且流露出相同的价值取向。与此相联系，在张载和王守仁的论述中，宗法等级秩序成为和谐的标本，维护宗法等级的上下、尊卑之序成为建构和谐的具体方式，甚至是和谐的价值所在。换言之，对于张载、王守仁等宋明理学家来说，和谐是宗法等级的和谐有序，宗法等级秩序不仅是和谐的标准，而且是价值本身。

1. 相互通约——和谐建构的秘密

上述分析显示，张载的"民胞物与"说与王守仁的"天下一家，中国一人"说植根于不同的哲学理念，前者基于气是宇宙本原、万物皆气所生的气学思路，后者基于仁心之发泄、流行的心学逻辑。除此之外，两者的理论渊源显然有别：深谙《周易》的张载著有《横渠易说》，他对宇宙秩序和社会秩序的洞彻基本因循《周易》模式；王守仁对《大学》情有独钟，其"天下一家，中国一人"之说虽然语出《礼记》，其思想主旨基本上是对《大学》的阐发。尽管如此，两者的思维方式如出一辙，那就是将社会秩序家庭秩序化，为宗法等级制度披上温情脉脉的亲情面纱。其实，朱熹早就指出了两者之间的联系，他在《西铭解》中写道：

《西铭》之作，意盖如此，程子以为"明理一而分殊"，可谓一言以蔽之矣。盖以乾为父，以坤为母，有生之类，无物不然，所谓

理一也。而人物之生，血脉之属，各亲其亲，各子其子，则其分亦安得而不殊哉！一统而万殊，则虽天下一家，中国一人，而不流于兼爱之弊，万殊而一贯，则虽亲疏异情，贵贱异等，而不牾于为我之私。此《西铭》之大指也。

进而言之，社会秩序之所以可以被家庭秩序化，是因为二者之间可以通约。其实，在宋明理学家那里，社会秩序与家庭秩序可以通约，社会秩序、家庭秩序与宇宙秩序之间同样可以通约。也就是说，他们的和谐理念和建构秉承同一个秘密，即宇宙秩序、社会秩序与家庭秩序相互通约。正是对宇宙秩序、社会秩序与家庭秩序相互通约的心照不宣，张载和王守仁不约而同地一面把宇宙本体派生万物的过程说成是宇宙秩序社会秩序化、家庭秩序化的过程，一面将宗法社会的等级秩序说成是基于宇宙秩序的天经地义。在这方面，王守仁甚至以生理秩序的天然合理为宗法等级秩序的长幼、尊卑进行辩护，致使三者的相互通约延伸为生理秩序。这种做法使宇宙秩序、社会秩序与家庭秩序的相互通约成为宋明理学家和谐建构的最大秘密。正是在这个前提下，他们将宗法等级秩序说成是充满温情的家庭秩序，将不平等的森严等级说成是与天然的生理分工一样的与生俱来、自然而然，致使宗法社会中森严的统治关系成为家庭成员之间应有的血缘亲情关系。

进而言之，在宋明理学家为宗法等级秩序辩护的过程中，宇宙秩序、社会秩序与家庭秩序的可通约性使三者之间呈现出三位一体的态势。在这个三位一体的逻辑结构和运行机制中，一方面，社会秩序、家庭秩序因为来源于宇宙秩序而拥有了正当性和神圣性，甚至成为一种无可辩驳的预定规则；另一方面，宇宙秩序贯彻到社会和家庭之中，转换为君臣父子和上下尊卑的宗法等级秩序。宇宙秩序、社会秩序与家庭秩序的三位一体指明了宗法和谐的建构之路，那就是宗法社会的和谐建构与宇宙秩序和家庭秩序息息相关：第一，社会和谐作为对宇宙秩序的贯彻，包括天人和谐，内容之一就是人与自然的和谐相处、天然一体；第二，社会和谐包括家庭和谐和个人的身心和谐，以每个人认定宗法等级秩序犹如生理秩序不可颠倒那样绝对服从为前提。

值得一提的是，在宇宙秩序、社会秩序与家庭秩序的相互通约中，社会秩序得天独厚，占据中间位置，这种位置使其作为宇宙秩序与家庭秩序的中介举足轻重。更为重要的是，在宇宙秩序与家庭秩序的相互印证中，社会秩序的绝对权威性、天然合理性得以极度张扬和证明：如果说宇宙秩序带给它的是天经地义、万古永恒的绝对权威的话，那么，家庭秩序带给它的则是与生俱来、天然合理；前者侧重神圣性辩护，后者兼顾操作实施。可见，在宇宙秩序、社会秩序和家庭秩序的相互通约中，社会秩序成为最大的受益者，其合理性得以最大程度地彰显：第一，由于依托于宇宙秩序，社会秩序具有了名副其实的天经地义和宇宙法则的普遍意义。这是对社会秩序的大而化之。这种做法赋予社会秩序以形上意蕴，与宋明理学道德哲学与本体哲学合二为一的思维方式一脉相承。第二，等级制度转化为家庭秩序乃至生理秩序。这是对社会秩序的小而化之。这种做法使社会秩序家庭秩序化，乃至成为一身之中的生理秩序，绝好地展示了宋明时期加强对人的身心控制、道德教化生活化的时代特征。正是在对社会秩序或大而化之、或小而化之的相互印证中，作为社会秩序的宗法等级制度的权威性和合理性得到了充分辩护，也有了落脚点和笃行处。不仅如此，在社会秩序的大而化之中，规范社会秩序的"君为臣纲"与规范家庭秩序的"父为子纲"和"夫为妻纲"由于天理的庇护在某种程度上拥有了宇宙法则的意味；在家庭秩序的小而化之中，"君为臣纲"体现在"父为子纲"和"夫为妻纲"统辖的家庭秩序中，事上之忠从父子、夫妻关系做起，细化、落实在家庭的日常生活之中。至此，通过家庭秩序大而化之与小而化之的相互印证，忠、孝、节相互推演、互为表里。三纲既有不同的侧重，又相互支撑，共同组成了一个有机系统。宇宙秩序、社会秩序、家庭秩序的相互通约打通了三纲之间的壁垒，淡化了"君为臣纲"与"父为子纲"和"夫为妻纲"之间的统辖权限，为宗法社会的和谐建构提供了可行性论证。正是宇宙秩序、社会秩序与家庭秩序的相互通约使宋明理学家对宗法等级秩序的论证意境高远，措施缜密，既有恢宏之高度，又不乏精微之切实。

2．大家庭——相互通约的现实模本

张载、王守仁将社会秩序视为家庭秩序的做法代表了宋明理学家一贯的思维方式和价值取向，也就是说，认定宇宙秩序、社会秩序、家庭秩序可以通约是宋明理学家的共识。不仅如此，"民胞物与"说和"天下一家，中国一人"说表达的将社会秩序家庭秩序化的做法具有现实的社会基础。只有结合当时的社会存在理解其出现的必然性，才能体会这种做法对于维护宗法等级秩序的重要作用。

从社会存在来看，宋明时期大家庭的急剧增多提供了家庭秩序社会秩序化的现实模本，为宇宙秩序、社会秩序和家庭秩序的相互通约奠定了基础。具体地说，家庭一般分为三个类型，即小家庭、折衷家庭和大家庭。小家庭指由一对夫妇或加上子女的家庭，也称"核心家庭"；折衷家庭指一对夫妇加上其父母和子女，即包括祖孙三代的家庭，也称"主干家庭"；大家庭指大到包含直系亲属的夫妇、父母、子孙及其妻子在内的"本房"加上旁系亲属的伯叔、兄弟、侄及其妻子的"别房"，数百人同居的家庭，也称"联合家庭"。如果依照这个标准进行划分的话，那么，宋明社会的家庭以大家庭为主。

中国人的家庭、家族观念向来十分浓厚，大家庭更是宋明社会的普遍现象：一方面，受多子多孙为福观念的影响，中国人不仅以人丁兴旺为福，而且向往儿孙绕膝、子孙满堂的生活，这使父母一般都选择与儿孙同住。另一方面，中国素有敬老、养老之美德，为父母养老送终是每个人的基本义务和责任，与父母分开居住往往被视为不孝；受孝顺观念的影响，一般人都选择与父母一齐居住。这使子孙与父母、祖父母同居共爨成为中国古代最常见的生活方式和家庭模式。于是，可以看到，在中国古代社会中，家庭形态决少"核心家庭"，甚至连"主干家庭"也不多见，而是以"联合家庭"为主。这就是所谓的大家庭。这种同居的亲属集团被明代法律称之为"户"。这种大家庭的成员不仅是直系亲属，而且包括家族的成员。古代社会提倡和表彰"联合家庭"，以四室同堂、五室同堂为耀、为荣。宋明统治者特别提倡、表彰大家庭。在统治者的提倡下，宋明社会的大家庭数量越来越多，规模越来越大，四代、五代

同堂者层出不穷，有的大家庭人口高达数百人。从量上看，以此规模推演下去，大家庭可以成为社会乃至天下。

此外，伴随着家庭的规模不断扩大乃至膨胀为数百人的大家庭，家庭成员之间的血缘关系逐渐弱化，代之而起的是各种家法族规的维系。这就是说，尽管以血缘为纽带，然而，从内部结构和运行机制来看，一个大家庭俨然就是一个结构完整的小社会。在大家庭内部，有严格的管理系统和机制，有完备的奖励或惩罚措施，有自给自足的经济供给等等。在宋明大家庭中，家产是大家的，归家庭成员共有。例如，福州杨崇其家法规定："子弟无私财，若田圃所入谷米之属，必白于长，藏之廪；若商贾所得，钱帛之属必白于长，藏之库"，以供家庭成员"婚姻、丧葬、祭祀、饮食之用。"① 家庭中如买卖土地、购置房产虽要"父子兄弟商议"，然而，家长（尊男）对家庭财产拥有绝对的管理权和处理权。例如，《大明会典·户部·户口·分户继绢》规定："凡祖父母、父母在者，子孙不许分财异产，其父祖许令分析者听。"② 更为重要的是，大家庭内部等级森严，成员之间不仅是亲属关系，而且是尊卑森严的等级关系。其中，家长具有绝对权威，乃至掌握生杀大权。同时，家庭成员之间也是不平等的，彼此之间地位悬殊。例如，明代家庭是"同居共财"的亲属组织，理论上家产是"公家物事"，为家庭成员所共有，实际上却是由家长所拥有、管理或控制的。再如，分产时，以诸子均分为原则，然而，女性成员待遇要低：若已嫁人，不能参与分产；若未嫁人，如守节妇，则由大家庭负责养老送终。大家庭的运行机制表明，血缘亲情在淡化和松弛，逐步让位于家法族规。家法族规虽然是"私法"，却具有国家承认的法律效力。它与公法的并行不悖使之拥有了某种意义的"公法"性质，也表明了大家庭与社会管理模式的相通性。这就是说，宋明大家庭的运行机制表明，家庭秩序与社会秩序具有可通约性。

总之，随着人数的增加和规模的扩大，大家庭在量上无限伸展，具有了"社会"的意义，其管理方式更是与社会趋同：第一，从规模的扩

---

① 龚书铎主编：《中国社会通史·明代卷》，山西教育出版社 1996 年版，第 379 页。
② 参见李东阳等：《大明会典》，万历十五年礼监刊本。

大和人数的增加来看，大家庭为家庭秩序社会秩序化提供了支持。随着规模、人数的扩大和增加，大家庭在量上急速膨胀，就此规模和逻辑无限推演，大家庭具有膨化为国家乃至天下的可能性。第二，从运作机制和管理模式来看，随着人数的增加和血缘关系的松弛，家法族规的作用明显增强，尤其是其中的等级尊卑之别掩盖、代替了家庭成员之间天然的血缘亲情，成为了调节人际关系的主要力量。从具有国家认可的公法效益的角度看，家法族规为家庭秩序社会秩序化提供了支持。正是在这种社会存在和历史背景下，出现了宋明理学家把社会秩序视为家庭秩序的做法。这就是说，大家庭规模的越来越大和数量的不断增多打通了社会秩序家庭秩序化的思维通道，也在家庭秩序可以社会秩序化中印证了社会秩序可以宇宙秩序化。反过来，天下、社会、国家也就是一个大家庭。

四、家国同构和天人合一

从文化传统来看，宋明理学家在认定宇宙秩序、社会秩序与家庭秩序可以通约的前提下将社会秩序家庭秩序化的做法，植根于家、国同构观念，是对由来已久且根深蒂固的天人合一的全新表达和细化。对于宇宙秩序、社会秩序与家庭秩序的相互通约而言，《周易》和《大学》从不同方面提供了论证。

1.《周易》通过天、地、人三个世界的设置，开辟了宇宙秩序家庭秩序化和社会秩序化的通路

儒家历来看中《周易》，将之奉为五经之首。对于儒家来说，《周易》最大的魅力在于，通过天、地、人三个世界建构了宇宙秩序家庭秩序化和社会秩序化的天人合一模式。就天人合一而言，《周易》阐释的宇宙生成论不仅讲天道、地道，而且讲人道，其形而上学就是天人和谐之道。这正如其书所云："《易》之为书也，广大悉备。有天道焉，有人道焉，有地道焉。兼三才而两之，故六。六者非它也，三才之道也。"（《周易·系辞下》）这就是说，《周易》既讲天道、地道，又讲人道，同时建

构了天、地、人三个世界：对《周易》的三画经卦来说，上、中、下分别符示天、人、地；对由经卦相重的六画别卦而言，五上、三四、初二之爻分别符示天、人、地。不仅如此，在对天、地、人三个世界的位置排列上，天在上，地在下，人在中间。这种安排寓意着人有沟通天道与地道的能力和使命。同时，《周易》的卦画系统是"变动不居，周流六虚"（《周易·系辞下》）的，预示着人只有与天、地、人和谐相处，才能实现人与天地自然的"保合太和"。

在《周易》的视界中，人与天、地、人的和谐包括相互作用的两个方面：第一，天、地、人三个世界遵循不同的法则，"立天之道，曰阴与阳；立地之道，曰柔与刚；立人之道，曰仁与义。"（《周易·说卦》）三个世界的不同法则决定了它们的不同地位和作用。天之阴阳是万物变化的总纲，是地之柔刚和人之仁义的本原所在，地道与人道因循天道而来。第二，三个世界以及万物的不同决定了它们的相互作用，人与天地之道合一是和谐的根本保障。只有整个生态环境中的万物得以"各正性命"，即各种事物皆得以圆满实现自己的性命，才能实现大环境与小环境之间、小环境与小环境之间以及小环境内部的协调平衡。可见，阴阳协调平衡是易学的精髓，和谐是从天而地而人的一脉相承。具体地说，易学的立论根基是"三才之道"，即本天道以立人道，开天文以立人文，效法天道以"自强不息"（《周易·乾·象》），效法地道以"厚德载物"（《周易·坤·象》），效法天地之道以"遏恶扬善"（《周易·大有·象》）。这一切可以概括为："乾道变化，各正性命。保合太和，乃利贞。首出庶物，万国咸宁。"（《周易·乾·卦》）

《周易》建构的宇宙模式具有两个基本特征：第一，人道与天道密切相关，是因循天道而来的，没有天道，人道便无从谈起。因此，因循天道、与天道合一是人道的根本法则。第二，天道、地道与人道各有侧重，功能不同，无论是天道之阴阳还是地道之柔刚都需要人道之仁义去和合、去完成，或者说，天道之阴阳和地道之柔刚在人道中转化为仁义。具体地说，宇宙是一个生命整体，其目的是"生"，而宇宙、天地的这个生生之德是通过人即人道之仁义完成的。可见，《周易》建构的宇宙生成模式传递出天人合一的和谐理念，并使天人合一成为人"与天地合其德"的过程，这用书中的话说便是："夫大人者与天地合其德，与日月合其明，与四时合其序，与鬼神合其吉凶。先天而天弗违，后天而奉天时。"（《周易·乾·卦》）

进而言之，《周易》所讲的"与天地合其德"奠定了天人合一的和谐方式和价值取向，其具体方法就是将宇宙秩序即天道转化为家庭秩序和社会秩序（人道）。在这方面，《周易》把整个世界说成是一个有机整体，同时强调整体中的尊卑等级；由天地之尊卑演绎出万物之等级，进而推导出人类社会的夫妇、父子和君臣关系，致使宇宙秩序转换为家庭秩序和社会秩序。于是，其书不止一次地写道：

天尊地卑，乾坤定矣。卑高以陈，贵贱位矣……在天成象，在地成形，变化见矣……乾道成男，坤道成女。乾知大始，坤作成物。乾以易知，坤以简能……易简而天下之理得矣。天下之理得，而成位乎其中矣。（《周易·系辞上》）

有天地然后有万物，有万物然后有男女，有男女然后有夫妇，有夫妇然后有父子，有父子然后有君臣，有君臣然后有上下，有上下然后礼义有所措。（《周易·序卦》）

在这里，《周易》把自然与人事、自然秩序与社会秩序连为一体，致使整个世界成为由天地、万物、男女、夫妇、父子、君臣组成的多层次系统。在宇宙的这个系统中，各部分处于不同的等级之中，由于各种存在具有不同的功能，各司其职，整个世界才和谐有序：自然秩序即"物则"，天地的目的是天生地养，天覆地载，日月同明，四时合序，风行雨施，也就是天地尽职尽责，生育万物；万物的目的是尽性遂生，同生共育，和谐相处，不危害他物，保持自然界生物的多样性和丰富性；社会秩序即人伦，人的目的是各安其位，各尽其分，除尽好夫妇、父子、兄弟、君臣和朋友的五伦之道外，还要帮助、参与万物的生长。只有人和自然万物都在各自的位置上尽了职责，完成了自己的目的，这个宇宙整体才能实现自己的目的。可见，《周易》的和谐思路和基本方式是将宇宙秩序家庭秩序化和社会秩序化。无论是"与天地合其德"还是以夫妇、父子代表的家庭秩序或者君臣代表的社会秩序继续天地之尊卑都是与上天合一的过程。从这个意义上说，家庭秩序、社会秩序与宇宙秩序相互通约是天人合一的具体表征和途径。

与道家之混沌未分、墨家之兼爱同一相去甚远，儒家所追求的和谐是各处其位的等级和谐，也就是说，和谐是蕴涵上下等级的和谐。正是在天、地、人三个世界的转换中，通过宇宙秩序而家庭秩序，家庭秩序而社会秩序，《周易》将上下尊卑的和谐之道不露声色地表达了出来。

《周易》开启的和谐思路与早期儒家推出的天人合德说相互印证。在这方面，孟子和《中庸》是典型代表：

尽其心者，知其性也；知其性，则知天矣。（《孟子·尽心上》）

唯天下至诚，为能尽其性；能尽其性，则能尽人之性；能尽人之性，则能尽物之性；能尽物之性，则可以赞天地之化育；可以赞天地之化育，则可以与天地参矣。（《中庸》）

天命之谓性，率性之谓道，修道之谓教。（《中庸》）

《周易》的和谐理念引领了后续儒家和谐理念的基本走向。宋明理学以"性与天道"为中心问题，本质上是对《周易》开启的天人合一的继承。宋明理学家对《周易》开启的与天地合德的天人合一模式的推崇早在北宋理学家那里就已经初露端倪。例如：

儒者则因明致诚，因诚致明，故天人合一。致学而可以成圣，得天下而未始遗人。（张载：《横渠易说·系辞上》）

"生生之谓易"，是天之所以为道也。天只是以生为道，继此生理者，即是善也。善便有一个元底意思。"元者善之长"，万物皆有春意，便是"继之者善也"。"成之者性也"，成却待它万物自成其性须得。（程颢：《河南程氏遗书卷2上》）

只心便是天，尽之便知性，知性便知天。当处便认取，更不可外求。（程颢：《河南程氏遗书卷2上》）

不仅如此，循着《周易》开启的天人合一的基本思路，宋明理学家在以道德完善与上天合一的过程中重申并且细化了将宇宙秩序转化为家庭秩序和社会秩序的主题。特别是在为社会秩序辩护的过程中，他们在宇宙秩序与社会秩序、家庭秩序的相互通约中论证社会秩序的合理性。不仅如此，在宇宙秩序、社会秩序、家庭秩序相互通约的前提下，宋明理学家将社会秩序说成是家庭秩序，并且在实践操作上贯彻了本体哲学、人性哲学与道德哲学的三位一体；通过本体哲学—人性哲学—道德哲学的三位一体，他们为社会秩序的家庭秩序化找到了哲学依据。其实，"民胞物与"说和"天下一家，中国一人"说不仅秉持相同的宇宙秩序、家庭秩序、社会秩序相互通约的思想主旨，而且都是从本体哲学、人性哲学、道德哲学的三位一体中推导出来的。例如，正因为本体哲学、人性哲学与道德哲学是三位一体的，所以，张载说："不闻性与天道而能制礼作乐者末也。"（《正蒙·神化》）与此相关，因为经典有言"夫子之言性与天道，不可得而闻也"（《论语·公冶长》），所以，张载的上述言论被视为离经叛道而遭到非议。其实，这句话恰好道出了张载本体哲学（天道）、人性哲学（性）与道德哲学（礼乐）三位一体的思维格局和价值旨趣。也正因为在张载那里本体哲学、人性哲学与道德哲学是三位一体的，所以，离开了性和天道，礼乐便无从谈起。受制于这套思维方式和价值系统，张载的"民胞物与"说从"乾父坤母"的宇宙模式开始，以绝对服从之孝道告终。同样，王守仁的"天下一家，中国一人"说始于与天地万物为一体是"吾心之仁"的发用流行，终于仁之一体中的厚薄犹如一身之手足与头目的关系不可倒置。透过这些可以看出，宋明理学家讲本体哲学、人性哲学、道德哲学的三位一体是为人在现实的宗法社会中安排既定位置，即通过确定每个人与生俱来的等级名分为人定位。为了表明这种安排既权威又公正，他们一面将之推为宇宙本体的造作，一面将之奉为行为准则。如果说前者的重点在等级名分源于宇宙秩序的话，那么，后者则重在呼吁按照等级名分的要求安身立命，处理各种事物。于是，便有了宇宙秩序、社会秩序与家庭秩序之间的相互通约，因为三者相互通约是本体哲学—人性哲学—道德哲学三位一体的现实版和通俗化，为其找到了切实的操作处。不仅如此，由于有了本体哲学—人性哲学—道德哲学的三位一体，便有了宇宙秩序、社会秩序与家庭秩序的一脉相承、环环相接。在这个意义上，本体哲学、人性哲学和道德哲学的三位一体与宇宙秩序、社会秩序和家庭秩序的相互通约，彼此作用、彼此映衬。

2.《大学》先内圣、后外王，开启了家庭秩序社会秩序化的先河

《大学》顾名思义即高深的学问。综观《大学》八条目，个人修身养性之方与齐家、治国平天下之道一脉相承，一以贯之的是家庭秩序与社会秩序的相互通约。正是有了家庭秩序与社会秩序相互通约这个大前提，《大学》从格物、致知讲起，中经诚意、正心、修身，可以齐家；齐家之后，如法炮制，便可治国、平天下。在这里，修身、齐家是治国、平天下的前提和准备，治国、平天下是修身、齐家的结果和外推。其中的潜台词是，内圣、外王是相通的，齐家与治国、平天下同道。

与《大学》的久负盛名相联系，作为内圣外王理念的具体化，在中国人的思维方式和价值观念中，家和国是同构的——家是国的缩影，国是家的放大，其间并无本质区别，遵循同样的法则，适用相同的治理之方。作为这一理念的直接表现，天下可以视为家，即四海为家，家也可以视为天下。于是，忠孝互为表里、相提并论。久而久之，在中国人的思维观念和汉语实践中，家与国的语义相互叠合，以至于离开特定的语境无法理解其确切含义。例如，家可以指自己的血缘家庭，也可以指国家。与此类似，家庆可以指父母的生日，也可以指国家诞生之日；"家臣"可以指诸侯、王公的私臣，也可以指各国卿大夫的臣属；"家父"可以置换为"家君"，"国君"可以置换为"国父"，"家邦"与"国邦"可以换用等等。进而言之，家与国的语义叠合不仅是中国人的语言习惯，而且表现出深层的认知结构和价值取向。在表层，家与国的语义叠合造成了这样的结局：从个体家庭到泱泱大国，不同的所指载入同一能指符号——"家"；在深层，齐家之术为治国之道所认同，铸定了国家政治运作模式的家长制。于是，可以看到，统治者往往将家庭关系中的孝道提升为治理国家的根本，进而标榜以孝治天下。由齐家而治国，宗法社会主流意识形态的家庭化和传统家庭成员行为规范的社会化相互映摄，父父子子的家庭伦理和君君臣臣的社会伦理一脉相承。在这种思维定式下，在家事父母孝，外出一定会事君上忠。

就具体操作而言，由齐身通向治国、平天下的思路拉近了家与国之间的距离。依仗这种文化背景和思维方式，把天下、社会的上下尊卑说成是基于血缘亲情的家庭关系，给等级制度下的统治与被统治披上温情脉脉的仁爱面纱便不难理解，甚至是顺理成章的事了。与此同时，作为亲情血缘凝聚的家也成为社会化的一个缩影。由此，人们联想到，在宗法等级社会，为什么国家命运转换成朝代的更替总是王室兴衰的扩大？为什么国家命运总是皇家命运的延伸？为什么朝廷行为常常与家庭行为纠缠不清？这一切的根本原因在于，家与国之间并无固定界限，更无本质区别。因此，家庭中的行为可以被扩大、延伸而具有普遍意义，家庭秩序浓缩着社会秩序，因而可以被提升为社会秩序乃至宇宙秩序。

综上所述，儒家的和谐理念和道德诉求在宋明理学中臻于完备，集中表现在两个方面：第一，在理念上，天人合一的模式转换为本体哲学—人性哲学—道德哲学的三位一体。通过这个三位一体，宋明理学家一面将和谐说成是宇宙本体的题中应有之义，一面通过道德践履把作为宇宙本体的和谐理念转化为宗法等级制度，进而落实到君臣父子之间，使人伦日用都贯穿着和谐理念。第二，在操作上，将天人合一和宗法社会的和谐建构具体化为社会秩序家庭秩序化，不仅以最切近、最通俗的形式贯彻着天人合一，践履着仁义道德，而且在家庭秩序出于血缘亲情，犹如生理秩序一般天然如此、不容颠倒中强化宗法等级制度的天经地义、万古永恒。正是在这两个方面的相互作用中，宋明理学家将儒家的和谐理念发挥得淋漓尽致、无以复加，同时以最完美的形上方式道出了儒家所追求的和谐就是宗法社会的等级秩序。

第十二章　和谐建构的整体设计和
　　　　　政治举措

　　儒家具有道德本位倾向，其和谐建构却是德法并举。作为其和谐建构的典型形态，宋明社会的和谐建构以德法并举且尚刑重法为基本理念，这种整体设计和政治举措在精英辩护与民间响应的互动中呈现出来。

　　宋明时期，中央集权和君主专制极度加强，宗法等级秩序臻于完善。作为其重要表现和直接后果，这一时期不仅尚德而且重刑，在德法并重中一面使伦理道德法制化、制度化，一面突出法和刑的重要性。于是，在德法并举中尚刑重法成为宋、元、明几个朝代共同的基本国策。

　　进而言之，作为治国理念，宋、元、明各代的德刑并用以及尚刑重法出于维护等级制度的目的，是社会和谐的整体设计和政治举措。即使是依仗严刑酷法而治，宗法等级制度所依托的依然是儒家基于上下尊卑的和谐理念所构成的价值系统。不仅如此，为了配合朝廷的德法并用而尚刑重法，宋明理学家不仅探讨了德刑关系，而且深入剖析了人性的善恶，从各个角度为德法并用以及尚刑重法进行辩护。朝廷的举措与宋明理学家的论证共同夯实了上下尊卑的和谐理念，在宗法等级秩序的日益加固和森严中造就了宋明社会的和谐。

一、德法并举而尚刑重法

　　宋明之时，中央集权高度加强，宗法等级制度登峰造极。与此相适

282

应，朝廷推出各项措施，从不同方面推行、普及道德教化，以此巩固宗法等级制度规定的长幼尊卑之序。在此过程中，尽管朝野上下对道德教化极其重视，却没有将之奉为维护等级秩序的唯一手段而走向道德决定论、教化万能论。事实上，宋、元、明各代的统治者都既尚德又重刑，而且较之前代更强调法和刑的重要。

1. 德法并举的基本国策

通过不断总结统治经验，宋、元、明各代的最高统治者对刑与德的关系具有清醒且现实的认识，越来越深切地认识到法刑与德教都是不可或缺的，两手都不可放松。因此，从宋代开始，法刑与德教始终是同步加强的。从史书的记载可以看出，自宋代起，历朝统治者大力提倡道德教化，同时，在治国施政的过程中从未放松法刑，反倒使法刑越来越趋于严酷。换言之，在加强道德统治的同时，宋、元、明各代均注重法律惩罚，德刑并重、礼法兼施是其共同的治国理念。

出于"刑以弼教"的认识，宋代在施政治国中德教与法刑两手并用。为了推行法制，宋朝吸取唐末五代的教训，在任用地方司法官上改用儒臣治狱，并在选用儒生时经"律义"和"试判"考试，合格者才加以录用。同时，宋代在科举考试中设立明法科，以期从整体上改变审判官吏素质低下的状况。不仅如此，太宗时还下诏："其知州、及幕职、州县官等，秩满至京，当令于法书内试问。如全不知者，量加殿罚。"（《文献通考·选举》）

明朝开国皇帝朱元璋把"礼法结合"、"德主刑辅"视为治国之本。在洪武三十年（1397年）颁行《大明律》时，他明确提出："朕有天下，仿古为治，明礼以导民，定律以绳顽，刊著为令，行之已久。"其实，德法并举是朱元璋始终坚持的治国方针。对此，他反复强调：

礼法，国之纪纲。礼法定，则人志定，上下安。建国之初，此为先务。（《明太祖实录》卷49）

礼乐者治平之膏梁，刑政者救弊之药石。（《明太祖实录》卷162）

按照朱元璋的说法，只有在"以德化天下"的同时，"张刑制具以齐之"，"恩威并济"，才能治世安民。不仅如此，基于礼法并用的治国理念，他亲自制定《圣谕六条》作为百姓立身行事的准则。早在洪武五年（1372 年）二月，鉴于"田野之民，不知禁令，往往误犯刑宪"的情况，朱元璋命令："有司于内外府州县及乡之社里皆立申明亭，凡境内之民有犯者，书其过，名榜于亭上，使人有所惩戒。"（《沈寄·先生遗书·申明亭》）之后，他又多次谕天下诸司，运用申明亭书记十恶、奸盗、诈伪、干名犯义、有伤风俗及犯赃至徒者，"昭示乡里以劝善惩恶。"在立申明亭的同时，朱元璋下令在乡间设立旌善亭；旌善亭与申明亭二亭并立，生动地体现了教化与刑罚并用的治国理念，前者用以表彰善行，后者用以惩诫恶行。

此外，朱元璋亲自编纂的《大诰》也是把重刑威吓与道德说教有机结合的法律文件。颇能说明问题的是，在明代的农村社学，不仅教读《孝经》、《小学》、《论语》和《孟子》等伦理读物，而且教读《大明律》、《大明令》和《大诰》等明代的法律典章。这表明，道德教育与法律教育在明代是一齐普及的。

进而言之，明代尚德而重刑的显著特点是在乡法和乡治中教化与法制并行、措施与制度并举，既颁布有《大明律》、《大诰》三编、《教民榜文》等法规律令和教化谕世之文，又在里甲制度之外建立或恢复里社礼制、乡饮酒礼、老人制度，以期乡里有序、民安俗美。其中，朱元璋对乡饮酒礼极为重视，诏令各地以百家为单位，举行乡饮酒礼，并且都要宣读誓词。誓词曰：

> 凡我同里之人，各遵守礼法，毋恃力凌弱，违者先共治之，然后经官。或贫无所赡，周给其家，三年不立，不使与会。其婚姻丧葬有乏，随力相助。如不从众，及犯奸盗诈伪一切非为之人，不许入会。（《明会典》卷 87）

在《大诰》三编颁行之后，讲读《大诰》便成为乡饮酒礼的重要内容。朱元璋坚信，通过讲读《大诰》，可以"使人尽知趋吉避凶，不犯刑宪"，"日后皆成贤人君子，为良善之民。"（《皇明制书卷 9·教民榜文》）

明代礼法并用的治国理念不仅贯彻在道德教化中，而且体现在立法和司法实践中。基于礼与法对巩固宗法统治缺一不可的认识，明代的法律"一准乎礼为标准"，处处渗透着礼教精神。作为这一精神的直接体现，《大明律》的卷首以"八礼图"与"二刑图"并列。"八礼图"即丧服图，是以尊尊亲亲、长幼有序、男女有别的礼教为依据制定的丧礼服制。对此，朱元璋解释说："此书（指《大明律》——引者注）首列二刑图，次列八礼图者，重礼也。"（《明史卷93·刑法1》）在明代，礼对律的全部刑名、条块起制约作用，社会身份的尊卑贵贱也成为量刑轻重的尺度。例如，从重礼的原则出发，明朝的法律规定了"存留养亲"、"同居亲属有罪相互容隐"、"奴婢不得告主"、"弟不证兄，妻不证夫，奴婢不证主"等许多条款。同样，按照礼的要求，法律给皇族、功臣和士大夫以种种特权，对不同等级的人规定不同的待遇。例如，对属于"八议"范围的人犯罪，法司不许擅自过问；功臣及其子女犯法除谋逆不宥外，其他可免死一次到三次；对官吏实行"以俸赎刑"制度等。可见，正是在德刑并用中，上下尊卑的宗法观念深入社会各个阶层，在国家政治的各个方面得以实施。

2. 德刑并用的实施中尚刑重法

在中国古代社会，各朝各代的统治者往往在表面上标榜德主刑辅，把刑法说成是德礼或治国的辅弼手段，实际上却是道德引导与法刑严惩两手并用的；在社会矛盾尖锐时更强调"用重典"。这种情况在宋明社会非常明显。自北宋以来，在德法并举的同时越来越鲜明地倚重法刑，致使德刑并举且尚刑重法成为统治者的基本国策。

在德刑并用的过程中，宋代重刑。为了恢复遭到严重破坏的社会秩序，宋初是"用重典"的。史称："宋兴，承五季之乱，太祖、太宗颇用重典。"（《宋史卷199·刑法1》）并且，在北宋中后期，宋代最高统治者并未因为业已拨乱反正而轻刑。所以，史书又说，神宗"元丰以来，刑书益繁。"（《宋史卷199·刑法1》）"徽宗时，刑法已峻。"（《宋史卷200·刑法2》）到了南宋，由于社会矛盾更加尖锐，重刑更是发展到了"刑狱滋滥"、"不胜其酷"（《宋史卷199·刑法2》）的程度。在一些地方，往往"擅置狱具，非法残民"，"甚至户婚词讼，亦皆收禁。"（《宋史卷

199・刑法 2》)

在德法并用的同时，明初同样"刑用重典。"(《明史卷 93・刑法 1》)
而且，史家的评论历来是，在刑法上，明代"宽厚不如宋。"(《明史卷
93・刑法 1》) 这表明，明代的刑法较之宋代更为严酷。更有甚者，明
代中后期由厂卫控制的诏狱"五毒备具"，使人"宛转求死不得。"(《明
史卷 95・刑法 3》)

宋明时期的尚刑重法在立法工作中得以充分贯彻和体现。为了适应
重刑的需要，宋明各朝注重立法工作。宋代的立法活动始于宋初建隆三
年（962 年），主要是修完《宋刑统》。由于朱元璋更加注重法律建设，
明代的法律条文层出不穷。例如，洪武元年（1368 年）颁布《大明令》，
洪武元年开始运筹的《大明律》在洪武七年（1374 年）成书颁布天下，
之后，经过洪武二十二年（1389 年）律的完善，洪武三十年（1397 年）
律成为定本。在洪武十八年（1385 年）到二十年（1387 年）之间，朱
元璋连续发布四篇统称为《大诰》的文告，即《大诰》（十八年八月）、
《大诰续编》（二十年三月）、《大诰三编》（十九年十一月）和《大诰武臣》
（二十年十二月）。明代中期，还出现了《问刑条例》。此外，明代还出
台了具有行政法性质的《明会典》。

从量刑和司法实践上看，宋明各代明显加强了对各类犯罪惩罚的力
度和强度。这是其尚刑重法的具体表现。

宋代法律的量刑标准和惩罚力度比唐朝要严。例如，对于偷窃他人
财物的窃盗罪，《唐律》没有死刑规定，《宋刑统・贼盗律》规定："窃
盗赃满五贯及足陌，处死。"对于"以威若力而强取财者"，《宋刑统》
规定为死罪，其同行者、知情者与抢劫罪犯一并处以死刑。这个规定
较之唐律区分"持杖与否"、"分赃与否"的处罚要严厉得多。北宋神宗
的《盗贼重法》进一步加重了对强盗罪的处罚，不但罪犯本人处死，而
且抄没家产、妻子迁移千里之外安置，遇赦也不得返乡。宋中叶后实行
"重法地"之法，规定在"重法地"犯法者一律处死。在"重法地"之内，
凡属抢劫盗窃罪当死者，没收其家产以赏告密者，其妻子流千里外，即
便下诏大赦也不能宽释迁移。

宋代加重了死刑、肉刑和刺配刑，惩罚更加严酷。宋代加重了对死刑的惩治，对"谋反"、"谋大逆"、"谋叛"等暴力行为往往处以腰斩、弃市或凌迟。宋代恢复了肉刑。凌迟俗称"千刀万剐"，是以利刃零割碎剐罪犯的肌肤，残害其肢体，再割吼管，使犯罪者在备受折磨的极端痛苦中慢慢死去，堪称古代最残酷的死刑方法。兴起于五代的凌迟在宋初即使是对于凶强杀人者也未轻易使用，北宋仁宗以后，对于谋反大逆罪开始运用凌迟死刑。北宋中期凌迟盛行，南宋《庆元条法事类》明确将之与斩、绞一起列入死刑之中。宋代开始使用刺配刑。刺配是将杖刑、刺面、配役三刑施加于一人，比唐代的加役流更为严酷。它始创于五代后晋天福年间，原为宽恕死罪之刑。宋初也是如此，后来逐渐突破宽贷死罪的使用范围。宋真宗《祥符编敕》规定适用刺配的条文有四十六条，庆历年间增加到一百七十多条，南宋时竟达五百七十条，成为常刑。据说："配法既多，犯者日众，黥配之人，所至充斥。"（《宋史卷201·刑法3》）南宋时，被罚以赦配刑的罪人竟达十余万人。

此外，在宋代的司法实践中，不论是皇帝本人还是司法官员常常使用非法之刑处死案犯。例如，太祖有杖杀之刑，太宗有断腕、腰斩之刑，地方长吏则有夷族、钉剐、磔和枭首等死刑。

明代对法律的依仗和刑罚之重较之宋代均有过之而无不及。从刑名上看，明代律例在五刑之外又增加了枷号，并逐渐成为常用刑。枷号又叫枷示或枷令，在罪犯颈项套枷，枷上标明犯人的姓名、所犯罪状，令其在监外示众，备受羞辱痛苦。这种刑罚从北周开始施用，明代成为常用刑。枷号的行刑场所基本在监狱门口或指定的官衙门旁，与在狱内带枷的戒护性质不同，一般采取朝枷夜放、昼施枷夜收监的方式，并且监外执行的期限为一至三月或半年，甚至永远枷号。枷重的可达一百二十斤，犯人带上示众不几日即死。更有甚者，皇帝和宦官为了滥施淫威，常把枷号用来惩罚、羞辱大臣。至于《大诰》中创设的常枷号令、斩趾枷令、枷项游历等名目更多，致使罪犯带枷监外行刑，兼受肉刑、羞辱于一身。

明代在律令规定的刑名、刑种之外，还有大量的律外刑名和私刑。

明初，为了惩治地主阶级内部的异己分子和与朝廷争利的不法豪强、贪官污吏，列入《大诰》的律外刑名五花八门，名目繁多，有族诛、凌迟、枭令、墨面文身挑筋去指、墨面文身挑筋去膝盖、剁指、断手、刖足、阉割为奴、斩趾枷令、常枷号令、枷项游历、免死发广西、人口迁化外、全家抄没、戴罪还职、戴罪充书吏、戴罪读书、充罪工役及砌城准工等三十余种。不仅如此，"法外用刑"是《大诰》的最大特点。据记载，《大诰》"所列凌迟、枭示、种诛者，无虑千百，弃市以下万数。"（《明史卷94·刑法2》）更有甚者，《大诰》绝大部分的处刑都超过了《大明律》的标准。例如，《唐律》废止了古代的墨、劓、剕、宫、大辟五刑，而以笞、杖、徒、流、死代之；《大明律》恢复或使用了大辟、凌迟、枭首、刺字、阉割或枷号等酷刑，《大诰》更是扩大了这些酷刑的使用范围。按《大明律》，只有"谋反大逆"才治以族诛之罪，只有"谋反大逆"、"谋杀祖父母父母"、"杀一家三人"、"采生拆割人"四条才治以凌迟之罪，《大诰》所列族诛、凌迟、枭首各案大多以贪赃、扰民等寻常过犯与"叛逆"、"盗贼"同科。此外，《大诰》还使新的肉刑如断手、剁指、挑筋等刑名合法化。

更为酷烈的是，在明初的司法实践中，谋反罪成了皇帝剪除功臣宿将的借口。例如，朱元璋兴"胡蓝之狱"诛杀官吏二万多人，正是定此罪名。此外，据《大诰》记载，朱元璋施用各种酷刑。例如，金华府县官张惟一"故纵皂隶王讨孙等殴打舍人，事觉，皂隶断手。"（《大诰初编·皂隶殴舍人第十八》）御史王式文等徇情妄出绍兴府余姚县吏叶邑妄告他人之罪，被"墨面文身，挑筋去指。"（《大诰初编·奸吏建言第33》）应天府上元、江宁两县民刘二、军丁王九儿等十四人，暗出京师百里地，私立牙行，恃强阻客，被"常枷号令，至死而后已。"（《大诰三编·私牙骗民第26》）医人王允因卖毒药与人犯罪，在枭令前，先命其吞服毒药，待至毒发，"身不自宁，手搔上下，摩腹四顾，眼神张惶"之时，再用"粪清撒凉水"（《大诰三编·医人卖毒药第22》）之法解毒，使之痛苦数番，方才施刑。

明代中后期，为了镇压异己，扩张皇权，皇帝纵容厂卫律外用刑。

厂卫参与司法，操纵刑狱，在司法实践中经常滥设刑名，广施私刑。厂卫所用的戒具、刑具共有十八套之多，其中常用的主要有五种，即械、镣、棍、桚、夹棍，或单用、或全刑，非常酷毒。需要说明的是，这些刑具并不是一般的笞杖杻枷索镣，如刘瑾所创的枷重达一百五十斤，罪不分轻重，处以枷项发遣的带上重枷"不数日辄死"。除此重枷之外，刘瑾还另创立枷。立枷又称站笼，令犯人直立木笼内，笼顶即套在犯人颈上的枷板，受刑者往往数日就站死。天启时，魏忠贤又设断脊、堕指和刺心等刑，更加剧了诏狱的残酷性，惨状空前。

在中国历史上，宋、元、明各代的法律建设较为完备，对法律的倚重和对犯罪的严惩也非历代所及。事实证明，从社会效果来说，法律、刑罚的加强对于维护和巩固宗法等级秩序无疑起了重要作用。

二、德刑关系与人性根基

对于朝廷德法并举的治国理念和政治措施，宋明理学家坚决拥护、积极响应。为此，他们深入讨论德刑关系，强调德礼与刑法相互依赖、相互作用，以此伸张德法并举的合理性。同时，宋代理学家深入挖掘了人之善恶，在断言人性善恶双重的同时，强调性恶者多。这些都为朝廷的德法并用以及尚刑重法提供了理论上的论证和支持。

1. 德刑关系——相互作用、缺一不可

自古以来，德教与刑法的关系一直受到重视；尤其是随着宋明统治者的德刑并重，德与刑的关系成为迫切的现实问题，也引起了宋代思想家尤其是理学家的广泛关注。二程和朱熹等人对德教、刑法的作用作了更为深入的探讨，对德与刑的关系予以全面说明。这些工作配合了朝廷推行的道德教化，不仅为德刑并举的治国理念提供了理论辩护，而且为社会和谐提供了整体设计理念。

其一，二程："刑罚立而后教化行"。

二程认为，刑与德各有自己的作用和功能，前者整治行动，后者醇化风俗。这决定了德与刑相互依赖、相互补充，在具体实施中必须相辅

而行、相互配合，才能更好地发挥作用。程颐更是着重分析、阐释了德与刑的不同作用及相互关系。对此，他写道：

> 自古圣王为治，设刑罚以齐其众，明教化以善其俗。刑罚立而后教化行，虽圣人尚德而不尚刑，未尝偏废也。故为政之始，立法居先。治蒙之初，威之以刑者，所以说去其昏蒙之桎梏，桎梏谓拘束也。不去其昏蒙之桎梏，则善教无由而入。既以刑禁率之，虽使心未能喻，亦当畏威以从，不敢肆其昏蒙之欲，然后渐能知善道而革其非心，则可以移风易俗矣。苟专用刑以为治，则蒙虽畏而终不能发，苟免而无耻，治化不可得而成矣。（《周易程氏传》卷1）

程颐认为，在教化万民的过程中，刑与德恰成动态的互补之势：第一，刑罚是教化的前提和基础，只有"齐众"方能"善俗"。程颐认为，未经文明洗礼的广大民众昏蒙愚昧、无识无知，对自己的昏蒙之欲不懂得去自觉节制。因此，在治理之初，必须"威之以刑"——通过严厉的强制手段使之"不敢肆其昏蒙之欲"。从这个意义上说，德依赖于刑，离开了刑罚的强制和保障，"善教无由而入"，道德教化由于无法贯彻而不会发生作用。所以，他主张"为政之始，立法居先"，决不能因为"圣人尚德不尚刑"而忽视刑罚。第二，教化是刑罚的目标和宗旨，刑罚始终是手段。程颐认为，随着文明的浸染，尤其是有了刑罚的"齐众"之后，便要施以教化，进行德治。其实，刑罚的目的归根结底是移风易俗、"革其非心"，而这是只有教化才能保障的。对此，他解释说，在治理之初"遽用刑人"，并非"不教而诛"，其最终目的正是为了推行教化。有鉴于此，程颐指出，治国理民的正确途径是："治蒙之始，立其防限，明其罪罚，正其法也，使之由之，渐至于化也。"（《周易程氏传》卷1）这就是说，单靠刑罚是不行的，还必须施以教化。正是在这个意义上，他写道：

> 夫以亿兆之众，发其邪欲之心，人君欲力以制之，虽密法严刑，不能胜也……知天下之恶，不可以力制也，则察其机，持其要，塞绝其本原，故不假刑罚严峻而恶自止也。且如止盗，民有欲心，见利则动，苟不知教而迫于饥寒，虽刑杀日施，其能胜亿兆利

欲之心乎？圣人则知所以止之之道，不尚威刑，而修政教，使之有农桑之业，知廉耻之道，虽赏之不窃矣。故止恶之道，在知其本，得其要而已。(《周易程氏传》卷2)

按照程颐的说法，统治者的所有政术、治术和学术，其根本之点都在于探讨"止恶之道"；欲明"止恶之道"，当"知其本，得其要"；而这个"本"、"要"就是消弭人的利欲之心，大兴教化。有鉴于此，他始终认为："严刑以敌民欲，则其伤甚而无功。"(《周易程氏传》卷2)这就是说，只靠严刑进行止恶的做法劳而无功，是不可取的。基于这种认识，程颐对教化极为重视，始终强调刑罚只能治标，而德治、教化方能治本——因为人的"恶行"来源于"邪欲之心"，而"邪欲之心"并不是严刑峻法等强制手段能够消除的，道德教化对于消除"邪欲之心"的巨大功效令严刑峻法望尘莫及。正因为如此，为了从根本上消除人的"邪欲之心"，就必须实施教化。

其二，朱熹："格其非心，非德礼不可"与"教之不从，刑以督之"。

朱熹赞同孔子"道之以德，齐之以礼"的主张，强调德与刑、教化与刑罚相辅相成、缺一不可。有鉴于此，在讲德与刑的关系时，他始终强调二者之间相辅相成、相互作用。

首先，刑罚的作用是有限的，只能治标不能治本。只有德礼才能"格其非心"，达到根本目的。从这个意义上说，刑离不开德。

朱熹认为，刑只能使人远罪却无法"格其非心"，由于为恶之心未除，一旦"政刑少驰"，人"依旧又不知耻矣"，还要犯罪。有鉴于此，他强调，要想让人自觉地远离罪恶，非去其"为恶之心"不可；要除去"为恶之心"，只能依靠道德教化。正是在这个意义上，朱熹一再强调：

> 若是格其非心，非德礼不可。圣人为天下，何曾废刑政来！(《朱子语类》卷23)

> 人有耻，则能有所不为。(《朱子语类》卷13)

如此说来，只有通过道德教化，唤起人的羞耻之心，方能使其对自己的行为自觉地加以节制，自觉地改过迁善，从内心深处遵守道德观念和行为规范。基于这种认识，朱熹把德礼视为治国之本，并要求统治者在治理国家时紧紧抓住这个根本不放手。对此，他指出："'为政以德'，则无为而天下归之……故治民者不可徒恃其末，又当深探其本也。"（《四书集注·论语集注第2》）朱熹进而强调，"专用刑政，只是霸者事"（《朱子语类》卷23），是不足法的。有鉴于此，他一再要求统治者"不可专恃刑政"，而应高度重视、依靠德礼的作用。

在突出德礼的作用和德治的重要性时，朱熹特别重视统治者自身的表率作用。他指出，统治者只有在道德修养上以身作则，才能以德治民。这便是："自尽其孝，而后可以教民孝；自尽其弟，而后可以教民弟。"（《朱子语类》卷23）与此相关，对于孔子的"道之以德"，朱熹作了这样的解释："'道之以德'，是躬行其实，以为民先。"（《朱子语类》卷23）在他看来，统治者的以身作则、率先垂范是推行德治的关键，甚至可以说，当政者带头躬行道德是进行德治的前提，否则，没有统治者的榜样作用，德治是无法收到实效的。至此，朱熹坚持的依然是先秦儒家尤其是孔子的德治路线。

其次，德礼的作用不是万能的，只有刑罚才能确保德礼的实施。从这个意义上说，德离不开刑。

朱熹重视德礼的作用，却没有因此而排斥刑罚。按照他的说法，正如治国理民不可"专恃刑政"一样，离开刑罚、专凭德礼同样不可行。正是在这个意义上，朱熹指出："圣人谓不可专恃刑政，然有德礼而无刑政，又做不得。"（《朱子语类》卷23）原因在于，道德教化并不是万能的，一定会碰到不肯听从的人，这时就要靠刑罚来加以强制。这用他本人的话说便是："齐之不从，则刑不可废"（《朱子语类》卷23）；"教之不从，刑以督之。"（《朱子语类》卷78）

总之，朱熹认为，德与刑具有不同的作用和功能，都必须在对方的配合下才能更好地发挥作用。刑罚与德礼并不矛盾，从根本上说，两者是一致的，甚至可以把刑视为德治的题中应有之义。由此，他得出了如下结论："'为政以德'，非是不用刑罚号令，但以德先之耳。"（《朱子语类》卷23）同时，朱熹强调，在当时"法令明备"的情况下"犹多奸宄"之人，这种严峻的社会现实告诫统治者刑罚决不可"更略"；相反，应该"以严为本"，否则，"奸宄愈滋矣"。在这里，朱熹以强调德刑并重始，通过把刑罚写进德治而以强化刑罚的"以严为本"终，走的仍然是重刑的老路。

通过上面的介绍可以看出，德刑观是宋代理学家共同关注的话题，二程与朱熹对德刑关系的看法存在分歧，其价值旨趣和思想倾向却明显一致：第一，在价值观念上，都把刑法视为手段，把德礼视为目的。这是儒家的治国理念和一贯主张。第二，在实施方案上，尽管存在先刑后德与先德后刑之争，却都强调德与刑相辅相成、缺一不可。第三，在具体操作中，重视刑罚的作用。如上所述，在德刑并重的同时，程颐认为，在当时"民恶既甚"的情况下，刑罚尤其重要。正是在这个意义上，他指出："民恶既甚，虽以圣人治之，亦不免于刑戮也。"（《河南程氏粹言》，卷2《君臣篇》）更有甚者，以此为借口，程颐把刑罚写进仁德之中，说成是仁爱的题中应有之义。朱熹的刑罚"以严为本"，更是体现了这一思想倾向。宋代理学家对德刑观的这种认定与统治者一面标榜德法并举、一面在德法并用中尚刑重法惊人相似。正因为如此，宋代理学家对德刑关系的论证既与当时德法并举的治国理念和政治策略相辅相成，又在理论上为后者提供了合理性辩护。在这方面，德刑并重体现了宋明时期伦理思想与政治法律相互渗透、合二为一的理论态势，德法并重时对刑的侧重则表现了宋明伦理思想法制化、制度化和政治化的时代特征，也是其作为意识形态的先天烙印。

2．人性依据——德刑合法性及其对刑法的侧重

在重视道德教化的同时，宋代理学家为刑法的必要性、紧迫性提供辩护。对于这一点，从两宋思想家对德刑关系的认识中即可窥其一斑。不仅如此，从北宋时的张载、二程到南宋时的朱熹都在双重人性论的框架中宣布人性有恶，进而为刑法介入的必要性以及重法尚刑的合理性提供人性依据。

秉承因循人性而治的传统，宋代理学家在人性论上为德法并用、尚刑重法寻找依据。其实，对于教化、刑罚的合法性而言，德刑关系的论证是表层的，人性方面的论证才是深层的。具体地说，出于德刑并举的政治需要，宋代理学家不仅宣称人有善性，而且强调人有恶性。这使他们在讲人性时不再把人性视为单一的成分，而是不约而同地以不同方式宣布人性双重。

张载认为，气是天地万物的本原，也是人性的本体根基；气有整体与部分之分，人性便由共性与个性两部分构成。具体地说，天地之性是人的共性，体现了气之整体；由于气的本然状态——太虚至静无感、纯粹湛一，是善的，所以，天地之性人人无异、未有不善。气质之性是人的个性，体现了气之部分；由于气有清浊、厚薄、精粗之分，每个人得到的气的成分、性质并不相同——只有禀得精、清、厚气者，气质之性善；否则，气质之性便恶。

在断定人性善恶双重的基础上，张载着重探讨了有善有恶的气质之性。他把气质之性称为"攻取之性"，并解释说："腹于饮食，鼻舌于臭味，皆攻取之性也。"（《正蒙·诚明》）这就是说，人具有形体就必然有各种欲求，对外物自然有或排斥或吸取的选择。张载强调，只有禀得清气、精气而生的气质美者欲望适度，气质之性合于天地之性，故而为善；禀粗浊之气而生的气质恶者欲望常常过分，往往会有损害他人利益的念头和行为，显然，这些人的气质之性是恶的。进而言之，人要为善，必须使自己的气质之性合于天地之性，使生理欲望符合既定的道德规范，这套用张载的话语结构便是"变化气质"；要"变化气质"、去恶为善，必须"大心"，加强道德修养是唯一出路。正是在这个意义上，他一再强调：

> 形而后有气质之性，善反之则天地之性存焉。（《正蒙·诚明》）
> 气质恶者，学即能移。（《经学理窟·气质》）

二程认为，人和万物都是理气结合的产物，至善的天理虽然使人皆善，各人所禀之气却有精粗、清浊、善不善之殊。于是，"有自幼而善，有自幼而恶……善固性也，然恶亦不可不谓之性也。"（《河南程氏遗书》卷1，《端伯传师说》）对于这种有善有恶的人性，他们称之为"所禀之性"、"性质之性"或"气质之性"。进而言之，二程不认可"所禀之性"是性。在多数场合，他们只讲"性即理"而不讲"性即气"，并把"气禀"

称作才。对于才，程颐有较多论述。例如：

才犹言材料，曲可以为轮，直可以为梁栋。(《河南程氏遗书》卷18)

才乃人之资质。(《河南程氏遗书》卷22上)

在程颐看来，才是由气形成的，性是至善的，才却因气的成分各异而有善有不善。于是，他一再声称：

性出于天，才出于气。气清则才清，气浊则才浊……才则有善与不善，性则无不善。(《河南程氏遗书》卷19)

性无不善，而有不善者才也……才禀于气，气有清浊。禀其清者为贤，禀其浊者为愚。(《河南程氏遗书》卷18)

在此，程颐强调，气禀有差异，才质有优劣，不论所禀之性有恶还是才有恶都表明人有接受道德教育的必要性。在二程看来，人的才质是可以改造的。通过"学"与"养"即通过道德教育和道德修养完全可以使人之气质变不良为良。因此，他们曾一再说：

然而才之不善，亦可以变之，在养其气以复其善尔。(《河南程氏外书》卷7)

若夫学而知之，气无清浊，皆可至于善而复性之本。(《河南程氏遗书》卷22上)

与此相联系，程颐指出，孔子所讲的"'惟上智与下愚不移'，非谓不可移也，而有不移之理，所以不移者，只有两般：为自暴自弃，不肯学也。使其肯学，不自暴自弃，安不可移哉？"(《河南程氏遗书》卷19)这表明，人之愚、恶固然来自气禀，也取决于后天的教育。人性好比一条河，"有流而至海，终无所污"；"有流而未远，固已渐浊"；"有出而甚远，方有所浊。有浊之多者，有浊之少者。""如此，则人不可以不加澄治之功。故用力敏勇则疾清，用力缓怠则迟清。"(《河南程氏遗书》卷1) 可见，人的后天修养和主观努力对于人性的善恶是很重要的，甚至可以说起决定作用。有鉴于此，二程对道德教育和道德修养极为重视。

朱熹认为，理是天地万物的本原，体现于人便是人人皆同的天命之性；由于理善，天命之性皆善。理与气结合形成了人的气质之性，气质之性却因人而异。这是因为，理虽至善，各人所禀受的气却有清浊、精粗、厚薄或美恶之差，其成分、性质各不相同；至善的天理与各种不同性质的气相混杂，便使气质之性有善有不善。进而言之，人人皆有至善的天命之性，都有成为圣贤的可能性；大多数人没有成为圣贤，是因为"人之所以有善有不善，只缘气质之禀各有清浊。"（《朱子语类》卷4）具体地说，纯善的天命之性与有善有不善的气质之性在少数人的身上是统一的，在大多数人的身上则是矛盾的。纯善的天命之性决定了他可以向善，恶的气质之性却干扰他向善，引诱他作恶。这用朱熹本人的话说就是："禀得气清者，性便在清气之中，这清气不隔蔽那善；禀得气浊者，性在浊气之中，为浊气所蔽。"（《朱子语类》卷94）如此说来，问题都出在气质之性上。在此，朱熹强调，大多数人的气禀不佳、气质之性有不善，并非不可补救。补救的方法是尽力保存天命之性的"一线明处"，同时做"变化气质"的工夫。在这方面，他一面要求人不可"不察气禀之害，只昏昏地去"，一面鼓励人不可因为自己的气禀恶劣而自暴自弃。总之，对待恶的气质之性的正确态度是积极、主动地变化气质，使之向善的方向变化，主要的途径和方法之一则是努力学习。因此，朱熹反复强调：

　　　　惟学为能变化气质耳。（《朱文公文集卷49·答王子合》）

　　　　只是道理明，自然会变。（《朱子语类》卷120）

　　在此，需要说明的是，与张载、朱熹不同，二程没有把人性说成是由共性与个性两个部分组成的，并且不承认"所禀之性"是性，给人的感觉是他们是性一元论者。其实不然。二程在讲"性即理"的同时，讲"所禀之性"，尽管把之归为才，仍使人性具有了双重成分——善与恶。更为重要的是，他们对人性的探讨和分析强调人性既有善又有恶，这使二程对人性的价值判断是双重的。从这个意义上说，尽管表述和理解略有不同，二程的人性论与张载、朱熹一样是双重的。有了这一认识反过来看二程的人性主张可以发现，他们反对把"所禀之性"归为性是就性的理想态而非现实态而言的。这个做法与张载、朱熹一面断言人性分为共性与个性两个部分，一面劝导人们不遗余力地改变气质之性而使之与天地之性（或天命之性）同一的做法殊途同归。

从上可见，宋明理学家之所以推出双重人性论，旨在说明人在本性上既有善又有恶。就人性皆善而言，张载关于天地之性至善以及朱熹宣布人性源于天理、天理的实际内容是仁义礼智的做法使追求天理、践履道德成为人的生存意义和神圣使命，相当于从本体哲学的高度论证了道德教化的正当性和可能性。进而言之，如果说性善是为了说明人有接受道德教化的可能性的话，那么，性恶则为了说明人有接受道德教化乃至刑法严惩的必要性和紧迫性。这就是说，教化、刑罚两手都要抓，决定了人性的善恶一方都不能少。正是出于这种考虑，朱熹断言："论天地之性，则专指理言；论气质之性，则以理与气杂而言之。"（《朱子语类》卷4）他之所以讲人性时既让人从理上又让人从理气结合上找根据，就是为了强调天命之性与气质之性缺一不可，离开任何一方谈论人性都会陷入困境——或者不备，或者不明。这表明，朱熹之所以天命之性与气质之性兼顾，无非是为了在强调性善的同时又突出性恶。

同时，与宋、元、明各代统治者在推行德法并举的过程中尚刑重法相呼应，宋明理学家宣扬人性善恶双重的同时，强调性恶者多。在这方面，如果说人性的善恶双重证明了道德教化与刑法严惩缺一不可的话，那么，他们对性恶者多的人性描述和"犹多奸宄"的现实评估则突出了尚刑重法的必要性乃至刻不容缓的紧迫性。事实正是如此。宋明理学家们往往以人性有恶、"犹多奸宄之人"为借口，在阐释德刑关系时一面德刑并用、一面明显地倚重刑罚。其实，也正是为了给刑罚提供口实，他们讲人性双重、有恶有善时秉持两种不同的理论侧重和舆论导向：在理想性、价值观上宣称人性至善，在现实性、操作性上却侧重人性多恶。事实上，他们对人性善恶的论证突出两个重要方面：第一，先天性善不能保证人的后天为善。第二，不加强后天的道德修养或为物所蔽，人性便流于恶。这等于说，无论在先天本性上还是在后天影响上，人都有流于恶的可能性。在这个意义上，人离恶更近。宋明理学家的这些观点都仿佛在说，人变坏比学好要容易。不仅如此，在对人性进行剖析和善恶评价时，张载、朱熹等人不约而同地强调性恶之人多。张载承认人都有至善的天地之性，同时强调只有极少数人能自觉地使自己的欲望适度，使气质之性与天地之性一致，这就是禀得清气的圣人；对于绝大多数人而言，禀气薄浊，气质偏恶。这种认识不仅暗示了圣贤是千载而难一遇的孤立个案，而且突出了性恶才是人的常态。与张载相比，朱熹对性恶人多的论证更为详细。他指出："人物之生，天赋之以此理，未尝不同，但人物之禀受自有异耳。"（《朱子语类》卷4）对此，朱熹进一步比喻说，就如同一盆清水，"撒些酱与盐"，滋味便不同了。这表明，理至善，人物所禀之理无有不同，是各人禀气不一形成了其间善恶、智愚、贤与不肖之别。更有甚者，"毕竟不好底气常多，好底气常少……所以昏愚凶狠底人常多。"（《朱子语类》卷59）无论张载还是朱熹，讲人性善恶兼具时强调性恶的人多，其用意无疑是为刑法的严惩寻找理由。宋明理学家对人性恶的侧重是为了突出道德修养的迫切性和必要性，也是为了给法律的刑罚提供人性支持，为刑法介入和实施严惩提供辩护。可以看到，与人性的善恶双重互为表里且相互印证，在论证德刑关系时，二程和朱熹都主张德法相互作用、缺一不可，同时强调对于昏蒙之民要施以刑法，对待不服教化者要威以严惩。

总之，宋明理学家的人性本恶不仅从源头上证明了人有接受教育、加强道德修养的必要性，而且强调了实施刑法的正当性、合理性和紧迫性。在人性本恶、"犹多奸宄"的借口下，对百姓加以严惩便成为太正当不过的事了。

推而广之，儒家历来热衷于探讨人性善恶，这一点与其重视道德教化一脉相承，从先秦、汉唐到宋明都不例外。然而，不同的人性鉴定给道德教化和统治之方所提供的人性依据和事实效果却大不相同。对于统治方案而言，正如孟子的性善说在伸张其可能性的同时忽视了其必要性一样，荀子的性恶论在突出其迫切性的同时挫伤了可能性。董仲舒的性三品论只能针对"中民之性"，其中的"斗筲之性"难逃性恶之窠臼，"圣人之性"则游离于教化之外。到了宋明理学家那里，先前的所有尴尬都不复存在，他们的人性善恶双重论使德与刑均找到了用武之地，在宋明理学家的论证中，人性的善恶双重使德法并重的治国方案左右逢源，为了配合尚刑重法而向性恶的倾斜更是与当时的政治路线成龙配套。

三、民间的响应与和谐的指标

宋明朝廷的政治措施和治国理念得到了社会各方面的响应和支持——不仅受到了宋明理学家的拥护，而且被普通百姓所接受。就德法并举的政治方案而言，如果说宋明理学家在思想界的探讨是知识精英的配合，侧重理论上的辩护的话，那么，家法、族规则是民间的响应，侧重实践操作上的贯彻。在宋明社会的运作中，二者相互影响、相互促进。不仅如此，家法、族规作为民间自发自愿的形式代表着广大民众的动向，它的普及从一个侧面反映了德法并举的深入人心，对于社会稳定更为重要，也成为这一时期社会和谐的重要指标之一。

诚然，诸如家法、族规、家训、家规之类的为家族、家庭而写的著作并非始于宋明时期，在此之前即有著名的《颜氏家训》。然而，家训、家规的大量涌现则始于北宋。从此开始，各种名目繁多的家训、家礼、家法、家规、家诫和族规、族范、宗规、宗约等名目繁多、猛然骤增，乃至迅速泛滥。宋明之时，撰写家训、族规蔚然成风，每个家族必有一部或数部家训、族规，一些地主、官僚和理学家也纷纷撰写家训、族规传给子孙。其中，著名的有：江州陈氏的《家法十三条》、范仲淹的《义庄规矩》、司马光的《居家杂仪》、朱熹的《家礼》和《古今家祭礼》、吕祖谦的《家范》、袁采的《袁氏世范》等等。

宋明时期的家法、族规大都被汇编在各个家族的家谱中，是家谱的重要组成部分；有的还被传抄、翻刻，在社会上广为流传。因此，这类文字的影响并不限于家族或家庭成员内部，还会波及社会或其他家族，其作用当然也不容低估。

首先，家法、族规的大量涌现反映了朝廷治国理念的深入人心，是百姓自觉接受统治的表现。因系各家庭、家族所立，是民间自发形成的而没有统一规定，家训、族规的内容、规定自然不尽相同，但其基本要求与朝廷加强道德教化的宗旨是完全一致的。宋明之时，家训、族规的核心和指导思想是三纲五常、三从四德，其具体条目和主要内容一般为重纲常、祭祖宗、孝父母、友兄弟、敬长上、亲师友、训子孙、睦邻里、肃闺阁、慎婚姻、严治家、尚勤俭、力本业、节财用、完国赋和息争讼等。这表明，家法、族规与国家的政治措施息息相通，甚至可以说是政治方案上行下效的通俗读本和补充。在这方面，最有说服力的例子是，在明太祖颁布《教民六谕》后，各种家训、家规、族规往往首载《教民六谕》；而当清朝颁布《圣谕广训》后，《圣谕广训》便成为家训、族规的开篇文字。这些例子生动地说明，家训、家规的大量涌现为道德教化的深入人心、全面推行发挥了不可替代的重要作用，同时也表明宋明时期朝廷推行的道德教化在社会上得到了普遍支持。

其次，与朝廷的德法并举相呼应，宋明之时，家法、族规的运行机制和作用方式是道德自觉与法律强制的相互结合：第一，家法、族规并非出于国家的行政干预或强制，而是民间自行自愿制定的，体现了一种道德自觉。另一方面，家训、族规是中国宗法社会独有的一种文献形式或体裁，要求族人共同遵守。如果族人违反了家规，"家长会众子弟责而训之。不改，则挞之；终不改，度不容，则告于官，屏于远方。"（罗大经：《鹤林玉露丙编卷5·陆氏义门》）这表明，家法、族规具有法律效力，就是宗族私法：与国家的法律相比，可以称为"私法"；与道德相比，具有强制性。第二，家法、族规以礼或习俗的面目出现，不仅易于让百姓接受，而且便于及时督促和监控。这些都呈现出强调道德自觉、注重主体自律的特点。另一方面，宋明社会礼法并重，尤其在法治中重刑罚。家法、族规便体现了这一特点。礼作为民法渊源由来已久，《礼记·曲礼上》就有"分争辨讼，非礼不决"的记载。宋明时期，礼被演化为理，所谓"礼者，理也"。明代更是通过立法确认提高了礼的效力和约束力，使礼在婚姻、继承等民事法律关系中行使重要的规范、调整作用。《大明令·礼令》规定："凡民间嫁娶，并依《朱文公家礼》。"再如，什么样的人着什么样的衣饰、住什么样的房舍都有严格规定，用以区别尊卑贵贱。这属于礼的范畴。违反者叫做服舍违式（一般指超越等级），要追究家长的法律责任。这证明了礼的法律效力。在某些情况下，家法、族规不仅仅是私法，而且带有"公法"的性质。在明代，家法、族规与习惯、习俗一起成为民法的重要方面。只要不与国家的法律直接抵触，它的效力就为国家所认可。国家对家法、族规的认可本身即体现了礼法的并重、合一趋势，是这一时期道德自觉与法律强制并用的治国理念和政治方略的生动体现。在家法、族规的运行过程中，道德与法律的效力一起加强：一方面，道德、法律的威力无孔不入、层层推进，使人的一言一行都无所逃遁；另一方面，伴随着家法、族规法律效力的增强，以家法治罪日益普遍化。显然，家法、族规的这个特征与国家政治统治中的德法并举、法律严惩力度增强相吻合。

再次，由于内容是伦理道德，方式是行于家庭成员之间，家法、族规致使道德教化深入化、普及化和日常生活化。祠堂是族长传授家族历史、劝勉子孙以及诵传先贤语录的主要场所，家法、族规的宣讲地点也是祠堂。不时的定期宣读不仅使家法、族规得以普及，而且起到了及时监督的作用。可见，与国家颁布的法律、法规相比，家法、族规更贴近人的日常生活，在实际生活中容易为人们所遵守，因而可以更为有效地发挥道德引导的作用。这就是说，由于行于家族、家庭成员之间，家法、族规具有国家政策无可比拟的方便灵活性以及日常生活化的特征，便于对人实施全面监督。事实上，宋明时期，作为道德教化全面普及和加强的直接反映，名目繁多的家训、族规对人日常生活的各个方面实行控制，最主要的特征就是事无巨细、全面控制。就内容而言，家训、族规主要包括家庭、家族中父祖等长辈教训子女和族人如何居官、治家、读书、做人的劝勉训诫之辞，以及规范家人族众的思想行为的道德原则和注意事项，事无巨细，大小无遗，具体要求和规定十分详细乃至繁琐。例如，在《家礼》中，朱熹对家族内部成员的冠、婚、丧、葬四项主要活动以及日常的起居、生活、出行、走路、言语、态度等都规定了十分繁琐的礼仪和节序，致使家人族众的一言一行、一举一动都按《家礼》进行，否则就是僭礼越轨。例如，家人族众结婚要依婚礼，按照议婚、纳采、亲迎、见舅姑和庙见等节序进行，家族中长者逝世的礼节更为繁琐，就连家人族众日常站立的秩序、行礼的姿式都规定得十分具体。此外，朱熹还专门撰写《童蒙须知》，供儿童学习，要求儿童从谈话、饮食、站立到读书都有礼必依。总之，家范、族规把家人族众从生到死的所有思想、语言和行为都纳入伦常名教的约束之下，即使是细节、小事也不放过。就效果而言，家训、族规具有强制性，违背者要被处以重罚，其威慑力可想而知。同时，因为家训、族规以习俗的面目出现，容易被接受；更由于在家庭、家族内部实行，便于相互监督，其掌控力显然不可低估。

总之，家法、族规特有的作用机制使其将家族、家庭成员的所有言行都控制在等级名分的规定之中。因此，由于自身的特点，家法、族规对于维护宗法等级秩序、促进社会和谐起到了重要作用。尤其是在将政治举措、道德教化日常生活化，行于父子、夫妇、长幼之间方面具有不可替代的独特价值。同时，家法、族规是自觉接受宗法等级统治的表现，其大量涌现也成为这一时期社会和谐的指标之一。

从社会影响和客观效果来看，宋明统治者的德法并举而尚刑重法收到了良好效果，起到了维护宗法等级制度的作用。这一时期的社会和谐是统治者的政治措施与宋明理学家的理论阐释相互作用的结果：一方面，为了配合统治者的德法并用和尚刑重法，宋明理学家深入探讨了德刑关系，并从人性哲学的高度伸张了德法并举的合法性；另一方面，统治者的政治举措使宋明理学家的理论得以实施和推广，在治国理民中发挥作用。正是在这两方面的共同作用下，德法并举且尚刑重法深入人心，得到民间老百姓的拥护和响应，因而最大限度地发挥着维护宗法等级制度、稳定社会秩序的作用。

综上所述，对于宋明时期以宗法等级秩序为依托的社会和谐而言，国家措施、思想发动与民间响应珠联璧合、层层落实：先是统治者出于加强中央集权和维护宗法等级的需要而德法并举且尚刑重法，然后是这一治国理念得到宋明理学家的拥护和民间的积极响应。值得提及的是，宋明朝廷推行的教化与刑罚并用的治国方针得到了社会各个阶层的配合和响应，这一时期，民间自发涌现的各种各样的家法、族规便是德法结合的生动体现，在实践操作上贯彻了德法并举的治国理念。在这个过程中，一方面，在统治者和思想界的提倡、带动下，道德教化深入人心，空前普及。另一方面，正如家法、族规使国家的行政命令变成家族、家庭内部的民约、民俗，具有更广泛的群众基础和更强的可操作性一样，宋明理学家对德刑关系的论证、对人性善恶的阐释伸张了德法并举的合法性。正是在层层监督且日益深入中，宋、元、明各代成为中国历史上宗法等级制度最为森严的时期之一，也成为宗法等级秩序的和谐范本。

主要参考文献

1．尚秉和：《周易尚氏学》，中华书局 1981 年版。

2．周振甫：《周易译注》，中华书局 2001 年版。

3．杨天宇：《礼记译注》，上海古籍出版社 1997 年版。

4．《礼记正义》，十三经疏本，中华书局 1980 年版。

5．李景林：《仪礼译注》，吉林文史出版社 1995 年版。

6．《仪礼注疏》，十三经疏本，中华书局 1980 年版。

7．杨伯峻：《论语译注》，中华书局 1980 年版。

8．《论语注疏》，十三经疏本，中华书局 1980 年版。

9．杨伯峻：《孟子译注》，中华书局 1960 年版。

10．《孟子注疏》，十三经疏本，中华书局 1980 年版。

11．乌恩溥：《四书译注》，吉林文史出版社 1996 年版。

12．王先谦：《荀子集解》，诸子集成本，中华书局 1996 年版。

13．荀子：《荀子简注》，上海人民出版社 1974 年版。

14．董仲舒：《春秋繁露义证》，中华书局 1996 年版。

15．韩愈：《韩昌黎集》，中华书局 1978 版。

16．周敦颐：《周子通书》，上海古籍出版社 2000 年版。

17．张载：《张载集》，中华书局 2006 年版。

18．张载：《正蒙注译》，兰州大学出版社 1990 年版。

19．程灏、程颐：《二程集》，中华书局 2004 年版。

20．李觏：《李觏集》，中华书局 1981 年版。

21．胡宏：《胡宏集》，中华书局 1987 年版。

22．张栻：《张栻全集》（全三册），长春出版社 1999 年版。

23．叶适：《叶适集》（全三册），中华书局 1961 年版。

24．叶适：《习学记言序目》（全二册），中华书局 1977 年版。

25．叶适：《习学记言》，上海古籍出版社 1992 年版。

26．陈亮：《陈亮集》（上下册），中华书局 1974 年版。

27．黎靖德：《朱子语类》（全八册），中华书局 1999 年版。

28．朱熹：《四书章句集注》，中华书局 2005 年版。

29．朱熹：《朱子全书》（共二十七册），上海古籍出版社、安徽人民出版社 2002 年版。

30．朱熹：《四书或问》，上海古籍出版社、安徽教育出版社 2001 年版。

31．朱熹、吕祖谦：《朱子近思录》，上海古籍出版社 2000 年版。

32．陆九渊：《陆九渊集》，中华书局 1980 年版。

33．许衡：《许衡集》，东方出版社 2007 年版。

34．陈淳：《北溪字义》，中华书局 1985 年版。

35．王守仁：《王阳明全集》，上海古籍出版社 1992 年版。

36．徐爱等：《徐爱钱德洪董澐集》，凤凰出版社 2007 年版。

37．罗汝芳：《罗汝芳集》（上下册），凤凰出版社 2007 年版。

38．王畿：《王畿集》，凤凰出版社 2007 年版。

39．欧阳德：《欧阳德集》，凤凰出版社 2007 年版。

40．李颙：《二曲集》，中华书局 1996 年版。

41．朱舜水：《朱舜水集》（上下册），中华书局 1981 年版。

42．《诸子集成续编6》，四川人民出版社 1998 年版。

43．司马光：《司马温公文集》，商务印书馆 1936 年版。

44．脱脱等：《宋史》，中华书局 2000 年版。

45．脱脱等：《辽史》，中华书局 2000 年版。

46．脱脱等：《金史》，中华书局 2000 年版。

47．宋濂等：《元史》，中华书局 2000 年版。

48．张廷玉等：《明史》，中华书局 2000 年版。

49．杜佑：《通典》，中华书局 1984 年版。

50．刘俊文：《唐律疏议笺解》，中华书局 1996 年版。

51．孟元老：《东京梦华录注》，中华书局 2004 年版。

52．司马光：《涑水记闻》，中华书局 1989 年版。

53．司马光：《资治通鉴》，中华书局 1956 年版。

54．毕沅：《读资治通鉴》，中华书局 1957 年版。

55．陈邦瞻：《宋史纪事本末》（全三册），中华书局 1977 年版。

56．谷应泰：《明史纪事本末》（全四册），中华书局 1977 年版。

57．怀效锋点校：《大明律》，辽沈书社 1990 年版。

58．朱维铮：《利玛窦中文著译集》，复旦大学出版社 2001 年版。

59．何高济译：《大中国志》，上海古籍出版社 1998 年版。

60．钱穆：《国史大纲》，商务印书馆 1996 年版。

61．白寿彝：《中国通史》（全二十二册），上海人民出版社 1999 年版。

62．翦伯赞：《中国史纲要》，人民出版社 1979 年版。

63．龚书铎：《中国社会通史》（全八册），陕西教育出版社 1996 年版。

64．侯外庐：《中国古代社会史论》，河北教育出版社 2002 年版。

65．冯尔康：《中国宗法社会》，浙江人民出版社 1994 年版。

66．谢维扬：《中国家庭形态》，中国社会科学出版社 1990 年版。

67．侯外庐：《中国思想通史》，上海人民出版社 1995 年版。

68．葛兆光：《中国思想史》，复旦大学出版社 2001 年版。

69．冯友兰：《中国哲学史新编》，人民出版社 1988 年版。

70．张立文：《宋明理学研究》，人民出版社 2002 年版。

71．侯外庐：《宋明理学史》，人民出版社 1997 年版。

72．张立文：《朱熹思想研究》，中国社会科学出版社 2001 年版。

73．陈瑛：《中国伦理思想史》，湖南教育出版社 2004 年版。

74．张锡勤：《中国伦理思想通史》，黑龙江教育出版社 1992 年版。

75．高洪兴：《妇女风俗考》，上海文艺出版社 1991 年版。

76．孙燕京：《晚清社会风尚研究》，中国人民大学出版社 2002 年版。

后　记

　　《儒家和谐理念与建构》是在博士后出站报告的基础上完成的。在出站之后，特别是在修改此书的过程中，我总是回忆起当时的情形。2001年，我获得了博士学位。由于种种原因，四年之后才进入中国人民大学博士后流动站。由于错过了规定的期限，我进入流动站颇费周折，是我的导师张立文教授的不懈努力最终玉成此事。2005年5月的一天，初次拜见先生，先生的和蔼可亲、诲人不倦令我如沐春风。从先生家出来，我突然发现，北京的天是那么蓝！先生是享誉海内外的和合学大师，著名哲学家和哲学史家，思想深邃，观点新颖而独成一家之言。然而，先生又有海纳百川的胸襟，提倡学术自由，从不约束学生的思想，并且鼓励我提出自己的观点。当我向先生请示出站报告的选题时，先生欣然同意；当我怀揣忐忑向先生提出要改变出站报告的选题时，先生同样欣然同意。在中国人民大学博士后流动站的两年经历使我受益匪浅，先生的鼓励、教诲和关怀更是令我倍受感动。我深知自己离先生的要求和期望距离甚远，然而，先生的教诲时刻萦绕在我心中，不敢遗忘，正如一盏明灯引领我人生努力的航向。

　　在感受师恩如海的同时，我自知应该以加倍努力的学习和工作报答先生，也深知振兴传统哲学、传承中国文化是先生最大的期望和追求。回想起出站在即时，我的内心充满了愧疚，有两件事令我难以释怀，自觉愧对先生。2006年商务印书馆拟出版拙作《理学与启蒙——宋元明清道德哲学研究》，由于久慕先生大名，出版社提出请先生作序。当时正值年关，拙作几十万字且时间紧迫。当我怀着不安的心情索序于先生时，先生非常高兴，并且在时间匆促的情况下阅读全部书稿，洋洋洒洒写下了近七千字的序。由于种种原因，拙作的出版时间一拖再拖。先生对此事非常关心，不仅时常问起，而且从各方面提供支持和帮助。先生在为《理学与启蒙》作序时对拙作提出了不同观点，由于当时拙作正在印制中，全面接受老师的修改意见已经不可能。这件事令我愧疚至今。为了弥补这个遗憾，也为了避免类似情况发生，我暗下决心，博士后出站报告一定提前拿出初稿，请先生提出修改意见，然后在时间充裕的情况下认真进行修改。现在修改的出站报告是否达到了先生预想的目标，对此，我内心忐忑不安，其中的遗憾只有在今后弥补了。博士后出站是一个终点，更是另一个起点。先生的热情鼓励、无私教诲和殷切希望将伴随我一生，成为我一生取之不尽、用之不竭的力量源泉。

在博士后工作期间，我的科研工作得到了社会各方面的支持和帮助，尤其是杂志社和出版社的支持坚定了我的信心，令我圆满地完成了中国人民大学及相关部门对博士后的规定要求。在此，特别感谢《哲学研究》、《中国哲学史》、《北京大学学报》、《道德与文明》、《江海学刊》、《社会科学战线》和《齐鲁学刊》等权威刊物刊发拙文，感谢《新华文摘》和中国人民大学资料报刊中心《中国哲学)》转载拙文。同时，感谢中国社会科学出版社出版拙作——《七子视界——先秦哲学研究》。此外，博士后基金会的资助促使我顺利完成了科研选题，对博士后基金会的慷慨支持表示衷心感谢。

中国人民大学的博士后生活是我一生中最美好的时光，珍藏、回味这份美好的记忆是我人生快乐的源泉。回想两年的博士后经历，我收获的是学业上的进步，更是一份沉甸甸的温暖和感动。在进站后的日子里，无论是我的学业还是工作，都得到了中国人民大学哲学院老师的关怀和帮助，让我十分感动。在此，借博士后出站报告出版的机会，由衷地向给予我帮助的中国人民大学哲学院和博士后流动站深表谢意，特别感谢聂耀东老师、宋志明老师、向世陵老师、姜日天老师、罗安宪老师和李红兵老师的无私帮助与深切关照！衷心祝愿中国人民大学哲学院兴旺发达、越办越好，祝愿哲学院的各位老师快乐健康、万事如意！

时光荏苒，我已经出站三年了。时逢黑龙江大学哲学与公共管理学院出版丛书，拙作有幸入选，衷心感谢黑龙江大学哲学与公共管理学院樊志辉院长和黑龙江大学重点建设与发展工作处马长山处长的支持和资助。感谢出版拙作的人民出版社，还要感谢杜文丽编辑，她十分敬业，为拙作的出版作了认真而细致的工作。

魏　义　霞

2010.6.10

责任编辑:杜文丽

版式设计:周方亚

图书在版编目(CIP)数据

儒家的和谐理念与建构/魏义霞 著. -北京:人民出版社,2010.11

ISBN 978 - 7 - 01 - 009149 - 5

Ⅰ.①儒… Ⅱ.①魏… Ⅲ.①儒家-研究 Ⅳ.①B222.05

中国版本图书馆 CIP 数据核字(2010)第 140076 号

儒家的和谐理念与建构

RUJIA DE HEXIE LINIAN YU JIANGOU

魏义霞 著

人民出版社 出版发行

(100706 北京朝阳门内大街 166 号)

北京瑞古冠中印刷厂印刷 新华书店经销

2010 年 11 月第 1 版 2010 年 11 月北京第 1 次印刷

开本:710 毫米×1000 毫米 1/16 印张:19.75

字数:280 千字 印数:0,001-3,000 册

ISBN 978 - 7 - 01 - 009149 - 5 定价:43.00 元

邮购地址 100706 北京朝阳门内大街 166 号

人民东方图书销售中心 电话 (010)65250042 65289539